오늘의 우리를 만든 역사 읽기

두 개의 한국 현대사

오늘의 우리를 만든 역사 읽기

두 개의 한국 현대사

초판 1쇄 인쇄 2014년 2월 21일
초판 1쇄 발행 2014년 2월 28일

지은이 임영태

책임편집 김초희
책임디자인 유영준

펴낸이 이상순
주 간 서인찬
편집장 박윤주
기획편집 유명화, 주리아, 김설아
디자인 최성경
마케팅 홍보 김미숙, 이상광, 권장규, 박성신, 박순주

펴낸곳 (주)도서출판 아름다운사람들
주소 (413-756) 경기도 파주시 회동길 103
대표전화 031-955-1001 **팩스** 031-955-1083
이메일 books777@naver.com
홈페이지 www.books114.net

생각의길은 (주)도서출판 아름다운사람들의 인문 브랜드입니다.

ⓒ2014, 임영태
ISBN 978-89-6513-275-2 03910

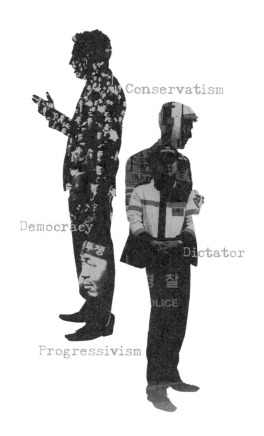

오늘의 우리를 만든 역사 읽기

두 개의 한국 현대사

임영태 지음

머리말

|

상식과 비상식의 역사 읽기

초고를 쓰기 시작했을 무렵, 논쟁의 이슈가 되는 두 가지 사건이 일어났다. 하나는 '뉴라이트 한국사 교과서 파동'이고 다른 하나는 '국정원 대선개입 사건'이다. 이 두 사건은 아직 끝나지 않은 현재진행형이지만, 한국 현대사의 핵심적인 문제들과 직접적으로 연결되어 있다. 따라서 이것들을 제외하고 한국 현대사를 이야기하는 것은 '속 빈 강정'이나 진배없다고 생각되었다. 그래서 두 사건을 다루기로 마음먹었다.

이 책은 위의 두 사건을 포함하여 한국 현대사에서 중요한 의미가 있는 사건들을 골라 모두 열다섯 개의 이야기로 정리하였다. 한국사 교과서 파동, 광복절 논쟁, 국정원 대선개입 사건, 친일파 청산 문제, 백범 김구 암살 사건, 김수임 간첩 사건, 부산정치파동, 5·16군사쿠데타, 서승·서준식 간첩 사건, 김대중 납치 사건, 10·26사건, 12·12사건, 박종철 고문치사 사건, 87년 6월 민주항쟁, 노무현 전 대통령 서거 등이다.

이것들은 얼핏 보면 각각 독립적으로 일어난 개별적인 사건에 불과한 것처럼 보인다. 하지만 그 이면을 깊이 들여다보면 서로 연관성을 갖고 있고, 전체적으로 연결되어 있음을 알 수 있다. 한국 현대사는 개별 사건의 내용이나 의미뿐만 아니라 현대사 전체의 흐름을 알아야 제대로 이해할 수 있다. 이 책을 통해 그동안 잘 알지 못했던 한국 현대사의 새롭고 흥미로운 사실을 조금이라도 확인할 수 있게 되기를 바란다. 또한 한국 현대사가 전체적으로 어떻게 흘러가고 있는지도 함께 파악할 수 있으면 더욱 좋겠다는 생각이다.

잘 알다시피 지금 우리 사회에는 한국 현대사를 바라보는 두 개의 시각이 존재한다. 그중 하나가 바로 교과서 파동을 일으킨 뉴라이트로 대변되는 이들의 시각이다. 그들은 분단국가, 반공국가라는 이념을 신줏단지처럼 모시고 살면서 일제의 식민지 지배와 친일파, 이승만·박정희 독재를 비호하기에 여념이 없다. 그들은 자신과 생각이 다른 이들을 '빨갱이' '친북' '용공' '종북'으로 몰며 마녀사냥에 몰두한다. 다른 하나는 뉴라이트 교과서를 거부하는 사람들의 시각이다. 이들은 일제의 식민지 지배와 친일파, 이승만·박정희·전두환의 독재정치는 잘못되었다고 비판한다. 대한민국이 지향해야 할 가치는 반공이나 분단과 같은 편향된 이념이 아니라 인권과 민주주의, 통일이라고 말한다. 경제발전도 중요하지만 인간의 자유와 생존권적 권리, 인권과 민주주의가 더욱 중요하다고 말한다. 그들은 반공제일주의나 국가주의가 아니라 시민의 인권과 다양성이 존중되는 사회를 바란다. 그렇다면 우리 사회를 바라보는 시각은 어디서부터, 왜 이런 두 개의 시각으로 갈라지게 되었을까? 그 부분에 대해 역사적으로 짚어볼 필요가 있었다.

지금 한국 사회에서 벌어지고 있는 세칭 '역사 전쟁'은 이 같은 한국 현대사에 대한 두 개의 시각이 충돌한 결과이다. 한쪽은 이런 '역사 전쟁'을 좌와 우의 대립, 이념의 대결로 몰아가려 한다. 그러나 그것은 좌우 이념 갈등에서 생겨난 문제가 아니다. 그것은 '상식과 비상식의 문제'이다. 그것은 '정상과 비정상의 충돌'이며 '역사에 대한 진실과 왜곡의 격돌'이다. 이 책은 비상식과 비정상, 왜곡된 눈으로 바라보는 한국 현대사를 상식과 정상, 진실의 눈으로 비판하고 있다.

어떤 독자들은 이 책을 읽으면서 새로운 사실과 직면하게 되는 당혹감을 느낄 수도 있으리라 본다. 하지만 그 당혹감은 우리 역사에 대한 지적 호기심으로 연결되리라 믿어 의심치 않는다. 나는 한국 현대사를 처음 접하는 사람들도 가급적 쉽게 읽을 수 있기를 바라며 이 책을 썼다. 저자의 바람이 얼마나 구현되었는지는 독자가 판단할 몫이다. 다만 이 책이 우리 역사의 바른길에 깃털만큼의 도움이라도 얹을 수 있다면 그것으로 만족한다.

이 지면을 빌려 인생의 진로를 놓고 고민하며 아픔을 겪고 있는 딸 경민에게 '힘내라'는 말을 전하고 싶다. 또한 각자의 삶을 열심히 살고 있는 나의 아내와 두 아들에게도 고맙다는 말과 격려를 전한다. 책이 나오기까지 함께해준 '생각의길' 편집진에게도 역시 감사를 전한다.

2014년 2월
임영태

차례

1장
—
뉴라이트,
그 일그러진
초상

그들만의 현대사를 꿈꾸는 자들

지금 한국 사회는 '역사 전쟁' 중이다. 문제의 발단이 된 것은 한 출판사의 고등학교 한국사 교과서다.[1] 이 교과서는 '뉴라이트(new right)'로 불리는 '신우익' 세력이 주도해서 만들었다. 뉴라이트는 '구우익(old right)'과는 다른 새로운 우익이라고 주장하면서 붙인 이름이다. 하지만 실제로 '민족을 부정하고 국가를 강조하는 것' 말고는 올드라이트와 차별성이 거의 없는 이들은 2000년대 이후 본격적으로 한국 사회에 등장했다.[2]

---

1 문제의 책은 교학사에서 발행한 고등학교 한국사 교과서다.
2 뉴라이트와 관련해서는 김기협 지음, 『뉴라이트 비판』, 돌베개, 2008; 한윤형 지음, 『뉴라이트 사용 후기』, 개마고원, 2009; 역사교육연대회의 외 지음, 『뉴라이트 위험한 교과서 바로 읽기』, 서해문집, 2009; 주종환 지음, 『뉴라이트의 실체 그리고 한나라당』, 일빛, 2008 등의 책을 참고할 수 있다.

냉전시대 구우익의 주무기는 반공이데올로기와 편 가르기식 이분법이었는데, 뉴라이트도 이와 별반 다르지 않다. 자신과 의견이 다른 사람에게 '친북' '종북' '좌익' '좌빨'[3], 나아가 '김정일 정권의 2중대' '김정일의 하수인' 등의 용어를 쓰는 것은 올드라이트와 판박이다. 그래도 올드라이트는 형식상으로는 '민족'을 강조했고, 뉴라이트처럼 항일독립운동을 폄하하거나 친일파를 노골적으로 옹호하지는 않았다. 그러나 뉴라이트는 항일독립운동의 정신을 아예 부정하며 친일파를 노골적으로 옹호한다. 그들은 지금 일본에서 군국주의 부활을 주도하는 아베 신조(安倍晋三)와 같은 극우세력에 대해서는 어떤 비판의 목소리도 내지 않는다. 오히려 일본의 침략 행위를 규탄하며 온몸으로 저항하는 정신대 할머니들을 비웃는 일조차 서슴지 않는다.

올드라이트는 북한을 적대시했지만 하나의 민족, 통일의 대상으로는 보았다. 그러나 뉴라이트는 그러한 개념조차 없다. 북한을 아예 한국사에서 제외해야 할 존재로 취급한다. 그들은 어떤 형태의 남북 화해나 협력도 부정한다. 그러한 행위는 오직 '종북' '좌빨'의 행위일 뿐이라고 강변한다.

이 같은 뉴라이트가 한국사 교과서를 만들어 검인정을 받으면서 한국 사회에 심각한 파문을 불러일으켰다. 이 교과서는 기존 역

---

3 요즘은 '좌파 빨갱이'의 줄임말인 '좌빨'이 유행어로 정착했다. 그 전에는 좌익, 공산당, 빨갱이 같은 말들이 주로 쓰였고, 한국 사회가 민주화되면서 '좌파'라는 말이 유행했다. 이는 전형적인 메카시 수법이며, 극우 선동가들의 광기 어린 표현의 대명사라 할 수 있다.

사학계나 교육계의 의견과는 매우 다른 시각에서 집필되었으며, 내용상 심각한 오류와 문제점을 안고 있다. 그런데도 2013년 8월 30일 국사편찬위원회의 최종 검정을 통과했다. 이에 역사학계와 교육계, 시민사회단체가 뉴라이트 교과서의 문제점을 조목조목 지적하며 검정 취소를 주장하고 나섰다.

그러자 이번에는 새누리당과 뉴라이트, 보수언론 등 극우세력이 현재의 역사 교육이 '종북' 세력을 만든다며 일제히 포문을 열었다. 새누리당 실세로 거론되는 김무성 의원은 2013년 9월 4일, 국회 의원회관에서 "역사교실에서 역사를 바로잡을 방안을 잘 모색해 좌파와의 역사 전쟁을 승리로 종식해야 한다"라고 말했다. 그는 또 "자랑스러운 우리 역사가 못난 역사로 비하되고 한국을 부정하는 역사가 학생들에게 가르쳐질 때 국론이 분열되고 나라가 어지러워져 '이석기 사건' 같은 현상으로 나타난다"라고 주장하였다.[4]

문제의 뉴라이트 한국사 교과서의 필자 중 한 사람인 이명희 공주대 교수는 바로 그 '역사교실' 강연에서 "학문·교육, 언론, 문화 등 이념 분야에서는 좌파가 이미 절대적 다수를 형성했다"라고 주장하면서 "현 국면이 유지되면 10년 내 한국 사회가 구조적으로 전복될 수도 있다"라고 말했다. 그는 "현재 좌파진영이 교육계와 언론계의 70퍼센트, 예술계의 80퍼센트, 출판계의 90퍼센트, 학계

---

4 박철응 기자, 「새누리 '근현대 역사교실' 첫 회의 … '좌파와 역사 전쟁 승리해야'」, 경향신문, 2013. 9. 4.

의 60퍼센트, 연예계의 70퍼센트를 각각 장악하고 있다. 의식적으로 대처하지 않으면 어느 순간 저쪽(좌파)으로 넘어갈 가능성이 크다"라고 주장했다.[5] 이 교수의 강연에 새누리당 의원들은 환호했다.[6] 그들만의 현대사를 꿈꾸며 살고 있는 사람들의 일그러진 모습을 보여준 것이다.

일본 극우세력과 한국형 쌍생아

'역사 전쟁'의 발단이 된 뉴라이트의 한국사 교과서에는 우리의 역사 상식을 파괴하는 주장이 숱하게 실려 있다. 뉴라이트 교과서는 일본의 역사 왜곡으로 유명한 후소샤 교과서와 거의 유사한 사고 체계와 내용으로 집필되었다. 식민지근대화론부터 독립운동의 폄훼, 친일파 미화, 종군위안부 관련 역사 사실의 왜곡, 미국의 신탁통치 제안 사실 은폐, 제주 4·3사건 왜곡, 이승만 미화, 5·16군사쿠데타와 박정희 시대 미화, 5·18광주민주화운동의 왜곡 등 그 예를 일일이 열거하기 어려울 정도로 많은 문제가 드러났다.[7]

---

5 연합뉴스, 「좌파가 다수 … 10년 내 한국 사회 전복 가능」, 교학사 교과서 저자 이명희 공주대 교수 주장, 오마이뉴스, 2013. 9. 11.
6 송채경화 기자, 「'엉터리' 교과서 저자 특강에 새누리 의원들 '박수세례'」, 한겨레신문, 2013. 9. 12.
7 보도자료: 국회교육문화체육관광위원회 소속 야당 국회의원 13인, 「교학사 역사 교과서 긴급 비교 분석 간담회 자료집」, 2013. 9. 10, 20쪽.

구체적인 예를 한번 살펴보자. 2013년 9월 10일 국회 의원회관에서 개최된 '교학사 역사 교과서 긴급 비교분석 간담회'에서 연세대 이준식 교수는 교과서의 문제점을 이렇게 비판하였다.

> "세계 역사상 두 번 쫓겨난 대통령[8]을 영웅으로 만들려니 조작과 왜곡도 피할 수 없었을 것이다. … 이처럼 교과서라고 하기에는 낯이 뜨거울 정도로 오류와 왜곡이 많은 교과서, 일본의 후소샤 교과서보다도 못한 교과서, 임시정부와 독립운동사를 왜곡함으로써 대한민국의 정체성을 해친 교과서, '이승만에 의한 이승만을 위한' 역사만 내세우는 교과서로 역사를 공부하는 학생들은 외눈박이 내지는 사팔뜨기의 역사인식밖에 갖지 못할 것이다. 개인의 권력욕 때문에 독립운동에 큰 분열을 초래한 사람을 우상화하려고 역사를 자신들 입맛에 맞게 왜곡하는 교과서로는 절대로 올바른 시민의식, 민족의식을 길러낼 수 없다."[9]

이 교수는 일제강점기 독립운동사를 중심으로 이 교과서의 문제점을 분석했는데, 큰 문제 가운데 하나가 이승만에 대한 도를 넘는 '영웅 만들기'라고 지적했다. 뉴라이트 교과서는 '이승만 영웅

---

8 하나는 이승만이 1925년 3월 국제연맹에 위임통치한 것을 이유로 임시정부 의정원에 의해 탄핵, 해당 임시정부 대통령직에서 쫓겨난 일이며, 또 하나는 1960년 4·19로 대통령직에서 쫓겨난 사실이다.

9 이준식 지음, 「뉴라이트 한국사 교과서의 독립운동사 왜곡과 이승만 미화」, 민주당역사교과서대책위원회·역사정의실천연대, 『교학사 역사 교과서 긴급 비교분석 간담회 자료집』, 2013. 9. 10. 14쪽.

만들기'라는 자신들의 목적을 이루기 위해 역사를 왜곡하는 일조차 서슴지 않았다. 그러다 보니 역사 교과서가 아니라 특정인을 미화하기 위한 정치 교과서처럼 되었다. 뉴라이트 필자들은 어디서 그 기술을 배웠을까? 미워하면서 배운다더니 북한 비판을 열심히 하던 끝에 김일성 우상화 흉내라도 내고 싶어졌는지 모를 일이다. 그러나 그들의 영웅 만들기는 근거도 없는 "몇몇 단편적 사실에 상상으로 지어낸 이야기를 잔뜩 덧붙인" 것에 지나지 않는다.[10]

더욱이 뉴라이트 교과서는 도무지 역사를 전공한 사람들이 썼다고는 믿기지 않을 정도로 역사적 사실 자체의 오류가 많이 발견되었다. 역사학자들과 교육계, 시민단체는 이런 문제점을 지적하면서 교육부에 승인 취소를 요구하였지만, 교육부는 뉴라이트 교과서의 승인을 취소하기는커녕 본질을 호도하고 물 타기를 시도했다. 뉴라이트 교과서뿐만 아니라 다른 7종의 교과서까지 대거 수정을 요구한 것이다. 교육부의 이 같은 기만적 행태에 나머지 교과서 필자들은 수정 요구에 응하지 않기로 했으며, 법원에 소송까지 제기했다.

이번 교과서 파동의 본질은 무엇인가? 연세대 이준식 교수는 이와 관련해 "제도권 교육 밖에서 변죽만 울리던 뉴라이트가 권력을 등에 업고 제도권 교육 안으로 들어가 학생들에게 왜곡된 역사를 가르치기 위해 쓴 교과서가 국가의 공인을 받았다"면서, 교학사

---

10 이준식 지음. 위의 글. 14쪽.

교과서의 검정 통과를 '국치'에 비유했다.[11] 또 어떤 이는 뉴라이트 교과서 문제는 견해 차이의 문제나 진보와 보수의 문제가 아니라 '상식과 비상식의 문제'라고 말했다. 교과서 파동의 주역인 뉴라이트 필자들은 기존 학계에서 자신들의 주장이 인정받지 못하자 정치권의 힘을 빌려 교과서라는 제도권에 진입하려 한 것이다. 교과서 문제의 본질은 이것이다.

하지만 그들의 이러한 불순한 기도는 실패했다. 전국 고등학교에서 뉴라이트 교학사 역사 교과서를 채택한 학교는 거의 없다. 손가락에 꼽을 정도로 소수의 몇몇 학교가 교학사 교과서를 교재로 채택하겠다고 했지만 학부모와 학생, 시민단체 등의 반발에 대부분 포기했다. 그래서 뉴라이트 교과서는 채택률이 0퍼센트대에 머물게 되었다.[12]

역사 교과서 파동은 이번이 처음은 아니다. 2008년 뉴라이트 세력은 중·고등학교 역사 교과서의 내용이 좌편향적이라고 주장하면서 비판 공세를 강력하게 펼쳤다. 특히 그들은 금성출판사의 고등학교 근·현대사 교과서 내용을 집중적으로 문제 삼았다. 가장 많은 학교에서 채택한 교재를 표적으로 삼은 것이다. 이 같은 논란을 이유로 이명박 정부(교육부)는 필자와 출판사에 교과서 수정을 요구하였으나 필자들은 반발하며 끝까지 수정을 거부했다. 교육

---

11 박세열 기자, 「독립운동 기술하면서 이승만 40번 언급 … 공산주의 교과서냐」, 프레시안, 2013. 9. 10.
12 선대식 기자, 「전국 1,794 고교 중 2곳 교학사 채택 … 채택률 0.11%」, 오마이뉴스, 2014. 1. 9.

부는 일방적으로 수정 지시를 내렸고, 출판사는 필자 동의 없이 임의로 일부 내용을 수정하였다. '제1차 역사 교과서 파동'이다.

이념 공세를 통해 기존 역사학계와 교육계를 신나게 공격한 뉴라이트 세력은 2008년 '대안교과서 한국 근·현대사'를 내놓은 뒤 꾸준히 합법화를 시도하였다. 그리고 2013년 마침내 자신들의 주장을 반영한 고등학교 한국사 교과서(교학사)를 내놓기에 이르렀다. 이 뉴라이트 교과서는 5월 1차 검정에 이어 8월 최종적으로 국사편찬위원회 검정을 통과하면서 파란이 일었다. '제2차 역사 교과서 파동'이다.

한국의 주류와 그들의 친일 조상

뉴라이트와 새누리당은 역사·교육 학계 및 시민사회의 정당한 교과서 비판에 낙인찍기로 대응하고 있다. 그들은 교과서 문제를 역사 문제, 교육 문제로 보지 않는다. 그들은 교과서 문제를 이념투쟁, 정치투쟁으로 파악하고 있다. 또 한국 현대사와 관련된 쟁점도 학문의 장이 아니라 정치권력의 힘으로 해결하려 한다. 그들은 도저히 교과서 기준에 맞추지 못하는 형편없는 책을 만들어서 정치권력(정부, 여당, 교육부, 국사편찬위원회)의 힘을 빌려 검인정을 통과한 뒤 제도권에서 학생들에게 이념교육을 하겠다는 것이다.

박근혜 정부는 뉴라이트 한국사 교과서가 검정을 통과했지만 사회적으로 심각한 반발에 부닥치자 이제는 국정 교과서를 부활하 겠다고 나섰다. 1974년 유신체제와 함께 시행된 국정 교과서 제도 로 되돌아가겠다는 것이다. 원로 역사학자들은 한국사 교육에 대 한 정부의 통제와 간섭을 '전체주의적 통제를 위한 전초 작업'으로 해석하면서 국정 교과서로 돌아갈 경우 '국민적인 저항에 부닥칠 것'이라고 반발했다.[13]

모든 것을 이념의 잣대로 바라보는 것은 이승만, 박정희, 전두 환 독재정권 시절의 사고방식이다. 자신들과 견해가 다른 사람을 '좌파' '빨갱이'로 몰아가는 행태는 과거 냉전시대 집권세력의 전형 적인 수법이다. 한국 사회는 1987년 민주항쟁 이후 이러한 냉전시 대의 관행과 결별하는 길을 걸어왔지만, 어느 순간 다시 구시대로 회귀하기 시작했다. 뉴라이트는 그 일에서 돌격대 역할을 하고 있 다. 그 바탕에는 보수정권과 극우 정치세력이 자리 잡고 있다.

이명박·박근혜 정부는 우리가 아는 상식 차원의 보수와는 거 리가 있다. 두 정부의 핵심에는 극우 성향의 인물이 다수 포진하였 다. 여당인 새누리당 또한 마찬가지다. 그들은 과거 권위주의 정 권의 명맥을 이어받은 사람들이다. 그 때문에 이명박 정부 이래 정 부·여당에서 합리적 보수는 제목소리를 내지 못하고 있다.

그리고 국정원의 대선개입 문제를 둘러싸고 한국 사회 전체가

13 김범수 기자, 「'한국사 국정 교과서로 회귀 땐 국민저항'-원로 역사학자들 '전체주의 통제 위한 전초작업' 비난」, 한국일보, 2013. 11. 12.

심각한 소용돌이에 휩말려 있는 상황에서 제2차 역사 교과서 파동이 발생했다. 여기에는 '뉴라이트'라는 특정한 정치집단뿐만 아니라 보수정권과 한국 사회의 다양한 극우세력이 깊이 연관되어 있다. 그러한 사실을 단적으로 보여주는 것이 『반대세의 비밀, 그 일그러진 초상』(반대세)이라는 국정원 자료이다. '반대세'는 국정원 직원들의 내부 교육 및 특강 자료로 활용되는 책자로, 국정원이 '실체적 작성자'라고 알려졌다. 그런 사실은 2013년 8월 28일 원세훈 전 국정원장 재판 과정에서 드러났다. 이 책자에서 우리는 국정원의 '이분법적 사고 구조와 뉴라이트적 세계관'을 그대로 엿볼 수 있다.[14]

　　국정원의 전신인 중앙정보부는 『공산주의의 이념과 전략 전술』 등의 이념서를 펴낸 바 있지만, 자신의 실체를 감추지는 않았다. 그러나 지금의 국정원은 직원이 쓰고 내부 교육 교재로 사용하는 책의 저자를 '현대사상연구회'라는 실체 불명의 이름 뒤에 숨어서 감추고 있다. 지금은 과거 박정희가 통치하던 시대와 다르다는 사실을 알고 있기 때문일 것이다. 그렇지만 하늘 아래 '비밀'은 존

14　현대사상연구회가 지은 문제의 『반대세의 비밀, 그 일그러진 초상』(인영사, 2009)은 시중 인터넷서점에서도 살 수 있다. 책의 목차는 제1부 촛불시위 통한 대한민국 이해하기, 제2부 한국 내 사상의 지도를 펼치다, 제3부 북한의 사상 지도를 펼치다, 제4부 대한민국 국민 앞에 놓인 나침반 등으로 구성돼 있다. 중심을 이루는 제2부는 제1장 개관, 제2장 대세(대한민국세력) 이해하기, 제3장 반대세(반대한민국세력) 알아보기이다. 가장 문제되는 제2부 제3장은 1. 개관, 2. 반대세(좌익)의 생성 요인, 3. 좌성향 단체들, 4. 좌익세력의 특징, 5. 좌익세력의 역사, 6. 좌익세력의 전략전술 등이다. 이 책자에 대한 내용 분석은 민주당국정원불법대선개입진상규명특별위원회 주최, 『전문가좌담회 국정원의 비밀, 그들 이론의 실체—국정원 '반대세의 비밀' 분석 결과 자료집』(2013년 10월 8일, 국회 의원회관 제1소회의실)을 참고할 수 있다.

재할 수 없다. 진실은 햇빛 아래 반드시 드러나게 마련이다. 이 책
자의 실체적 저자도 검찰에 의해 드러나고 말았다.[15]

뉴라이트 교과서는 국정원과 보수정권의 조직적인 역사 회귀
시도와 직접 연결되어 있다. 박근혜 정부가 들어선 뒤 국사편찬위
원회는 형편없는 뉴라이트 교과서의 '오류'가 밖으로 드러날까 봐
"마치 군사작전을 펴듯이 비밀리에 검정 작업을 벌였고, 심지어 국
민의 혈세로 친절하게 교정 작업을 해주"면서 검정을 통과시켰다.
그리고 새누리당과 보수언론, 온갖 보수단체까지 뉴라이트 교과서
를 옹호하는 데 앞장섰다.[16]

E. H. 카(E. H. Carr)는 '역사는 과거와 현재의 끊임없는 대화'라
고 했다. 과거의 역사적 사실이 현재에 영향을 미치고 현재의 상황
이 과거의 역사적 사실에 영향을 미친다. 그런 점에서 모든 역사는
현재의 역사다. 한국 현대사는 특히 그렇다. 한국 현대사와 관련된
많은 사건의 당사자가 여전히 살아 있다. 심지어 최고 권력자가 사
건 당사자인 경우도 있다. 지금의 역사 교과서 문제 또한 살아 있
는 권력과 직접 관계되어 있다. 그런 점에서 볼 때, 결국 '역사 전
쟁'의 주된 내용은 현대사가 될 수밖에 없다.

일제강점기의 독립운동과 친일파 문제 또한 역사 전쟁의 주요
내용이 되고 있다. 친일파 문제는 한국의 권력자들과 직접적으로

---

15 이문영 기자, 「'반대세'의 비밀? 국정원이 알려줄게」, 『한겨레21』 제964호, 2013. 6. 10; 이문영 기자,
「은밀하게 위험하게 … 국정원판 '역사 전쟁'」, 한겨레신문, 2013. 10. 8.
16 이준식 지음, 앞의 글, 3쪽.

맥이 닿아 있다. 이승만, 박정희는 물론이고, 숱한 권력자 그리고 그 후손들이 이 문제와 직접 연관되어 있다. 한국은 조상에 대한 욕을 자신에 대한 욕 이상으로 중요하게 여기는 나라다. 그런 나라에서 자신의 조상이 친일파로 거론되며 비판받는 것은 자기 치부보다 더 감추고 싶은 불명예가 아닐 수 없다. 친일파 문제는 그들의 아킬레스건이나 마찬가지다. 그들은 친일파 문제가 거론되는 것을 몹시 싫어한다. 친일파와 관련된 역사는 무덤 속에 묻어버리고 싶은 것이 그들의 솔직한 심정이다.

역사는 단지 과거 사실을 나열한 것이 아니다. 역사는 항상 현재의 역사다. 역사를 지배하는 자가 현재를 지배한다. 지금의 '역사 전쟁'은 바로 현재를 지배하는 사람들이 자신들의 구미에 맞게 역사를 조작하려 하기 때문에 벌어지는 일이다. 그들은 과거의 역사를 조작함으로써 자신의 조상과 어두운 과거를 땅속에 묻고, 거짓 역사를 후대에게 가르치려 한다. 그러나 역사는 그렇게 쉽게 조작할 수 있는 물건이 아니다.

잔심부름만 했다는 실세 평검사

한국 현대사와 관련된 주요 사건의 당사자는 바로 오늘을 살아가는 사람들이다. 예를 들어보자. 박정희 시대의 유신체제를 논하게 되면 당장 박근혜 대통령, 김기춘 청와대 비서실장, 허태열 전 청와대 비서실장, 현오석 경제부총리 겸 기획재정부 장관, 서승환 국토교통부 장관, 류길재 통일부 장관 등이 연결된다. 박근혜 대통령은 유신 통치자 박정희 전 대통령의 딸이며, 어머니 육영수가 사망한 이후 퍼스트레이디 역할을 맡았다. 오늘의 박근혜 대통령은 박정희의 그림자를 지우고는 존재할 수 없다.

김기춘 청와대 비서실장은 김지태의 부일장학회를 탈취해서 만든 5·16장학회(정수장학회의 전신)의 첫 장학금 수혜자이고, 유신헌법을 만들 때 검사로서 실무 작업에 참여한 인물이다. 그는 나중에 "나는 평검사로서 잔심부름이나 했을 뿐"이라고 했지만, 유신헌법의 중요한 이론적 기초 제공자로 알려진 한태연 교수는 이와 관련해 중요한 증언을 한 바 있다. 그는 계엄선포 후 청와대에서 불러 가보니 "헌법은 김기춘 검사가 주도해 초안을 완성해놓은 상태이니, 법무부는 골격에 절대 손대지 말라고 해서 자구 수정만 해주었다"라고 자기 역할을 축소해서 말한 바 있다.[17]

이와 관련해 한홍구 성공회대 교수는 김기춘이 이때 평검사로 일한 것은 맞는데, 그가 법무부 인권옹호(!) 과장으로 승진했을 때, 신문에서는 "유신체제의 법령 입법·개정의 공로와 실력이 높이 평가되어 유례없이 발탁"되었다는 기사가 나왔다면서 이러한 변명을 반박했다. 한홍구 교수는 "포털 사이트에서 '김기춘 유신'으로 검색

---

17 한홍구 지음, 「김기춘뎐(傳)―법 주무르며 누린 '기춘대원군'의 40년 권력」, 한겨레신문, 2013. 12. 27; 임영태 지음, 『국민을 위한 권력은 없다』, 유리창, 2013, 244쪽.

해보니 대다수 기사에 접근이 금지되었다. 유신으로 출세한 자들이 유신헌법을 자기 손으로 만든 사실을 감추는 것을 보니 유신이 창피한 일이긴 한가 보다"라고 썼다.[18]

서승환 국토교통부 장관은 박정희 정권 시절 국방부 장관을 지냈으며 군부 내 TK 인맥의 주요 인물이었던 서종철의 아들이다. 허태열 전 청와대 비서실장은 유신시절 청와대 비서실에 근무했고, 현오석 경제부총리는 박정희 정권 시절 경제 관료로서 경제개발 5개년 계획에 참여했다. 류길재 통일부 장관의 아버지 류형진은 5·16군사쿠데타 직후 국가재건최고회의 고문으로 있었다.

이처럼 18년간 한국을 통치하며 한국 사회 위에 군림한 박정희에 대해 평가할 때 수많은 사람이 함께 거론되지 않을 수 없다. 그 시절 군부, 정보기관, 정치권, 관과 재계, 검찰과 법원 등 한국 사회를 움직인 요직에 있던 사람들과 그 후손들은 유신체제 평가와 관련하여 직접적인 이해당사자가 될 수밖에 없다.

유신체제와 관련된 사람들은 이들만이 아니다. 한 사회를 움직이는 것은 몇십 명, 몇백 명으로 되는 일이 아니다. 더욱이 18년이라는 장기간에 걸쳐 권력을 장악했으니, 수만 명, 수십만 명, 아니 수백만 명이 관련되지 않을 수 없다. 유신체제는 박정희의 권력 의지, 욕망, 사상, 철학, 통치관, 인간관 등이 종합된 기형적인 정치체제였지만, 그것이 박정희 혼자만의 힘으로 유지된 것은 아니었다.

---

18 한홍구 지음, 「한홍구의 유신과 오늘─(3) 공작명 '풍년사업'」, 한겨레신문, 2002. 2. 24.

박정희 시대 유신체제를 보위하는 최고 권력기관으로 중앙정보부(중정)가 있었다. 중정은 최고 책임자인 부장 밑에서 적어도 수만 명이 움직였다. 김정원은 1964년 중정 직원이 37만 명이라고 했으나,[19] 이 수치는 착오가 있는 것으로 보인다. 당시 한국 정부는 그 정도 요원을 움직일 만한 예산을 확보하기 어려웠다. 국민의 1퍼센트가 비밀경찰 요원이라는 것도 생각하기 힘든 사실이다. 그러나 중정은 남한 사회 모든 곳에, 심지어 다방과 술집에까지 촉수가 미쳤다. 따라서 관련자가 최소한 수만 명은 되었을 거라는 점은 어림잡아도 충분히 가능한 얘기다.

　　중정에서 일한 사람들은 어느 모로 보더라도 유신체제에 가장 충성했다. 개중에 회의를 느낀 사람도 없지는 않았을 것이다. 구역질을 느끼면서도 어쩔 수 없이, 그야말로 생계형('pro-park'이 아니라 'pro-job')으로[20] 그 일을 한 사람도 얼마든지 있었을 것이다. 중정 감찰실에서 근무한 최종선도 그런 사람이다. 그는 1973년 10월 16일, 서울대 법대 교수였던 형 최종길을 자기 손으로 중정에 데리고 왔으나 형은 중정에서 변사체로 발견되었다. 중정은 최종길이 수사 도중 자살했다고 발표했으나 유가족은 고문에 따른 타살이라고 주장했다.[21] 그 과정에서 그가 느꼈을 고통은 설명하지 않아도 충분

19　김정원 지음, 『분단 한국사』, 동녘, 1985, 281쪽.
20　한국 정부 수립 후 친일파 청산 문제가 거론될 때 미군정 경찰부장을 지낸 조병옥이 친일 경찰을 두둔하면서 'pro-Jap(Japanese)'이 아니라 'pro-job'이라고 해서 논란이 되었다. 적극적으로 친일한 것이 아니라 먹고살기 위한 '생계형 친일'이었다는 주장이다.

히 짐작할 수 있을 것이다.

군부도 있다. 군부는 박정희 정권을 물리적으로 뒷받침한 최후의 보루였다. 군부에서는 영남 군부를 대표하는 장성들이 최고 수혜 대상이었다. 박정희 정권 아래서 그들만 떡고물을 챙긴 것은 아니었다. 영관급 장교들도 예편하면 대부분 국영기업체에서 한 자리씩 했다. 위관급 장교와 직업 하사관들은 그야말로 국가기관 종사자들이었을 뿐이지만, 그들이 병영체제의 한 부분을 담당했던 것은 분명하다. 해병대, 공수부대, 파월 장병과 같이 군사정권 아래서 특수한 군사적 경험을 한 경우, 유신체제에 향수를 느끼는 사람들이 적지 않은 것도 병영체제의 특성을 반영한 결과다.

검찰은 중앙정보부 같은 정보기관과 군부를 제외하면 가장 강력한 민간 권력기관이었다. 정치검찰, 공안검찰은 독재정권의 충견이 되어 민주화 운동을 탄압하고 억누르는 데 앞장섰다. 모든 정치범이 그들에게 기소되었다. 유신시대 정치검사와 공안검사는 가장 빨리 출세 가도를 달렸다. 그들은 5공, 6공 그리고 민주화 시대에도 여전히 막강한 힘을 자랑하며 승승장구했다. 그들은 한 번도 심판받지 않았다. 민주화 이후에도 정치검찰은 살아 있는 권력에 빌붙어 죽은 권력을 물어뜯는 하이에나가 되었다. 법원 또한 유신권력의 시녀로 전락했다. 다수의 법조인이 침묵 속에서 협조했

---

21 최종길 고문치사 사건에 대해 2002년 유가족은 국가를 상대로 67억 원의 손해배상청구소송을 냈고, 2006년 재판부는 유가족에게 18억 4,800만 원의 손해배상금을 지급하라고 판결했다.

고, 적지 않은 법조인이 정치권력에 빌붙어 부귀영화를 도모했다.

돌아온 올드 보이와 파시즘의 향수

여당 의원(공화당과 유정회)을 비롯해 공화당 관계자도 수없이 많았다. 당 간부뿐만 아니라 일반 당원, 새마을지도자, 한마음 관계자 등까지 포함하여 모두 당시 여권 인사들에 속한다. 고위 관료들도 있다. 장차관, 실국장 등 고위 공무원뿐만 아니라 일반 공무원도 유신체제의 수족이 될 수밖에 없었다. 그들이 모두 유신체제, 박정희 정권에 우호적이었던 것은 아니지만 유신체제의 한 부분을 담당한 것은 사실이다. 국영기업체 직원들도 있다. 각 지역의 유지들로서 통일주체국민회의대의원을 지낸 사람들과 준국가기관에 근무한 사람들도 있다. 교사들도 그 시절 국가 시스템 속에서 어쩔 수 없이 유신체제 교육을 담당했다.

정보경찰은 유신체제 수호의 중요한 축 가운데 하나였다. 정보 분야가 아니더라도 경찰은 대체로 국가기관에 대한 충성도가 높다. 국가에 대한 충성심은 대부분 통치자에 대한 충성심으로 표현된다. 독재자가 통치할 때는 더욱 그러하다. 박정희 정권 아래서 많은 경찰관이 국가와 독재자를 일체화해서 보는 잘못을 저질렀을 가능성이 충분하다. 그들은 '박정희=국가'로 보고 박정희에 대한 충성이 곧 '국가 수호'라고 착각했을 것이다. 권력의 최상층에 있던 이른바 '박정희 신도'들이야 두말할 필요도 없지만, 하위 권력기관에 있던 사람들 중에도 이런 사고에 젖었던 이들이 많다.

언론은 또 어떤가? 민주화를 위해 고생한 사람도 있었지만 다수 언론인은 기회주의적이었다. 자발적으로 권력의 하수인이 되고 나팔수가 되어 출세한 사람들도 있다. 대학교수와 지식인, 종교인, 문화인은 어떨까? 권력에 저항하며 고생한 사람도 많지만, 권력에 기생하면서 부와 영예를 누린 사람들도 적지 않았다.

유신 시절에는 일반 국민도 항상 체제 선전교육을 받았다. '위대한 영도자' 박정희를 존경하라는 직간접적인 교육을 끊임없이 받았다. 파시즘 교육의 영향력은 깊고 오래간다. 기성세대는 모두 그런 교육을 받았다. 그들의 의식에는 유신 파시즘 교육의 뿌리가 남아 있다고 보아야 한다.

유신체제 아래서 민주화 운동에 참여한 대학생은 소수였다. 다수는 침묵하거나 방관했다. 침묵했다고 민주주의 의식이 없었던 것은 아니지만 침묵과 방조가 유신체제를 연장시킨 것은 분명하다. 그래도 대학생은 반(反)박정희 분위기라도 경험할 수 있었지만 나머지 다수는 그러한 기회조차 가져보지 못했다. 박정희 정권 시절에는 대학생 수가 적었다.[22] 1980년대 초반 전두환 정권 아래서 졸업정원제가 도입되면서 대학생 수가 크게 늘어났으며, 지금

---

22 1979년 대학진학률은 남녀 각각 29.2퍼센트, 20.7퍼센트였다. 10명 중 2.5명밖에 대학을 가지 못했다(2년제 전문대 포함). 2009년에는 대학진학률이 남녀 각각 81.6퍼센트, 82.4퍼센트로 증가했다(「통계로 본 베이비붐 세대의 어제, 오늘 그리고 내일」, 통계청 보도자료, 2010. 5. 10).

처럼 대학생 수가 급증한 것은 1990년대 이후의 일이다.

지역적으로는 어떨까? 경상도, 충청도, 강원도처럼 보수성이 강한 지역은 물론이고, 전라도조차 농촌 지역에는 1970년대까지도 박정희 지지자가 상당히 많았다. 서울, 부산, 대구 등 대도시 지역은 비교적 야당세가 강했지만 농촌 지역은 사정이 지금과 딴판이었다. 설령 당시에는 야당 성향이었던 사람도 세월이 흘러 나이가 들면 달라지게 마련이다. 인간은 나이가 들면서 점차 보수화되는 경향이 있다. 그것이 자연의 이치와도 맞아떨어진다.

젊은 시절 '혁명가'처럼 살았던 김지하도 나이가 들면서 바뀌었다. 그의 변화는 '전향'이나 '변절'이라기보다는 나이가 들어 보수화된 것으로 여겨진다. 영국의 계관시인 워즈워스(William Wordsworth)도 한때는 프랑스혁명의 열렬한 지지자였으나 나이가 들면서 보수주의자가 되었다. 하지만 바이런(George Gordon Byron)과 셸리(Percy Bysshe Shelley)는 죽을 때까지 혁명적 이상을 유지했다. 그들은 30대 젊은 나이에 요절했으니 생각이 변하기에는 너무 일렀다. 그들도 60대, 70대까지 살았다면 어떻게 되었을지 모를 일이다.

오늘날 한국 사회에서는 진보적인 사람보다 보수적인 사람이 더 큰 힘을 발휘하고 있다. 비민주적이고 억압적인 유신체제를 만들고 지탱했던 사람들과 그들의 후예들이 다시 정치권력을 장악해 이 사회를 지배하고 있다. 유신독재자 박정희의 딸인 박근혜가 대통령에 당선되었으며, 그의 주변에 올드 보이들이 몰려들어 한국 사회 전체를 과거로 되돌리려는 행위를 자행하고 있다. 한국 현대사는 앞으로 나아가는 것이 아니라 과거로 퇴행하고 있다.

역사적으로 보면 진보가 힘을 발휘한 시기는 매우 짧았다. 반면, 보수가 주도한 기간은 길었다. 그런데 역사를 돌아보면 항상 문제가 되는 것은 합리적 보수가 아니라 보수를 가장한 극단주의였다. 지금 보수를 가장한 극단주의 세력, 즉 극우세력이 한국 사회를 좌우하고 있다. 그들은 비상식적인 뉴라이트 교과서를 만들어 한국 역사의 전통과 근간을 뒤흔들고 있으며, 국정원의 선거개입 공작 같은 국기문란 행위를 자행하여 민주주의를 위기에 빠뜨리고 있다. 한국 사회가 제대로 발전하려면 합리적 보수와 극우세력이 분리되는 것이 무엇보다 중요하다. 이러한 논리는 당연히 진보세력에도 해당된다.

악은 의외로 평범하다

독일 출신의 유명한 여성 정치학자 아렌트(Hannah Arendt)는 히틀러(Adolf Hitler) 나치 정권의 유대인 학살 책임자 가운데 한 사람인 아이히만(Karl Adolf Eichmann)에 대한 재판을 보면서 중요한 정치적 명제를 내놓았다. '악의 평범성'이다. 아이히만은 유대인을 수용소로 이송하는 실무 책임자 가운데 한 사람이었다. 그는 전쟁이 끝난 뒤 남미의 아르헨티나로 도망쳤으나 끝내 체포돼 예루살렘의 전범 재판에서 사형을 선고받고 처형되었다.

아렌트는 이 재판 과정을 시종일관 지켜보았고, 그를 바탕으로 『예루살렘의 아이히만-악의 평범성에 관한 보고서』라는 책을 냈다. 아렌트가 조사해서 알게 된 사실에 따르면, 아이히만은 사람들이 생각하는 것과 같은 극악무도한 범죄자와는 거리가 멀었다. 아이히만은 나치 수뇌부도 아니었다. 그는 위에서 내려온 명령을 충실히 수행한 인물에 불과했다. 그에게 주어진 권한은 '유대인의 이주와 이송'이 전부였다. 그가 직접 대량 학살을 자행한 것도 아니었다.

아렌트를 비롯한 아이히만의 재판을 지켜본 많은 사람은 충격을 받았다. 악이 얼마나 평범한 모습으로 아무렇지 않게 자리할 수 있는지 보았기 때문이다. 아이히만은 지극히 평범한 인간이었고, 그 자신이 도대체 무슨 일을 했는지 제대로 알지도 못했다. 그는 나치의 목적이나 대의도 제대로 몰랐다.

아이히만은 재판에서 "맡은 일을 제대로 수행하지 않았다면 오히려 양심의 가책을 받았을 것"이라고 말했다. 아이히만은 '사람을 죽이려는 의도'로 그 일을 수행한 것이 아니라고 주장했다. 그의 말은 '어쩌면 그 자체로는 진실'이었다. 그는 대량 학살을 아무렇지도 않게 자행하며 즐거워한 살인마도 아니었고, '유대인'을 죽여야만 한다는 목적으로 업무를 수행한 것도 아니었다. 다만, 그것이 자기에게 맡겨진 일이었기 때문에 성실하게 최선을 다한 것이다.[23]

여기서 나온 것이 저 유명한 '악의 평범성'이라는 개념이다. 악은 지독한 악인만 저지르는 것이 아니라는 이야기다. 다시 말해

"악이란 평범한 모습으로 존재할 수 있으며, 우리가 쉽게 접할 수 있는 근원에서 나온다는 의미"이다.[24] 이 같은 '평범한 악'은 독일 나치즘 시대 이야기만은 아니다. 한국 현대사에서도 얼마든지 가능한 이야기다.

유신시대와 전두환 정권 시기를 돌아보면서 우리도 아렌트가 말한 '평범한 악'에 대해 생각해볼 수 있다. 이 시절 많은 사람이 '자신이 유신체제를 지지한 것은 아니다' '전두환의 5공이 옳다고 생각하지는 않았다'고 말한다. 국가기관에 종사한 사람들까지도 그렇게 생각하고 말하는 이들이 있다. 심지어 이근안 같은 고문기술자조차도 '자신은 충실하게 자신의 업무를 수행했다'고 말한다. 나아가 '자신은 빨갱이를 때려잡는 애국자였다'고 항변하기까지 한다.

이근안처럼 이름난 고문기술자가 아니더라도 수사기관에 종사했던 사람들은 대부분 그다지 문제의식을 갖지 않았을 것이다. 그들은 그것이 악인지조차 몰랐다. 그에 대한 심각한 자기 고민도 하지 않았다. 다만 하루하루 충실하게 자기 임무를 수행했을 뿐이다. 결과는 어떻게 되었나? 그들이 한 일은 진정 무엇이었나?

---

23 '문제적 텍스트'–예루살렘의 아이히만(http://erkenntnis.tistory.com/239); 한나 아렌트 지음, 김선욱 옮김, 『예루살렘의 아이히만』, 한길사, 2006 역자 서문 참고.
24 한나 아렌트 지음, 위의 책, 15쪽.

2장
—
광복절
말살
기도 사건

아닌 밤중에 건국절 논쟁

어느 날 갑자기 광복절이 문제라는 말이 나오기 시작했다. 8월 15일을 광복절이 아니라 건국절로 바꿔야 한다는 주장이 제기되면서 일어난 일이다. 이른바 건국절 논쟁이 벌어진 것이다. 그러면 '건국절'은 무엇이며 왜 이러한 논쟁이 벌어졌을까?

2006년 건국절 주장을 처음 제기한 사람은 뉴라이트로 알려진 이영훈 서울대 교수다. 그의 주장을 요약하면 대략 이런 내용이다.

'1948년 8월 15일은 광복된 날이면서 동시에 대한민국이 건국된 날이지만 한국 사람들은 광복만 기억할 뿐 건국에 대해서는 잘 모른다. 그것은 지금까지 건국의 중요성과 의미를 알리는 작업이 없었기 때문이다. 그러나 광복보다는 건국이 문명사적으로 훨씬 중요한 의미가 있다. 그러니 지금이라도 8월 15일을 광복절이 아니라 건국절로 공식 지정하는 것이 필요하다.'[25]

언뜻 그럴듯해 보인다. 그러나 이러한 주장이 나오자 곧바로 강력한 비판이 제기되었다. 왜 그랬을까? 그 비판의 핵심 내용은 이런 것이다. "이러한 주장은 광복절을 건국절로 대체하자는 것으로, 항일운동의 전통을 말살하고 독립운동의 흔적을 지우기 위한 뉴라이트 세력의 음모다." 결국 건국절 문제를 둘러싸고 학계와 민간단체 사이에서 격렬한 찬반 논쟁이 벌어졌다. 지극히 당연한 일이지만 당시 노무현 정부는 이 문제에 관여하지 않았다. 이는 국가권력이 관여할 문제가 아니었다. 그래서 건국절 논쟁은 민간의 논쟁으로 끝났다.

그러나 이명박 정부가 들어서면서 사정이 달라졌다. 2008년 이명박 정부는 '대한민국 건국 60주년'을 기념하는 행사를 대대적으로 기획하고 준비하였다. 10년 단위에는 크게 기념할 만한 의미가 있으니 뭐라 할 것은 아니었다. 그런데 문제는 그 내용이었다. 그해 5월 이명박 정부는 국무총리 산하에 '대한민국건국60주년기념사업위원회'[26]를 조직하고 대대적인 행사 준비에 들어갔다. 행

---

25 이영훈 지음, 「우리도 건국절을 만들자」, 동아일보, 2006. 7. 31; 국경일에 관한 법률 일부개정 법률안 번호 1800132(2008년 7월 3일) 제안 이유; 이영훈 지음, 「대한민국 이야기」, 기파랑, 2007 등 참고.
26 대통령 훈령인 '대한민국건국60년기념사업위원회의 설치 및 운영에 관한 규정'에 따라 2008년 5월 22일 출범했다.

사에는 '건국 60주년'이라는 명칭이 붙었다. 드디어 건국 문제가 정부 차원으로 옮겨간 것이다.

여기에 한술 더 떠서 그해 7월에는 한나라당[27] 일부 의원들이 '8월 15일을 광복절에서 건국절로 명칭을 변경하기 위한 법안'까지 발의하였다.[28] 이렇게 되면서 건국절 문제가 마침내 한국 사회를 뜨겁게 달구는 사회적 이슈로 등장하지 않을 수 없었다.

역사학계와 시민단체는 이 같은 정부와 여당의 행동에 크게 반발하였다. 한국역사연구회 등 14개 역사 관련 학회는 광복절을 건국절로 변경하는 것에 반대한다는 성명을 발표했다. 대한민국임시정부기념사업회와 광복회 등 독립운동 관련 단체들도 강력하게 반발했다. 민족문제연구소 등 54개 단체와 야당 의원 74명은 대한민국건국60주년기념사업위원회에 대해서 헌법소원 심판을 청구하고 이 위원회의 활동 중단을 요구하는 가처분신청을 법원에 내기도 했다. 한국 사회가 이 문제를 둘러싸고 첨예한 대립과 갈등을 일으켰다. 정부의 일방적 조치에 반발한 야당은 8월 15일 기념식 행사에 끝내 불참하였다.

건국절 행사에 반발하는 사회적 분위기가 확산되자 이명박 정부도 한 발 물러서지 않을 수 없었다. 애초 정부가 정한 행사 명칭

---

27 새누리당의 전신. 한나라당은 2012년 2월 13일 새누리당으로 개칭하였다.
28 국경일에 관한 법률 일부개정법률안 번호 1800132(2008년 7월 3일) 제안 이유. 법안을 발의한 국회의원은 권경석, 김정권, 김학송, 김효재, 송훈석, 이화수, 정갑윤, 정두언, 정해걸, 조전혁, 허범도, 현경병, 홍장표 등 13명이었다.

은 '대한민국 건국 60주년 및 광복 63주년 경축식'이었으나 광복회 등에서 행사 보이콧을 거론하며 거세게 반발하자 '광복 63주년 및 대한민국 건국 60주년 경축식'으로 명칭의 앞뒤 순서를 바꿨다. 형식적이었지만 어쨌든 광복절을 앞세움으로써 광복운동단체들의 의견을 일부 수용한 것이다. 여당 의원들이 발의한 광복절의 명칭 변경을 위한 법안도 여론이 나빠지면서 결국 그해 11월 자진 철회 되고 말았다.

건국절 문제는 해프닝으로 끝났다. 광복절을 사실상 폐기하고 건국절을 전면에 내세우려던 정부와 뉴라이트의 기도는 실패했다. 그러나 이 문제는 끝난 것이 아니었다. 여론이 나빠지면서 수면 아래로 잠복했지만 또 다른 역사 논쟁이 재현될 소지가 얼마든지 있었다. 결국 최근 뉴라이트 교과서가 국사편찬위원회 검정을 통과하면서 '역사 전쟁'이 벌어지고 있다. 건국절 논쟁이 다른 형태로 전이된 것이다. 둘 다 진보와 보수 사이에서 벌어지는 '역사를 위한 투쟁'이다.

나는 광복절이 좋지 않다

건국절 주장에서 가장 큰 문제는 일제의 식민지 지배에 항거한 독립운동의 가치를 축소하려는 사고이다. 이영훈은 건국절을 주장하면서 이렇게 말했다.

"1945년의 광복과 1948년의 제헌, 둘 중에 어느 쪽이 중요한가라고 물으면 단연코 후자이다. … 반면 1945년 8월의 광복에 나는 그리 흥분하지 않는다. 당대를 살았던 사람들에게 그 감격이야 어찌 말로 다 표현할 수 있으랴. 그렇지만 후대에 태어난 사람의 입장이 반드시 같을 수는 없다. 광복은 우리의 힘으로 이루어지지 않았다. 광복은 일제가 무리하게 제국의 판도를 확장하다가 미국과 충돌하여 미국에 의해 제국이 깨어지는 통에 이루어진 것이다."[29]

광복이 '우리의 힘으로 이루어지지 않았다'는 주장이 잘못된 것은 아니다. 그러나 우리 힘으로 광복이 이루어지지 않았다고 해서 독립투쟁의 가치나 의미가 훼손되는 것은 아니다. 그걸 부정해서도 안 된다. 친일파들이 일제에 빌붙어 호의호식할 때, 독립운동가들은 만주 벌판과 중국 대륙을 누비면서 풍찬노숙했다. 그들은 자신뿐만 아니라 가족 전체를 나라의 독립에 바쳤다.

삼한갑족 명문거족으로 이름이 높았던 이회영(李會榮) 일가는 집안의 전 재산을 독립운동을 위해 사용했으며, 7형제 모두가 독립운동에 참가했다. 그들 가운데 해방 후 살아서 고국으로 돌아온 이는 이시영 한 사람뿐이었다. 재산도 독립운동 과정에서 모두 사라졌다. 독립투쟁에 목숨을 초개처럼 버려야 했던 사람들, 가족의 전 재산을 나라의 독립투쟁에 바친 사람들은 이들만이 아니었다.

---

29 이영훈 지음, 「우리도 건국절을 만들자」, 동아일보, 2006. 7. 31.

독립운동가의 헌신과 희생을 생각할 때, 이영훈의 주장은 광복절의 의미를 폄훼하고 있다는 비판에서 벗어나기 어렵다. 그러나 문제는 이영훈만이 이렇게 사고하는 것이 아니라는 점이다. 뉴라이트로 불리는 사람들의 인식체계는 대동소이하다. 뉴라이트 세력이 일제의 식민지 지배가 한국의 근대화에 기여했다는 '식민지근대화론'을 펴고 있다는 사실에 주목해야 한다.

그들은 일제의 지배가 식민지배라는 점보다 일본 근대화 경험의 이식 과정이라는 점에 더 주목한다. 일제가 지배하면서 조선에 공장이 들어서고, 토지조사사업을 통해 근대적 소유 관계가 성립되면서 경제가 발전했다는 것이다. 이런 사실을 통계 자료와 수치까지 제시하며 '그럴듯하게' 포장해서 보여준다. 그러나 이런 주장의 치명적 약점은 일제의 식민지 지배가 근본적으로 한국인을 위한 것이 아니라 일본 제국주의를 확장하기 위한 수단이었다는 사실을 간과한다는 점이다.

식민지근대화론은 어떤 점에서는 '조선에 대한 식민지 지배와 침략이 정당했다'고 주장하는 아베 등 일본 극우 정치인의 주장과 유사하다. 아베 일본 수상, 이시하라 신타로 일본 유신회 대표, 하시모토 도루 오사카 시장 등 현재 일본을 대표하는 극우 정치인들의 과거사 인식은 "일제의 식민지 지배는 정당했고, 일본은 다른 나라를 침략하지 않았다"라는 것이다. 이들은 과거의 침략 전쟁을 이유로 군대 보유를 금지한 현재의 일본 헌법은 개정되어야 한다고 주장하면서 노골적으로 군국주의 부활을 도모하고 있다. 이들은 과거 침략 행위를 인정하는 것을 두고 '자학사관'이라고 비판하며, 일본의 과거사는 '자랑스러운 역사'라고 주장한다.

일본의 극우세력처럼 한국의 뉴라이트 세력도 동일하게 기존 역사학계의 주류적 견해를 '자학사관'이라고 비판한다. 한국의 뉴라이트 세력은 과거 이승만과 박정희의 독재정치와 인권유린에 대한 비판을 '자학사관'이라고 주장한다. 이승만의 대한민국 정부 수립을 분단 정부 수립으로 '표현'하는 것이 바로 자학사관이라는 것이다. 이승만이 친일파 청산을 반대하고 친일파를 기반으로 정권을 유지했다는 지적에 대해서 반공을 위해 어쩔 수 없었노라고 주장한다.

박정희의 근대화와 산업화, 경제발전을 보지 않고 인권유린을 비판하는 것 또한 '자학사관'이라고 말한다. 그러나 누구도 인권유린만 말하지 않는다. 경제발전과 근대화에는 다른 변수도 있다고 주장할 뿐이다. 인권유린은 어떻게 해도 변명이 안 되는 민주주의 파괴 행위이다. 문제는 그들이 이런 명백한 사실마저 덮어두고 한 측면만 극단적으로 부각하려는 데 있다.

다른 문제도 많지만 특히 식민지근대화론과 친일파 옹호는 그들의 사고방식이 '친일적'이며 '반민족적'이라는 점을 보여주는 증거다. 당연한 일이지만, 뉴라이트 세력의 주장은 한국 근현대사를 연구하는 다수 역사학자에게 외면받고 있다. 그들의 주장은 심각한 비판의 대상이 된다.

사실을 말한다면 뉴라이트는 연구 집단, 학술 집단이 아니다.

그들은 정치집단이며 정치세력이다. 그들은 역사에 대한 학문적 능력이 부족하다. 그 때문에 그들은 자신들의 주장을 학문적으로 검증받으려 하기보다 정치권력의 힘을 바탕으로 현실 세계에서 영향력을 확대해나가려 한다. 그래서 일어난 사건이 바로 건국절 논쟁이고, 역사 교과서 파동이다.[30]

건국이 아니라 재건이다

광복은 우리 힘만으로 이룬 것은 아니다. 하지만 독립을 쟁취하기 위한 선열들의 희생이 없었다면 지금의 대한민국도 존재할 수 없다. 그 사실을 부정하면 나라의 근간과 전통을 망각하게 된다. 그렇게 되면 대한민국의 헌정질서를 부인할 수도 있다. 대한민국은 항일독립투쟁과 그 정신 위에 세워졌다. 그렇지 않다면 독립 국가로서 의미가 없을 것이다. 이는 대한민국 제헌헌법에도 그대로 나타나 있다. 제헌헌법 전문은 이렇게 밝히고 있다.[31]

"유구한 역사와 전통에 빛나는 우리 대한국민은 기미 3·1운동으로 대한민국을 건립하여 세계에 선포한 위대한 독립정신을 계승

---

30 역사 교과서 파동은 2008년 근현대사 역사 교과서 내용을 문제 삼은 제1차 파동과 자신들의 주장을 담은 한국사 교과서를 제출, 검인정을 통과시킨 2013년의 제2차 파동으로 나누어 볼 수 있다.
31 헌법 전문의 이 같은 정신은 9차 개정에도 크게 바뀌지 않고 계속되었다.

하여 이제 민주독립국가를 재건함에 있어서 정의인도와 동포애로써 민족의 단결을 공고히 하며 모든 사회적 폐습을 타파하고 민주주의 제 제도를 수립하여 정치, 경제, 사회, 문화의 모든 영역에 있어서 각 인의 기회를 균등히 하고 능력을 최고도로 발휘케 하며 … 우리들의 정당 또는 자유로이 선거된 대표로서 구성된 국회에서 단기 4281년 7월 12일 이 헌법을 제정한다."

제헌헌법 전문은 대한민국(국민)이 3·1운동으로 세운 대한민국 임시정부와 그 독립정신을 계승하고 있음을 명백히 밝혔다. 1948년의 정부 수립에서 "건국의 의미가 약할 수밖에 없는 것은 이런 이유 때문"이다.[32] 대한민국 정부가 국가적 실체로서 존재하게 된 것은 1948년부터이지만, 역사적으로는 거족적 항일운동인 3·1운동의 성과를 바탕으로 세워진 대한민국 임시정부에서 그 출발점이 마련되었다. 1948년 당시 한국 정부를 세운 주역들도 그렇게 인식했다. 그랬기 때문에 제헌헌법에서는 대한민국 정부 수립을 '건국'이 아니라 '재건'이라고 표현한 것이다.

대한민국 정부가 독립운동의 전통 위에서 세워졌다는 것은 뉴라이트가 그렇게 존경해마지 않는 초대 대통령 이승만도 분명히 인정한 사실이다. 이승만 임시 국회의장은 제헌국회 제1차 회의에서 "오늘 여기서 열리는 국회는 기미년에 서울에서 13도 대표가 모

---

32 김경환 기자, 「뉴라이트는 왜 '광복절' 아닌 '건국절'에 목맬까」, 민중의 소리, 2008. 8. 7.

여 수립된 민국 임시정부의 계승이다"라고 말했다. 또한 그는 국회 개원 축사에서 "민국[33] 29년 만에 부활되었기 때문에 민국 연호를 기미년에서 기산하여 '대한민국 30년'에 정부 수립이 이루어졌다"라고도 말했다. 이승만은 1948년의 대한민국 정부가 정신적으로는 임시정부를 계승하고 있음을 분명히 한 것이다.[34]

독립운동과 그 정신의 계승이야말로 대한민국의 가장 핵심적인 정체성이다. 독립이 없다면 어떻게 나라를 다시 세울 수 있단 말인가. 그랬기 때문에 제헌헌법은 전문에서 3·1운동과 대한민국 임시정부의 독립정신 계승을 천명하였고, 부칙에서 '친일파 청산'의 근거 조항까지 마련했다. 제헌헌법 제101조(부칙)에는 "이 헌법을 제정한 국회는 단기 4278년 8월 15일 이전의 악질적인 반민족 행위를 처벌하는 특별법을 제정할 수 있다"라고 규정하였다. 이를 바탕으로 친일반민족행위자를 처벌하기 위한 반민족행위자처벌법이 만들어진다.

이승만이 세종대왕에 버금간다고?

뉴라이트 세력이 건국절을 주장하는 것은 남한의 정부 수립에

---

33 1919년에 세워진 대한민국 임시정부를 말한다.
34 김삼웅 지음, 「'건국절'이 위험한 7가지 이유―느닷없는 '건국절' 추진 배경이 의심스럽다」, 오마이뉴스, 2008. 7. 23.

서 결정적 역할을 한 이승만의 위상을 높이기 위한 기도에서 나온 것이다. 그들은 이승만을 '건국의 아버지[國父]'로 높이 받들어야 한다고 주장한다. '이승만 예찬론자'로 알려진 유영익 국사편찬위원장은 2012년 한 강연에서 "후진국 독재는 불가피하다" "이승만은 세종대왕과 맞먹는 위대한 인물"이라는 식으로 이승만을 치켜세웠다.[35]

이승만의 정치적 역량에 대한 평가는 저마다 다를 수 있다. 이승만이 정부 수립에 기여한 공로가 크고 정치적 역량이 뛰어난 인물이었다고 볼 수도 있다. 그러나 그것이 이승만의 정치적 과오를 덮을 이유가 되지는 않는다. 그들은 이런 측면에 대해서는 아예 눈을 감아버리고 한 측면만 보라고 강변한다. 하지만 그것은 외눈박이에 불과하다.

그들은 또한 이승만이 세운 한국 정부가 분단 정부라는 사실도 외면한다. 이승만은 시종일관 분단 정부를 주장했다. 이것은 논란의 여지가 없는 역사적 사실이다. 이승만 정부는 정부 수립 과정에서 남한 내의 중요한 세력조차 포섭하지 못하였다. 김구와 김규식으로 대표되는 남북협상파와 중도세력은 정부 수립에서 철저히 배제되었다. 이승만 정부는 남한 내에서조차 사실상 반쪽으로 출발했다. 대한민국 정부의 탄생은 자유민주주의 정치 체제를 근

---

35 김지훈 기자, 「유영익 국사편찬위원장, "이승만은 세종대왕과 맞먹는 인물"」, 한겨레신문, 2013. 10. 16.

간으로 하는 근대 국가가 등장했다는 점에서는 의미가 컸지만 이 처럼 심각한 문제를 안고 있었다.

대한민국 정부가 반쪽 정부였던 것은 분명한 사실이고, 그걸 인정한다고 해서 오늘날 대한민국의 가치가 훼손되는 것도 아니 다. 이것을 인정하지 않는 것이 오히려 역사 왜곡이며 대한민국의 실체와 본질을 훼손하는 것이다. 그들은 대한민국이 정통성 있는 정부라는 사실을 강조하지만, 유엔에서 인정했다고 해서 대한민국 이 '한반도의 유일 합법 정부'가 되는 것은 아니다. 그것은 그들이 강조하는 유엔총회 결의문을 봐도 분명하게 알 수 있다.

> "대한민국의 승인 및 외국 군대의 철수에 관한 감시를 할 수 있 었고, 주민의 과반수가 거주하고 있는 **코리아(Korea)의 그 지역**에 대 한 효과적 통치력과 사법권을 갖고 있는 '합법적' 정부가 수립되었다 는 것, 이 정부가 **이 지역** 유권자의 자유의사의 정당한 표현이며 **임 시위원단이 감시한 선거에** 기초를 두고 있다는 것, 그리고 이 정부가 코리아에서 유일한 **그러한 정부**라는 것을 선언한다(강조는 필자)."[36]

이것은 간단히 말하면 유엔이 당시 유엔위원단의 감시 아래 선거할 수 있었던 지역, 즉 '38선 이남'의 남한에 수립된 유일 합법

---

36 리영희 지음, 「북괴, 북한, 그리고 조선민주주의…」, 『동굴 속의 독백』, 나남출판, 1999, 403쪽 재인 용.

정부였다는 점을 인정했다는 이야기다. 유엔으로서는 38도선 이북은 '공백' 상태가 된 것이다. 주권의 영토적·제한적 조건이다. 따라서 대한민국은 '남한에서의 유일 합법 정부'라는 뜻이다.[37]

더욱이 1991년 남북한은 유엔에 동시 가입하면서 '남북 사이의 화해와 불가침 및 교류 협력에 관한 합의서(남북합의서)'를 체결하여 서로 상대방의 체제를 인정하고 존중하기로 합의하였다.[38] 이것은 통일을 위한 과도적 단계이기는 하지만 북한을 '하나의 실제 국가'로서 인정한 것이다. 이런 상황에서 '한반도 유일 합법 정부' 운운하는 것은 사실에 근거하지 않고 자신이 보고 싶은 것만 보는 역사 왜곡이며, 냉전시대의 이분법적 사고방식이다.

뉴라이트 세력이 대한민국이 분단 정부로 출발한 사실을 한사코 다른 방식으로 설명하려는 데는 이유가 있다. 이들은 대한민국이 분단 정부였다고 말하는 것 자체를 문제 삼는다. 자학사관이며 좌파적 인식이라고 주장한다. 그들의 말대로라면 대한민국이 통일 정부로 출범했다는 이야긴가? 그들도 그렇게 말하지는 않는다. 다만 그들은 대한민국이 자유민주주의와 시장경제 체제의 승리로 출범하게 되었다고 주장한다. 오늘날 북한의 사회주의 체제가 파탄 지경에 이르렀으므로 이승만이 분단 정부를 추진한 것은 이미 정통성을 확보했으며, 결국 분단 정부가 아니라는 주장이다. 이건

---

37 리영희 지음, 위의 글, 403쪽.

38 신주백 지음, 「한반도 유일 합법 정부' 문제와 역사교육」, 경향신문, 2013. 10. 27.

북한을 한국 현대사에서 아예 제외하겠다는 사고방식이다.

그뿐만 아니라 남한 내부에서 이승만 노선에 반대했던 세력에 대해서는 어떻게 설명할 것인가? 초기 이승만 정부에 포섭되지 않은 남한 내 우익세력, 즉 김구·김규식과 그 지지자들은 자유민주주의와 시장경제 체제를 반대하지 않았다. 그들은 분단 정부를 반대했을 뿐이고, 통일 정부를 주장했을 뿐이다. 따라서 이승만과 한민당은 분단 정부 노선이었고, 김구와 김규식은 통일 정부 노선이었다고 말하는 것은 여전히 유효하다. 만일 그들의 논리대로라면 김구와 김규식도 실패한 노선을 고집했으므로 한국 현대사에서 아예 제외해야 한다는 것인가?

이승만과 관련해서 또 한 가지 중요한 문제는 이승만이 친일파 청산을 외면함으로써 친일세력이 한국 사회의 중추를 차지하게 만드는 원인을 제공했다는 점이다. 친일파 청산 문제는 이 책의 다른 곳에서 다시 언급할 것이므로 여기서는 간단히 넘어가겠다. 하지만 친일 경찰이 이승만 정부의 근간이었다는 사실은 분명하다. 그건 뭐라고 말해도 변명의 여지가 없다. 이승만은 인권과 민권의 새 시대를 규정한 제헌헌법 정신을 유린했다는 점에서도 비판받아 마땅하다. 이승만은 군대와 경찰을 동원해 부산정치파동을 연출했고, 영구집권을 위해 사사오입 개헌을 강행했으며, 경찰 국가식 통제로 국민을 억압했다.

진짜 건국일은 따로 있다

1948년의 대한민국 정부 탄생을 과연 '건국'이라고 할 수 있는가 하는 점도 논쟁거리다. 우리는 이미 10월 3일 개천절이라는 건국기념일을 갖고 있다. 단군이 우리 역사의 첫 국가인 고조선을 '처음 세운 것'을 기념하는 날이다. 그래서 고조선 건국만 '건국'이라고 봐야 한다고 주장하는 사람이 있다. 하지만 반드시 그렇게 볼 일은 아니라는 것이 내 생각이다. 이러한 주장은 건국의 의미를 지극히 교조적으로 축소해서 파악하는 것으로 문제가 있다.

고조선 건국과 관련해서는 논란이 많은 것도 사실이다. 고조선 건국이라는 신화 속의 일을 역사처럼 본다는 비판도 계속 제기되고 있다. 하지만 우리의 개천절을 일본이 신화 속에서 건국일을 찾은 것이나 미국이 독립선언일을 기념일로 기리는 것과 유사하게 볼 수도 있다. 일본은 '덴무 천왕이 즉위했다'고 하는 『일본서기』의 기록에 따라 2월 11일을 건국일로 삼고 있다. 그러나 이는 우리의 '단군신화'처럼 일본의 '건국신화'에 근거한 것일 뿐이다. 그럼에도 전혀 문제가 되지 않는다. 미국 또한 실제 독립을 쟁취하고 국가를 세운 날이 아니라 독립선언서를 발표한 1776년 7월 4일을 독립기념일로 기리고 있다.

고조선 건국 이후 우리는 삼국시대, 남북국시대, 고려시대, 조선시대, 대한민국과 북한 현대사를 이어오고 있다. 대한민국도 이러한 역사적 전통 속에서 존재하는 국가일 뿐이다. 앞선 역사와 단절

되어 어느 날 갑자기 하늘에서 뚝 떨어진 나라가 아니다.

그렇다면 그 이전의 역사 전통과 단절된 것처럼 여겨질 수도 있는 '건국'이라는 개념을 굳이 고집할 필요는 없다. 물론 1948년의 대한민국 정부 수립을 '건국'이라고 표현한다고 해서 반드시 '우리의 역사적 전통을 부정한다'고는 말할 수 없다. '신라 건국' '조선 건국' '건국준비위원회'처럼 건국이란 말이 일반적 의미로 사용되어 왔기 때문이다. 그러나 뉴라이트의 건국절 주장에는 그 전 시대와의 관계, 특히 독립운동의 전통을 부정하려는 단절적 사고가 내포되어 있다는 점에서 분명히 큰 문제가 된다.

굳이 건국일을 찾아서 그날을 크게 기념해야 한다면, 대한민국 임시정부 수립일을 건국일로 삼는 것이 오히려 더 타당할 것이다. 그래야 독립운동의 정통성 위에 선 대한민국의 정체성이 분명해질 테니까 말이다. 그렇게 할 때 북한과 관계에서도 더 떳떳하게 역사적 정통성을 주장할 근거를 갖게 될 것이다. 북한은 모든 정통성을 김일성에 맞추느라 대한민국 임시정부의 정통성을 받아들이지 않고 있다.

그것도 아니라면 7월 17일 제헌절의 의미를 과거처럼 중요하게 취급하면 어떨까? 2008년부터 제헌절은 '쉬는 날'에서도 제외되었다. 한때 개천절도 공휴일에서도 제외해야 한다는 주장이 제기되기도 했지만 아직은 공휴일로 남아 있다. 사실 뉴라이트 처지에서 보면 제헌절의 의미는 중대하므로 공휴일에서 제외되어서는 안 된다. 그러니 그들은 광복절을 건국절로 대체하자는 그다지 명분

도 없는 주장을 펼 것이 아니라 제헌절을 다시 공휴일로 지정해야
한다는 주장을 펼치는 것이 맞는 게 아닌지 모르겠다.

3장
ㅣ
현대사의
비극,
국정원

꼬리가 잡힌 국정원의 대선개입

제18대 대통령 선거를 며칠 앞둔 2012년 12월 11일 오후 7시경. 민주당공명선거감시단이 강남구 역삼동에 있는 스타우스오피스텔 607호를 급습했다. 29세의 국정원 여직원 김아무개가 민주당의 문재인 후보에 대한 비방글을 올리는 현장을 덮친 것이다. 그러나 이 여성은 그 사실을 극구 부인했다. 그녀는 문을 잠근 채 민주당의 접근을 차단했다. 경찰까지 출동했으나 그녀는 컴퓨터 등 증거물 확보를 거부하며 완강히 버텼다. 국정원도 여직원이 대선과 관련 없는 일상적인 심리전 업무를 수행하고 있었다고 발뺌했다.

그러나 대선개입 정황이 속속 드러나면서 더 버틸 수 없게 되었다. 12월 13일, 국정원 여직원은 경찰청에 임의 제출 형식으로 자료를 제출했다. 그러나 여직원은 경찰과 선거관리위원회가 요청한 휴대전화와 이동식 저장장치의 제출은 끝내 거부했다. 민주당의 급습이 있고 40여 시간 뒤의 일이다. 그 시간이면 주요한 증거를 다수 인멸할 수 있다. 그 때문에 경찰과 선관위가 소극적으로 대응해 국정원이 대선개입 증거를 인멸할 수 있게 도왔다는 비판이 일었다.

민주당은 이 여직원이 국정원 3차장 산하 심리정보국 소속이라고 주장하였다. 민주당 문재인 후보 캠프는 '국정원의 정치개입 의혹의 실상'이란 제목의 현안 브리핑에서 "제보에 따르면 국정원은 작년 11월부터 국정원 3차장 산하의 심리전 담당부서를 심리정보국으로 격상시키고 그 안에 안보 1, 2, 3팀으로 명명된 세 개의 팀을 신설했다"[39]라고 밝혔다. 민주당은 전·현직 국정원 직원들로부터 이 정보를 제공받은 것으로 알려졌다. 드디어 국정원 선거개입의 꼬리가 드러난 것이다.

그러나 국정원은 민주당의 주장을 '흑색선전'이라며 반박했다. 새누리당도 국정원의 주장을 옹호하고 나섰다. 12월 16일 대선 후보들의 마지막 텔레비전 토론이 열린 자리에서 새누리당 박근혜 후보는 민주당이 이 사건의 가해자라며 역공을 시도했다. 박근혜 후보는 적반하장으로 나왔다. '국정원 여직원이 피해자이며 인권침해를 당했다'고 주장한 것이다.[40] 텔레비전 토론은 그날 밤 10시

---

39 후에 민주당은 '심리국'이 아니라 '심리전단' 산하에 1, 2, 3, 5의 4개 팀이 있었다고 수정 발표한다.
40 김봉구 기자, 「박–문, 마지막 토론서 '네거티브 공방'」, 한국경제, 2012. 12. 16.

에 모두 끝났다.

그런데 같은 날 밤 11시. 서울지방경찰청은 "국가정보원 직원 김아무개가 다수 아이디를 사용한 증거는 나왔지만 인터넷 댓글을 단 흔적이 없다"라는 요지의 중간 수사 발표를 하였다. 경찰의 중간 수사 발표는 앞서 "김씨 컴퓨터를 분석하는 데 일주일 정도 걸릴 것"이라고 예고한 것과 달리, 그의 컴퓨터 하드디스크만 검사하고 아이피(IP)와 포털사이트 로그인 기록은 분석하지 않은 채 3일 만에 나온 것이었다.

그러나 수사를 담당한 서울 수서경찰서 관계자는 "김씨의 아이피 등에 대한 수사가 제대로 이뤄지지 않은 상태에서 서울지방경찰청('윗선')이 '오후 11시에 보도자료를 내라'는 지침을 내려보내 보도자료를 냈다"라고 말했다.[41] 표창원 전 경찰대 교수는 "대치 상태가 40시간이나 지속되면서 그사이에 어떤 증거 인멸이 있었는지도 모르는데 임의 제출 형식으로 증거물을 받았다. 지금 분석 결과만 가지고 진위를 확인할 수 있는 상태가 아니다"라고 지적했다.[42] 경찰의 중간 수사 결과 발표에 많은 의혹이 제기되었다. 서울경찰청은 중간 수사 결과를 조급하게 발표하여 대선에 개입하려 했다는 비판을 받았다.

---

41 류인하·이효상 기자, 「국정원女 로그기록 없는데 … 서울청장이 긴급발표 지시」, 경향신문, 2013. 2. 17.

42 김지현 기자, 「표창원, "국정원 직원 중간 수사 발표, 의혹만 키워"」, 한국일보, 2012. 12. 17.

드러나는 12·19 대선개입 전모

2012년 12월의 대선은 새누리당 박근혜 후보의 승리로 끝났다.[43] 그러나 국정원의 선거개입 사건은 끝나지 않았다. 민주당은 김용판 서울지방경찰청장을 형법상 직권남용, 경찰공무원법 위반 혐의로 서울중앙지검에 고발했다. 그는 수서경찰서의 수사 과정에 개입하여 수사를 축소·왜곡하도록 지시한 사실이 검찰 수사로 드러나면서 기소되었다. 사건 초기에 수사를 담당했던 권은희 수서경찰서 수사과장은 김용판 서울경찰청장이 수사 축소를 지시한 사실이 있다고 증언했던 것이다. 중간 수사 결과 발표 당시 경찰이 이미 국정원 직원의 여론조작 활동을 찾아낸 사실도 검찰 수사에서 밝혀졌다.

검찰 수사가 진행되면서 새로운 내용이 속속 드러났다. 일차적으로 국정원 직원들이 트위터를 통해 불법적으로 대선에 개입한 사실이 드러났다. 원세훈 국정원장의 지시를 받은 국정원 직원들이 2012년 9월 1일부터 대통령 선거 전날인 12월 18일까지 3개월여에 걸쳐 트위터를 통해 박근혜 새누리당 후보의 이미지·정책·후원계좌를 집중 홍보하고 박정희 전 대통령을 찬양하는 글을 무더기로 올린 것이다. 이들은 또 문재인 후보와 안철수 예비후보를 '종북'으로 몰아 폄훼하는 글도 대거 작성했다.[44] 이에 따라 원세훈

---

43 결과는 박근혜 51.55퍼센트(15,773,128표), 문재인 48.02퍼센트(14,692,632)였다.

전 국정원장은 선거법 위반 및 국정원법 위반 혐의로 기소되었다.

국방부도 대선에 개입한 사실이 밝혀졌다. 북한의 사이버 공격에 대비한다면서 만든 국방부 장관 직할 사이버사령부 소속 군인과 군무원들이 2012년 대선과 총선 당시 트위터와 블로그에서 박근혜 새누리당 후보의 정책을 선전·전파하거나 문재인 민주당 후보 등 야권 인사와 정책들을 깎아내리는 활동을 한 사실이 드러났다. 국방부 사이버사령부는 국정원의 예산지원을 받았다.[45]

국가보훈처도 2012년 5월부터 11월까지 보수 성향 여론 주도층 인사들을 따로 모아 박정희 전 대통령을 미화하고 민주진보세력을 '종북·좌파'로 매도하는 내용의 안보 교육을 실시한 것으로 드러났다.[46] 국정원과 군 사이버수사대, 국가보훈처에 이어 재향군인회도 18대 대선에서 SNS(소셜네트워크서비스)를 통해 대선개입에 나섰다는 의혹이 제기됐다.[47] 국가기관 및 국가 공무원의 대선개입 활동은 선거법을 위반한 것이며, 국가공무원법 위반 사항이다. 그럼에도 박근혜 대통령은 자신은 한 점도 도움을 받은 것이 없어서 사과할 일이 아니라고 했다.

그러나 그것으로 끝나지 않았다. 2013년 10월 17일, 윤석열 검사가 이끄는 서울중앙지검 특수수사팀은 트위터에서 대선개입 활

---

44 송호진 기자, 「국정원, 대선전 석달간 '하루 510건' 집중 트위트」, 한겨레신문, 2013. 10. 21.
45 하어영·최현준 기자, 「군 사이버사령부도 대선 '댓글 공작' 의혹」, 한겨레신문, 2013. 10. 15.
46 송호진 기자, 「보훈처 대선 직전 '박정희 미화' 교육 등 조직적 선거 개입 논란」, 한겨레신문, 2013. 10. 14.
47 채송무 기자, 「김기식, "국정원 이어 재향군인회도 'SNS 대선' 개입"」, 오마이뉴스, 2013. 10. 30.

동을 벌인 혐의로 국정원 심리전단 직원 3명을 긴급체포하고, 이들과 또 다른 국정원 직원 한 명의 주거지를 압수수색했다. 국정원 직원들은 무려 5만 5,689건에 이르는 트위터를 하면서 대선에 개입했다. 국정원은 SNS 전담팀을 꾸려 조직적으로 여론조작을 자행하는 방식으로 대선에 개입했다. 국정원 SNS 전담팀은 "문재인의 주군은 김정일" "안철수는 박쥐XX" 등 막말이 뒤섞인 인신공격을 예사로 벌였다. 윤석열 팀장은 이를 '선거 사범 중 유례를 찾기 힘든 중범죄'라고 규정하고 이들을 긴급체포했다.[48]

그러나 수사팀이 밝힌 5만 5,689건은 빙산의 일각에 불과했다. 국정원의 대선개입 공작 조직이 어디까지인지 정확히 확인되지 않았기 때문이다. 민주당은 긴급체포됐던 3명 등 리트윗 5만여 건의 작성자로 국정원 심리전단 5팀(트위터 등 SNS)을 지목했다. 민주당에 따르면 심리전단에는 1·2·3·5의 4개 팀이 있었고, 단장 아래 기획관 2명이 있어서 기획 담당 1팀과 실행 팀인 2·3·5팀에 모두 77명이 소속돼 있었다.[49]

하지만 이들의 활동 내용은 거의 드러나지 않았다. 겨우 여직원 한 명과 리트윗 활동을 한 3명의 활동이 밝혀진 게 이 정도이니, 그 전모가 드러나면 어떤 사실이 나올지 알 수 없었다. 직원 4~5명이 올린 트위터가 5만여 건 정도였다면, 사이버 팀원 70여 명이 모

48 임경구 기자, 「수사 외압, 이건 박근혜 정부의 범죄다」, 프레시안, 2013. 10. 22.
49 한겨레신문, 2013. 10. 22, 4면.

두 가세했을 경우 10배 이상의 글이 더 유포됐을 수도 있다. 여기에 여직원 김아무개처럼 민간인 '알바'를 고용했다면 유포된 글은 기하급수적으로 늘어난다.[50]

검찰 수사가 진행되면서 국정원의 조직적인 대선개입 사실이 드러나자 박근혜 정부는 사건 수사에 다각도로 압력을 행사했다. 먼저 채동욱 검찰총장이 '사생활 관련 의혹'이라는 석연치 않은 이유로 법무부 감찰을 받고 물러났다. 채 총장의 사생활 의혹을 처음 보도한 것은 조선일보였다. 이 보도가 나가자 법무부 장관은 기다렸다는 듯이 감찰을 지시했고, 결국 이를 거부하던 채동욱 총장이 사표를 제출함으로써 마무리되었다. 그런데 채동욱 검찰총장이 물러나는 계기가 된 사생활 의혹 관련 개인정보를 유출한 것이 원세훈 국정원장의 측근 인사인 것으로 드러났다.[51] 채동욱 검찰총장의 경우, 권력과 언론이 합작한 '강골 검찰총장 찍어내기'란 의혹이 일었는데, 의혹 수준을 넘어서 확실한 사실로 확인된 것이다.

다음으로는 서울지검 특별수사팀장 윤석열 검사가 보직 해임되었는데, 그 과정에 검찰 수뇌부와 법무부가 개입한 사실이 드러났다. 10월 17일 윤석열 수사팀장이 국정원 직원 3명을 선거개입과 관련해 긴급체포하자 조영곤 서울중앙지검장은 그를 수사에서 배제했다. 윤석열 검사는 서울지검 특수수사팀장에서 쫓겨나 여

---

50 경향신문, 2013. 10. 21, 3면.
51 연합뉴스, 2012. 11. 26; 김동호 기자, 「'채동욱 의혹' 개인정보 유출 관련 원세훈 측근 압수수색」, 오마이뉴스, 2013. 11. 26.

주 지청장으로 돌아가야 했다. 윤석열 검사는 다시 감찰까지 당하고, 정직 3개월이라는 중징계를 받았다.

조영곤 서울지검장은 윤 팀장의 보직 해임 이유를 '지시 불이행과 사전 보고 누락' 등이라고 했으나 윤 팀장의 주장은 달랐다. 사전에 보고했으나 묵살당했기 때문에 수사를 강행했다는 것이다. 윤 팀장은 트위터상의 여론조작 등을 포함해 원세훈 전 국정원장의 공소장 변경도 추진했다. 윤 팀장의 보직 해임에 대해 '채동욱 총장 찍어내기'에 이어 '제2의 찍어내기'라는 비판이 일었다. 야당은 "공소 유지에 찬물을 끼얹은 정부의 노골적인 수사개입"이라고 반발했다.[52]

검찰 수사로 국정원의 선거개입이 치밀하고 조직적으로 자행되었다는 증거가 속속 드러나면서 박근혜 정부에 적지 않은 부담이 가해졌다. 거기다가 국정원과 관련된 국가기관이나 민간단체의 활동까지 전면적으로 드러난다면 박근혜 정부가 감당할 수 없는 수준이 될 가능성을 배제할 수 없었다. 윤석열 팀장의 보직 해임 조치는 이러한 폭탄을 제거하기 위한 박근혜 정부의 강경 대응이었다.

윤석열 검사는 국회 국정감사에서 수사 초기부터 '외압'이 있었고, "이렇게 외압이 들어오는 것을 보니 수사해봤자 기소도 못하

---

52 이병한 기자, 「'윗선 지시 거부' 윤석열 팀장 보직 해임, 마지막 작품 공소장 변경 남기고 떠나다」, 오마이뉴스, 2013. 10. 18.

겠다는 생각이 들었다"라고 증언했다. 또 그는 박범계 민주당 의원이 "외압이 황교안 법무부 장관과 관련이 있느냐"라고 묻자 "무관치 않다고 본다"라고 답했다.[53] 그러나 문제는 법무부 장관이 아니라 박근혜 대통령이다. 박근혜 대통령은 처음에 "국정원의 도움을 받지 않았다"라고 주장하다가 나중에는 "진상을 밝히고 사법부의 판단을 기다리겠다"라고 말했다. 하지만 이 말을 누가 믿을 수 있을까? "수사의 핵심라인을 모두 제거한 뒤 사법부의 판단을 지켜보자고 하면 수사 결과와 재판 결과를 그대로 믿을 국민이 과연 몇이나 되겠는가."[54]

그 때문에 민주당은 좀 더 객관적이고 엄정하게 수사하기 위해 특별검사제를 도입해야 한다고 주장하고 나섰다. 채동욱 검찰총장의 퇴진과 윤석열 특별수사팀장의 보직 해임 등 박근혜 정부의 부당한 수사개입을 지켜보면서 과연 검찰이 국정원 대선개입 공작의 전모를 밝힐 수 있을지에 의구심을 갖지 않을 수 없었다. 하지만 새누리당은 민주당의 주장을 정치 공세라고 일축했다.

이를 지켜보던 재야세력이 반발하고 나섰다. 천주교정의구현사제단과 불교계 등이 부정선거를 비판하였고, 일부 사제들은 '박근혜 대통령의 사퇴'를 촉구하는 미사를 올렸다. 또 표창원 교수는 "수사기관의 신뢰와 독립성을 훼손한 정권은 타도해야 한다"라고

---

53 선명수 기자, 「윤석열, "국정원 수사 초반부터 외압 … 황교안 무관치 않아"」 프레시안, 2013. 10. 21.

54 이종필 기자, 「지난 대선은 명백한 쿠데타 … 박 대통령도 공범이다」, 오마이뉴스, 2013. 11. 25.

주장하고 나섰다.[55] 이렇게 해서 국정원 선거개입 사건은 많은 사람에게 '12·19부정선거'로 인식되기에 이르렀다. "2012년 12월 19일 대선은 일부 세력이 국가기관을 동원해 헌정질서를 유린한 명백한 국가 변란사태이며 따라서 원천무효다"라고 주장하는 사람도 적지 않았다. 당연히 "박근혜 대통령도 공범이다"라는 주장이 나오지 않을 수 없었다. 이 문제를 해결하기 위한 처방으로 '정권 타도, 대통령 사퇴, 재신임 투표, 특별검사' 등 다양한 주장이 제기되었다.[56]

이에 대해 박근혜 정부는 단호한 대처를 천명하면서 이념 공세를 펴는 데 급급하였다. 정부와 보수언론, 극우적 보수세력은 일부 발언을 문제 삼아 '종북 사제' 따위의 딱지 붙이기와 극우 반공 보수단체를 동원한 협박 등 구시대적 작태를 그대로 재현하였다.

정말 커넥션은 있었던 것일까?

왜 이럴까? 박근혜 정부는 무엇이 두려워 사건의 내막을 명쾌히 밝히기보다 검찰 수사에 압력을 가하며 은폐하려 했을까? 혹시 국정원 대선개입 사건은 이명박 정부의 단독 행위가 아니라 박근

55 이종필 기자, 위의 글, 오마이뉴스, 2013. 11. 25.
56 이종필 기자, 위의 글, 오마이뉴스, 2013. 11. 25.

혜 캠프와 어떤 커넥션이 있는 것일까? 이는 수사에서 검찰이 밝혀야 할 핵심 사안이 아닐 수 없다. 그러나 이와 상관없이 박근혜 대통령은 이미 검찰 수사를 방해하고 압력을 행사함으로써 이 사건과 관련해 책임을 져야 할 일을 만들고 말았다. 박 대통령은 이미 국정원 대선개입 사건과 깊이 연계되었던 것이다.

검찰의 수사가 진행될수록 놀라운 내용이 계속 밝혀졌다. 11월 20일 검찰은 국정원의 대선개입과 관련하여 110만 건 이상의 트위터 글이 더 유포된 사실을 밝혀내고는 법원에 원세훈 전 국정원장 등의 공소장 변경을 신청했다. 그동안의 의구심이 사실로 드러난 순간이었다. 검찰이 밝혀낸 바에 따르면, 국정원 심리전단 5팀 직원 22명은 대선에서 특정 후보를 지지하거나 비방하는 내용의 글 50여 만 개와 4월 11일의 총선과 재·보선에서 선거개입 글 60여 만 개를 올렸다. 검찰은 대선 관련 글에 대해서는 공직선거법 위반 혐의를 적용하고, 선거법 공소시효(선거 후 6개월)가 지난 총선 재·보선 관련 글에 대해서는 국정원법 위반 혐의를 적용했다.[57]

이에 따라 국정원이 트위터에 올리거나 퍼 나른 글이 121만 228건으로 늘어나게 되었다.[58] 검찰 관계자는 국정원 트위터 글의 의미를 이렇게 설명했다.

57 정제혁 기자, 「국정원 '선거 트윗글' 120만여 개 더 나왔다」, 경향신문, 2013. 11. 21.
58 한겨레신문, 2014. 1. 24. 검찰은 2,200만 건으로 의심되는 글 가운데 인력의 한계로 121만 건만 추려서 기소한 것이다.

"전술적으로 잘 기획된 2만 6,000종의 '사이버 삐라(전단지)'를 수십 또는 수백 장씩 복사해 모두 121만 장을 만든 뒤 여론 형성의 장인 트위터 공간에 뿌린 것이다. 사이버 삐라는 일반 삐라와 달리 그것을 받은 한 사람만 읽고 끝나는 게 아니라, 읽은 사람들의 팔로어 계정으로 수없이 확산된다."[59]

　　선거 당시 SNS인 트위터에 대량으로 배포된 글의 의미와 영향력을 잘 설명해주는 말이다. 사실 퍼 나르기를 통해 확대 재생산되는 트위터의 특성을 감안할 때 121만 건의 불법 트위터 글이 얼마나 더 큰 규모로 퍼져나갔는지는 가늠조차 하기 어렵다. 수백만 건, 아니 수천만 건으로 확산되었다고 보아야 한다.

　　서울중앙지검 특별수사팀(팀장 이정희)이 밝힌 바에 따르면 국정원 직원들은 트위터 계정 2,600여 개로 대선 관련 글 64만 7,433건, 총선 관련 글 56만 2,785건 등 모두 121만 228건을 트위터에 올렸다. 이 121만 228건 가운데 86.1퍼센트인 104만 2,116건의 트위터 글은 국정원 심리전단 직원들이 직접 쓰거나 제3자의 글을 퍼온 2만 6,550건의 '원글'을 자동복사·전파하는 '봇(bot) 프로그램'으로 리트윗했다. 국정원 직원들은 1회당 20~30개의 계정을 설정해 원글을 일분일초도 틀리지 않고 동시에 리트윗한 것이다. 전파된

59 김원철·박유리·박승헌·김효진 기자, 「국정원이 선거판에 사이버 삐라 121만 장 뿌린 것」, 한겨레신문, 2013. 11. 21.

글의 모태가 된 2만 6,550건의 원글은 10월 18일 검찰이 원세훈 전 국정원장의 공소장을 1차 변경할 때 추가한 트위터 글 5만 5,689건 가운데 일부였다. 검찰은 이런 프로그램을 이용한 것이 국정원 차원에서 조직적으로 움직인 정황을 더욱 확실하게 만들어준다고 보았다.[60]

그런데 법무부와 검찰 지휘부는 검찰의 공소장 변경 요구에 일부러 늑장을 부리는 등 수사에 부당 개입하려 했다. 이에 특별수사팀 검사들은 "부당하게 허가를 미루는 것은 수사 방해 행위다. 내일부터 출근하지 않겠다"라고 강하게 반발했다. 그러자 특별수사팀과 마찰을 빚는 사태가 또 벌어질 경우 발생할 파장을 우려한 법무부와 검찰 지휘부가 20일 저녁 늦게 공소장 변경 요구를 수용함으로써 비로소 법원에 공소장 변경 신청서를 제출할 수 있었다.[61] 정부의 검찰 수사 방해는 여기서 끝이 아니었다. 법무부는 2014년 1월 28일 국정원 선거개입 사건 특별수사팀 소속 평검사 2명을 지방으로 발령 냈다. 이에 국정원 사건의 공소유지 자체가 차질을 빚는 게 아닌지 하는 우려의 목소리와 비판이 제기되었다.[62]

국정원은 트위터를 통한 조직적 전파를 넘어 언론기사 등의 콘텐츠 생산에도 관여했다는 사실이 확인되었다. 특별수사팀은

60 김원철 기자 외, 위의 글, 한겨레신문, 2013. 11. 21.
61 김정필 기자, 「법무부·검찰 수뇌부, 원세훈 공소장 변경 또 방해」, 한겨레신문, 2013. 11. 22.
62 김선식 기자, 「'국정원사건' 평검사 2명 내달 지방으로 인사 발령」, 한겨레신문, 2014. 1. 29.

국정원이 평소 보수 인터넷 매체를 관리하면서 특정 기사를 주문 생산한 정황을 여러 건 확보했다. 국정원 압수수색을 벌인 특별수사팀은 심리전단 간부의 이메일에서 '인터넷 매체 관리 대상 명단'을 확보했는데, 여기에는 대표적 보수 인터넷 매체뿐 아니라 지역 신문과 보수 성향의 인터넷 카페 등이 포함되어 있었다. 국정원은 이 매체 관계자에게 기사화되기 원하는 이슈와 내용까지도 상세하게 전달했다.[63]

국정원은 트위터 피드를 통해 해당 매체와 봇(bot) 계정을 연계한 뒤 30분이나 1시간 등을 주기로 최신 기사를 자동으로 수집해서 전파했다. 국정원이 추가 기소한 121만여 건의 트윗에 특정 언론사의 기사나 사설이 많이 포함된 이유가 여기에 있었다. 검찰은 국정원이 명절 때마다 선물을 보내는 등의 방법으로 해당 매체를 관리해온 것으로 보았다. 검찰 관계자는 "그 매체에서는 건전한 취재원의 의견을 받은 뒤 스스로 판단해 기사를 썼다고 주장할 수 있겠지만, 내막을 들여다보면 사실 그렇지 않다"라고 말했다.[64]

이것은 국정원 심리전단의 여론조작이 단순히 댓글을 달거나 트위터 RT(리트윗, 재전송) 차원을 넘어서 뉴스 생산에까지 뻗쳐 있는 증거여서 더욱 놀랍다. 특히 평소에 특정 언론사를 관리하고, 특정 내용의 기사를 주문한 뒤 이렇게 생산된 기사에 댓글을 달고

---

63 이병한 기자, 「국정원, 트위터 확산 넘어 기사까지 '주문 생산'」, 오마이뉴스, 2013. 11. 22.
64 이병한 기자, 위의 글, 오마이뉴스, 2013. 11. 22.

트위터를 통해 대규모로 확산시킨 '일체형 과정'은 국정원의 여론 조작이 고도의 기획에 따랐음을 시사한다. 특별수사팀은 현재 원세훈 전 국정원장 등의 공판에서 관련 내용을 어느 정도까지 공개할지를 놓고 고민 중인 것으로 알려졌다.[65]

국정원과 십알단의 수상한 커넥션

검찰이 사건을 수사하는 과정에서 국정원의 선거개입 사실이 분명하게 드러났다. 원세훈 국정원장의 지시로 국정원 3차장[66] 산하 심리정보단이 국정원 직원과 보조요원들을 동원해 대선에 조직적으로 개입한 사실이 밝혀졌고, 그에 따라 원 전 국정원장이 불구속 기소되었다. 검찰은 구속 수사를 시도하였으나 황교안 법무부장관의 개입으로 불구속 입건해 조사를 했다.[67] 국정원장, 국정원 3차장과 심리정보국장, 국익전략실장, 여직원 및 사건 관련 직원들과 김용판 전 서울경찰청장도 검찰의 수사를 받았다. 2013년 4월 30일 검찰은 14시간 동안 국정원을 압수수색했다.

---

65 이병한 기자, 위의 글, 오마이뉴스, 2013. 11. 22.
66 국정원에는 국정원장 아래 1, 2, 3차장이 있다. 1차장은 해외, 2차장은 국내, 3차장은 북한 담당이다. 대선공작 업무를 진행한 심리정보단과 박원순 서울시장 제압 문건 등을 만든 국익전략실은 모두 대북 정보를 담당하는 3차장 소속으로 돼 있다.
67 원세훈 전 국정원장은 대선개입과 관련해서는 불구속 입건되었으나 재직 중 뇌물을 받은 혐의로 구속되었다.

국정원 대선개입 사건을 수사하는 과정에서는 이 밖에도 국정원의 불법 정치개입과 여론공작이 곳곳에서 드러났다. 박원순 서울시장에 대한 제압 문건, 반값등록금 반대 문건, 국정원 대선개입 범죄 일람표, 일간베스트저장소(일베)와 국정원의 커넥션 등 국내의 온갖 정치사회 문제에 조직적으로 개입해 여론조작에 관여한 사실이 드러났다.

이 정도면 국정원이 과거 박정희 정권 시절의 중앙정보부나 전두환 정권 시절의 국가안전기획부로 회귀하고 있다는 느낌을 갖기에 충분했다. 국정원은 과거 중정이나 안기부처럼 다양한 방식으로 정치사찰과 정치공작을 진행했다. 국정원은 이런 일에 한국 사회의 다양한 세력을 직간접적으로 활용했다. 안병욱 가톨릭대학 교수는 프레시안과 인터뷰에서 "한국 사회를 잘 들여다보면, 극단적인 생각이나 흐름이 묘하게 중심권과 연결돼 있다. 조직적으로까지는 아니더라도 서로 통하는 사고방식 속에서 사회를 뒤흔든다는 게 문제다"[68]라고 지적했다.

아니나 다를까. 국정원이 민간단체와 연계해 대선공작 활동을 한 사실도 드러났다. 2012년 대선 과정에서 SNS 불법 선거운동을 벌인 혐의로 유죄판결을 받은 '십알단'과 박근혜 후보에게 유리한 SNS 활동을 한 국정원 계정이 서로 동일한 내용에 대해 리트윗을 주고받는 등 연관성을 의심할 만한 정황이 드러난 것이다. 국회

<hr />

68 김덕련 기자, 「일베-뉴라이트-〈조선〉은 이어져 있다」, 프레시안, 2013. 6. 18.

법제사법위원회의 서울고등검찰청·서울중앙지방검찰청 국정감사에서 박범계 민주당 의원은 "윤정훈 목사의 '십알단' 계정과 국정원 연관 계정이 같은 글을 놓고 RT를 한 정황이 있다"라고 주장했다. 이에 대해 수사팀장이었던 윤석열 검사는 "그렇게 보고받았다"라고 답변했다.[69]

문제가 된 '십알단'은 '십자군 알바단'의 줄임말로, 초기에는 특정 종교 집단이 자신의 종교를 비난하는 글을 발행하면 한꺼번에 몰려와 악성 댓글을 다는 사람들을 지칭했다. 그런데 '나는 꼼수다(나꼼수)'의 폭로로 '십알단'의 정체가 드러났다. 이에 따르면, 그들은 대선을 앞두고 새누리당과 박근혜 후보 측에서 조직적으로 SNS 여론을 주도하려는 사람들을 지칭하는 것이었다.[70]

검찰 수사 과정에서 선거개입 사실이 속속 드러나자 국정원이 코너에 몰렸다. 여론도 나빠졌다. 그러자 6월 24일 남재준 국정원장은 느닷없이 2007년 10월에 있었던 노무현 대통령과 김정일 국방위원장의 '남북정상회담 회의록' 전문을 공개했다. 국정원의 정치개입 파문을 덮으려는 시도였다. 남재준 국정원장은 "국정원의 명예를 지키기 위해서 공개했다"라고 말했다. 박근혜 대통령은 9월 16일 여야 정당 대표와의 회담에서 "민주당 박영선 의원이 새누리당과 국정원에서 대화록을 유출했다고 했기 때문"이라고 주장했다.

---

69 안홍기 기자, 「십알단-국정원 계정, 사이좋게 서로 RT」, 오마이뉴스, 2013. 10. 21.
70 「'십알단' '박사모 사이버 전사'를 아시나요?」, 아이엠피터, 상식적인 사회를 꿈꾸는 정치 시사전문 블로그(http://impeter.tistory.com/2005), 2012. 10. 25.

그러나 그건 사실이 아니었다. 4월 19일, 국정원은 국가기록원에 공문을 보냈다. 2007년 10월의 남북정상 간 대화록이 대통령 기록물 관리에 관한 법률 제2조의 '대통령 기록물에 해당하는지' 유권해석을 의뢰한 것이다. 그 전날인 4월 18일 경찰은 '국정원 대선개입 의혹 사건'을 국정원법 위반 혐의를 적용해 검찰에 송치하였고, 채동욱 검찰총장은 특별수사팀을 꾸려 원세훈 전 국정원장의 국내 정치개입 의혹도 수사하겠다는 방침을 밝힌 상태였다. 따라서 국정원은 검찰의 수사 확대에 따른 비난을 물 타기하려고 대화록을 공개했다는 의혹에서 벗어날 수 없었다.

국가기록원은 5월 10일자 국정원 공문에 대한 답변에서 '공개해서는 안 된다'는 입장을 밝혔다. 그런데 국정원은 국가기록원의 비공개 답변에도 대비하고 있었다. 국가기록원의 답변이 도착하기도 전인 5월 8일 법제처에 정상회담 회의록 공개와 관련해 "국가기록원과 대립되므로 법제처가 법령 해석을 해달라"라고 요청했다. 법제처는 5월 21일 "정치적 사건이므로 의견을 내는 것이 적절치 않다"라고 회신했다.

이들을 종합할 때 국정원이 대선개입 의혹 사건에 쏠린 여론을 다른 곳으로 돌리기 위해 대화록을 공개했다는 '사전기획설'의 타당성이 높았다.[71] 사실 국정원의 대선개입과 북방한계선(남북정

---

71 선대식 기자, 「국정원 대화록 공개, 사전기획설 사실로 드러나」, 오마이뉴스, 2013. 9. 30; 이광길 기자, 「국정원, 지난 4월부터 'NLL 대화록' 공개착수 드러나」, 통일뉴스, 2013. 9. 30.

상회담 회의록 공개)은 전혀 별개의 문제였다. 그럼에도 국정원은 정상회담 회의록 전문을 공개하면서 관심을 엉뚱한 곳으로 돌려 이념논쟁을 유도했던 것이다. 국정원의 이 같은 행위는 명백한 정치개입이었고, 국정원의 과거, 즉 중앙정보부 시절을 생각나게 만드는 행동이었다.

반복되는 국정원의 정치공작

역사는 반복되는가? 이런 의문을 던지지 않을 수 없다. 2012년 국정원의 18대 대선개입 사건과 유사한 일이 과거에도 있었기 때문이다. 1971년에 있었던 7대 대통령 선거가 그것이다. 1971년 대선에서 박정희는 김대중과 맞붙었다. 박정희는 3선 개헌을 통해 재출마의 길을 열었고, 1971년 선거에서 승리함으로써 영구집권으로 나아가려 했다. 반면 40대 기수론을 주창하며 등장한 신민당의 김대중은 대세로 부상한 김영삼을 꺾는 이변을 연출하면서 참신한 선거 공약으로 새바람을 불러일으켰다.

1971년 대선은 한국 민주주의 발전에서 하나의 이정표였다. 중앙정보부를 총사령탑으로 하여 관권과 금권을 총동원한 박정희에게, 바람으로 맞붙은 김대중이 패배함으로써 한국 민주주의는 조종을 울렸다. 그 뒤 '정치의 암흑기'라고 할 유신시대를 맞게 된다. 박정희의 죽음으로 유신체제는 끝났으나 전두환 신군부의 등장으로 군사정권이 또다시 연장된다.

1971년 대선에서 중앙정보부는 대선을 총괄 지휘했다. 공화당 선거대책본부가 있었지만 실제로 선거 전략을 수립하고 선거 과정 전체를 조율한 것은 중정이었다. 중정은 관권과 금권의 조직과 동원을 책임졌다. 김종필(당의장), 강창성(보안사령관) 등 당시 권력의 핵심에 있던 사람들은 정치자금이 총 600~700억 원 사용되었다고 말했다.[72] 이는 당시 국가 예산의 10퍼센트가 넘는 엄청난 금액이다. 이 같은 천문학적인 정치자금을 긁어모으는 데 중정은 핵심 역할을 했다.

중정은 선거자금과 대중동원뿐만 아니라 여론조작에서도 결정적인 역할을 수행했다. 신문과 방송을 동원해서 박정희의 치적을 홍보하고 영도자로 치켜세우는 일을 중정의 기획과 조정 아래 진행했다. 중정은 경상도 지역에서 지역감정을 부추기는 흑색 전단을 조직적으로 살포함으로써 경상도에서 박정희 몰표가 나오는 데 결정적인 역할을 했다.

『정치공작사령부 남산의 부장들』에서 김충식 기자는 1971년 대선에서 중정의 역할에 대해 이렇게 말하고 있다.

"4·27 결과는 박정희의 승리였다. 박정희 637만여 표, 김대중 539만여 표. 김계원에서 이후락 정보부장으로 이어지는 남산사령부

---

72 김충식 지음, 『정치공작사령부 남산의 부장들 1』, 동아일보사, 1992, 296쪽.

의 개가였다. 반년 동안 정권수호 공작은 마침내 성공을 거둔 것이었다.

김대중의 조직참모 엄창록 격리, 향토예비군 폐지를 둘러싼 안보 논쟁 유도, 박 후보 유세장의 청중 동원, HR[73] 주재 고위 선거대책회의 운영을 통한 행정조직 선거 이용, 박 후보 '마지막 출마' 선언 그리고 신민당 지도부 이간공작 등. 핵심 전략은 모두 중정 작품이었고 대부분 적중했다."[74]

1971년 대선에서 중정이 했던 역할을 2012년 대선에서 국정원이 똑같이 할 수 없었다는 것은 분명하다. 그때와 지금은 시대가 다르고, 중정과 국정원의 성격에도 적지 않은 차이가 있다. 당시 중정은 그야말로 무소불위의 권력기관으로서 여당의 대선 전체를 총괄한 정치공작사령부 역할을 했다. 중정의 활동은 공공연한 비밀이었지만 거기에 아무도 시비를 걸 수 없었다. 그러나 지금은 그때와 시대가 다르다. 그럼에도 국정원은 선거공작단을 꾸려 조직적으로 선거에 개입했고 이를 감추기 위해 쉬쉬했지만 결국 들통이 나고 말았다. 민주적으로 사고하는 공무원의 제보로 불법 활동의 꼬리가 잡히기 시작했고, 검찰 수사로 마침내 그 전모가 드러나기 시작했다. 하지만 그럴수록 박근혜 정부는 그걸 감추기 위해 온

---

73 중정부장이었던 이후락의 영문 약칭이다.
74 김충식 지음, 앞의 책, 319쪽.

갖 추태를 다 벌였다.

　우리는 이미 밝혀진 사실만으로도 2012년 국정원의 대선개입 공작에서도 과거 중정이나 안기부가 했던 공작 수법 가운데 몇 가지가 그대로 활용되었다는 것을 분명히 확인할 수 있다. 여당과 연계한 노무현 대통령의 'NLL 포기' 의혹 논쟁 유도, 조직적인 여론조작 활동, 보수언론의 노골적·편파적인 보도를 위한 선거 쟁점 제공, 극우세력과의 간접 연계 및 보수세력 결집 등과 같은 것이다. 여기에 국정원이 직간접적으로 연계되어 활약하고 있다. 그와 같은 심증을 결정적으로 굳혀주는 증거 자료가 있다.

국정원의 퇴행을 막기 위한 조건

|

　2013년 8월 26일, 원세훈 전 국정원장의 대선개입 사건 재판 과정에서 국정원 직원들의 내부 교육 자료와 특강 자료로 활용되는 책자가 드러났다. 검찰은 현대사상연구회에서 제작한 『반대세의 비밀, 그 일그러진 초상』을 증거자료로 제출했으며, 국정원이 이 자료의 실체적 작성자라고 밝혔다. 이 책자는 2008년 광우병 촛불 시위 이후 그 재발을 막기 위해 2009년 발행한 것으로 알려졌다. 이 책자에는 국정원의 대선개입 댓글 사건에서도 드러난 종북과 좌파 인식, 민주노총과 전교조 등 시민사회단체에 대한 인식, 민주화 역사의 왜곡, 야당 정치인 비판 등 '이분법적' 인식체계가

적나라하게 드러나 있다.[75]

이 책자를 분석한 건국대학교 법학전문대학원 한상희 교수는 '이 책자가 1987년 항쟁으로 무너진 권위주의 체제를 복원하기 위해 쓰였으며, 주류 정치세력을 위한 전략적 지침을 제공하고 있다'고 평가했다.

> "그것은 1987년 민중항쟁에 의하여 붕괴되어버리고 만 권위주의 체제를 다시금 복원하여 자신의 영원한 숙주로 삼고자 하는 국정원의 염원과 함께, 시민사회의 대척점에서 48년 체제의 지속적인 특혜와 엄포를 받아왔던 주류 정치세력을 위한 전략적 지침을 제공하고 있다."[76]

춘천교대 김정인 교수는 이 책자가 '뉴라이트적 사관'에 따라 작성되었고, 이 책자의 교과서 버전이 '교학사 한국사 교과서'라고 평가하였다. 그는 "'반대세의 비밀'의 내용과 교학사 교과서를 비교해보면, 마치 '반대세의 비밀'이라는 국가 정보기관의 교육 교재를 정규 고등학교용 교과서에 옮겨놓은 듯한 부분이 적지 않다"라고 평가하였다.[77] 이것은 국정원이 과거 어두운 시절의 비밀 정보기

---

75 진선미 의원 보도자료: 「국가정보원의 비밀, 이론의 실체 공개─오는 8일, 국정원 '반대세의 비밀' 분석 결과 전문가 좌담회 개최」, 2013. 10. 3.
76 한상희 지음, 「반대세: 그들은 누구인가?」, "국정원의 비밀, 그들의 이론의 실체는─국정원 '반대세의 비밀' 분석 결과" 전문가 좌담회」(2013. 10. 8. 국회 의원회관 제1소회의실) 자료.

관으로 회귀하고 있음을 보여주는 중요한 근거 자료이다.

　40년 전 국정원의 전신인 중앙정보부는 "남자를 여자로 바꾸는 것 말고는 모든 것을 할 수 있다"라고 할 정도로 무소불위의 권력을 행사하는 '괴물' 같은 존재였다. 물론 지금은 시대가 바뀌었고, 국민의 의식수준이 달라졌다. 따라서 국정원이 과거 중정이 한 짓을 그대로 할 수는 없는 시대라고 여긴다. 그럼에도 우리는 2012년 12월 국정원의 대선개입 사건의 수사가 진행되면서 이 같은 우리 판단이 틀렸을 수도 있다는 생각을 하게 된다. "원세훈의 국정원이 한 짓은 전두환 정권 시절 장세동의 안기부가 한 것과 별로 다를 게 없다."[78] 그렇다면 지금 국정원이 과거 군부 독재정권 시절의 비밀 정보기관과 무엇이 다르단 말인가?

　국정원 대선공작 사건은 역사적으로 매우 중요한 의미가 있다. 국정원이라는 조직의 존립 근거에 근본적 의문을 불러일으키게 만드는 사건이면서, 박근혜 대통령의 정당성에도 흠집이 되는 사건이기 때문이다. 따라서 검찰이 철저하고도 완벽하게 수사해야 한다. 국민의 의혹이 풀려야 박근혜 정부의 부담도 줄어든다. 그렇게 될 때 비로소 국정원도 환골탈태하여 새 조직으로 태어날 수 있다. 그러나 이건 그야말로 희망사항에 그칠 것 같다. 박근혜

77 김정인 지음, 「『반대세의 비밀, 그 일그러진 초상』의 뉴라이트적 사관과 '종북' 프레임」, "국정원의 비밀, 그들의 이론의 실체는—국정원 '반대세의 비밀' 분석 결과" 전문가 좌담회(2013. 10. 8, 국회의원회관 제1소회의실) 자료, 16쪽.
78 김덕련·최하얀 기자, 「"우린 전두환 각하 분신" … 국정원 DNA 안 변했다」, 프레시안, 2013. 7. 2.

정부가 진실을 밝히려 하기보다 검찰을 통제하여 적당한 선에서 마무리하려 했기 때문이다.

거기다가 국정원 개혁 또한 방향을 제대로 잡지 못하였다. 검찰 수사가 진행되면서 국정원 개혁이 화두로 등장하자, 박 대통령은 7월 8일 수석비서관 회의에서 '셀프 개혁'을 주문했는데, 이는 결국 국정원을 개혁하지 않겠다는 이야기나 마찬가지였다. 민주당은 "고양이에게 생선을 맡긴 꼴"이라며 비판했고, 시민사회단체도 비판에 가세했다.

박 대통령이 '셀프 개혁'을 주문한 지 석 달 만에 남재준 국정원장이 내놓은 개혁 방향은 그런 사실을 여실히 보여주었다. 10월 8일 국회 정보위에서 남 원장은 국정원 자체 개혁 방안과 관련해 "이적단체와 간첩 적발을 위해 국내외 (국정원) 활동을 융합하고, 국내 대공수사 파트를 대폭 보강하겠다"라고 밝혔다. 국정원의 국내 정치개입 통로가 되어온 국내 정보 수집기능과 수사권 분산을 요구하는 야당과 시민사회단체의 개혁 요구를 정면으로 거스르는 것이었다.[79]

국정원 개혁에서 핵심은 '정치개입을 금지하고 왜곡된 정보활동을 차단하는 것'이다. 이와 관련해 안병욱 가톨릭대학 교수는 프레시안과 인터뷰에서 이렇게 말했다.

---

[79] 김남일 기자, 「남재준, '국내 대공 수사 강화' … 거꾸로 가는 국정원 개혁」, 한겨레신문, 2013. 10. 9.

"(국정원의 퇴행을 보며 든 생각은) 국정원을 바로잡기 위해서는 두 가지 전제만 있으면 된다(는 것이다). 하나는 정치개입이나 왜곡된 정보활동을 차단하기 위해 국정원 조직을 근본적으로 개편하는 것이다. 또 하나는 국민들의 의식이다. 국민들이 선진적인 의식을 가지고 있으면, 일각에서 부정한 생각을 하더라도 사회 전체적으로 통제하고 정화할 수 있다. 이 두 가지가 다 되거나, (적어도) 둘 중 하나만 되더라도 국정원이 부당하게 정치에 개입할 수 없을 것이다. 현재는 이 두 가지가 다 부정적으로 국정원을 오도하고 있다."[80]

　　국정원 개혁과 관련해 민주당은 국정원의 명칭을 통일해외정보원으로 고치고 국내 정보 수집기능과 수사권을 기존 정부기관으로 이관하는 것을 핵심으로 하는 국정원법 개혁안을 내놓았다. 민주당 국정원법개혁추진위원회는 국정원 개혁 3대 원칙으로 정보기관의 전문성과 투명성 제고, 권한 분산을 통한 견제와 균형 창출, 국민의 민주적 통제 강화를 제시하였고, 7대 개혁 과제로 수사권 전면 이관, 국내 정보 수집기능 전면 이관, 국회의 민주적 통제 강화, 국무총리 소속기관으로 전환, 정보 및 보안 업무의 기획·조정 및 분석 기능 NSC 이관, 정보기관원의 국회 및 정부 기관 파견 출입 금지, 정보기관의 불법 행위를 제보한 내부 제보자 보호 등을

---

80 김덕련·최하얀 기자, 「'이명박근혜' 국정원, 박정희 때로 회귀한 까닭은 …」, 프레시안, 2013. 6. 30.

주장했다.[81]

그러나 국정원 개혁 방안은 민주당의 요구를 일부 수용하는 선에서 여야 타협으로 마무리되었다.

2013년 12월 31일 국회 국정원개혁특위는 전체회의를 열고 국정원법 등 국정원 개혁과 관련하여 7개 법안을 가결 처리해 법사위로 넘겼다. 개혁안의 주요 골자는 "국정원 직원의 정보통신망을 이용한 정치활동 관여를 금지하고, 위반할 경우 처벌토록 한다"라는 것이었다. 또 국정원 직원의 정보 수집을 위한 국가기관, 정당, 언론 등의 민간을 대상으로 하는 파견 및 상시 출입 금지, 국회 정보위원회의 상설화, 국정원에 대한 외부 통제의 강화, 국회에서의 예산결산 심사 및 안건심사와 감사원의 감사에 대한 성실한 자료 제출 의무 등을 포함하고 있다.[82]

시민단체에서 요구한 국정원의 근본적 조직 개편에는 아예 접근조차 해보지 못하고 끝났다. 국정원의 정치개입에 대한 처벌 강화 등은 성과이지만 그것만으로 국정원의 정치개입이 근절될 수 없다. 국정원을 움직이는 최고 통치자와 수장인 국정원장의 사고가 무엇보다 중요하다. 그들이 민주적 의식을 갖지 않는 한 국정원의 정치개입은 언제든 재현될 수 있다.

---

81 김민하 기자, 「민주당 국정원 개혁안 발표, '월권 조직 … 국회 주도로 개혁'」, 미디어뉴스, 2013. 9. 24.

82 최재구 기자, 「특위 국정원 개혁안 가결 … 사이버 활동처벌 명문화」, 연합뉴스, 2013. 12. 31.

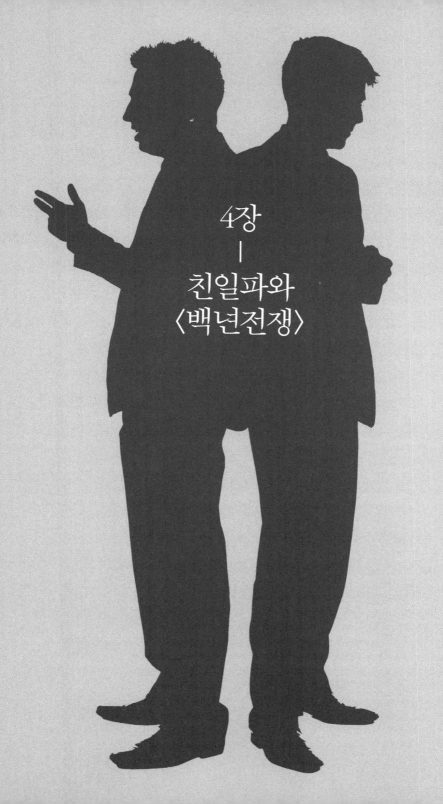

4장
―
친일파와
〈백년전쟁〉

뒤늦게 문제가 된 〈백년전쟁〉

2013년 3월 15일 조선일보는 '원로들이 우려한 좌파의 인터넷 다큐 〈백년전쟁〉'이라는 제하의 기사를 내보냈다. 그 내용은 대략 이런 것이었다.

'2013년 3월 13일 청와대 인왕실, 박근혜 대통령과 국가 원로급 인사 12명이 오찬을 함께했다. 이때 박 대통령의 오른쪽에 앉아 있던 이인호 아산정책연구원 이사장(전 러시아 대사)이 말을 꺼냈다. "요즘 인터넷에 들어가 보면 〈백년전쟁〉이란 영상물이 많이 퍼져 있다. 젊은 사람들이 많이 보는 것 같아서 걱정이다." 이 이사장은 "다큐멘터리 영화라는데 이승만·박정희 대통령 때의 일을 많이 왜곡해서 다루고 있다. 이런 역사 왜곡도 국가 안보 차원에서 주의 깊게 봐야 할 것 같다"라고 말했다. 이에 박근혜 대통령이 "잘 살펴

보겠다"라고 답했다는 것이다.'[83]

이 보도가 나간 뒤 조선일보는 〈백년전쟁〉을 비판하는 기사와 칼럼을 연일 내보냈다. 3월 16일 '류석춘 교수가 제기한 좌파 영상물 〈백년전쟁〉의 문제점'이란 기사에서 "〈백년전쟁〉을 둘러싼 논란이 확산되고 있다"라고 보도했고, 19일에는 유영익 한동대 석좌교수 인터뷰와 '〈백년전쟁〉 대표적 5가지 왜곡'이라는 기사를 내보냈다. 22일에는 청와대 오찬에서 〈백년전쟁〉을 언급한 이인호 아산정책연구원 이사장이 〈백년전쟁〉에 대해 '터무니없는 악선전' '학교에서의 역사 교육이 전교조 등의 영향으로 좌편향됐기 때문'이라고 말한 내용이 인터뷰로 실렸다.[84]

강도 높은 비판이 칼럼에서도 이어졌다. 3월 18일에는 "이런 의도적 왜곡들은 법적인 책임을 물어야 할 위중한 사안"이라고 했고, 19일에는 "한마디로 대한민국의 정통성과 정당성을 왜곡한 악질적인 반한(反韓) 문건"이라고 맹비난했다.

문제가 된 역사 다큐멘터리 〈백년전쟁〉은 『친일인명사전』을 편찬한 민족문제연구소가 제작한 것으로 2012년 11월 말 공개된 바 있다. 두 편으로 구성된 영상물은 이승만 전 대통령의 일제강점기 행적과 박정희 전 대통령의 경제 정책을 다루었다. 유튜브 등

---

83 김진명 기자, 「元老들이 우려한 좌파의 인터넷 다큐 '백년전쟁'」, 조선일보, 2013. 3. 15.
84 최원형 기자, 「다큐 '백년전쟁' 맞선 조선일보 '좌파 딱지 붙이기'」, 한겨레신문, 2013. 3. 26.

인터넷에 벌써 공개했는데 서너 달이 지나 보수언론을 중심으로 논쟁이 지펴진 것이다.

여기에는 조선일보뿐만 아니라 보수 매체가 모두 가세하였다. 이미 『신동아』 3월호에 「역사 다큐 〈백년전쟁〉의 이승만 죽이기」라는 기사가 보도되었다. 조선일보 보도 뒤 '데일리' '뉴데일리' '올인코리아' 등 보수 인터넷 매체들이 가세하고 나섰다. 보수 매체가 여론화에 나선 것이다. 그것으로 끝나지 않았다.

5월 2일 이승만 전 대통령 유족들은 서울 서초동 서울중앙지검 앞에서 기자회견을 열었다. 이 자리에서 유족들은 "이승만 전 대통령을 친일파로 묘사한 〈백년전쟁〉은 허위 사실과 자료 조작으로 이 전 대통령을 인격살인하고 있다"라며 역사 다큐멘터리 〈백년전쟁〉 제작자인 임헌영 민족문제연구소장 등 3명을 사자명예훼손 혐의로 검찰에 고소했다. 유족들의 고소로 〈백년전쟁〉을 둘러싼 역사적 진실 논쟁이 법정에서 벌어지게 됐다.[85] 이에 대응하여 민족문제연구소도 고문변호사 회의를 열어 유족들의 소송에 대비하는 한편, 종편 등 보수언론의 명예훼손 등에 철저히 대응하기로 했다.[86]

---

85 곽희양 기자, 「이승만 친일 추적 다큐 '백년전쟁' 법정으로」, 경향신문, 2013. 5. 2.
86 민족문제연구소 지음, 「극우세력 '백년전쟁' 공격에 법적 대응 착수」, 통일뉴스, 2013. 5. 23.

친일파 연구하면 종북?

〈백년전쟁〉은 민족문제연구소가 제작해 2012년 11월 유튜브 등에 공개한 동영상으로, 역사 다큐멘터리다. 공개된 지 6개월 남짓한 기간에 조횟수가 300만 건이 넘어섰을 정도로 많은 사람이 보았다. 〈백년전쟁〉은 본편 4부와 번외편 2부로 기획되었다. 본편 1부 '두 얼굴의 이승만'과 박정희 전 대통령 시기 경제성장의 배경에는 미국의 입김이 강하게 작용했다는 내용의 번외편 1부 '프레이저 보고서'가 공개되었다. 나머지는 제작 중으로 아직 공개되지 않았다. 제1부 '두 얼굴의 이승만'은 이 전 대통령의 일대기를 조명하고 있다. 제작진은 이 동영상에서 이승만과 그의 비서 노디 김의 불륜, 하와이 교민의 독립운동 성금 횡령, 이승만과 김구, 맥아더와의 관계 등 12가지 의혹을 제기했다.

3월 13일 박근혜 대통령이 국가원로급 인사들과 오찬한 이후 조선일보가 이를 계속해서 확대해나가면서 본격적으로 문제가 되었다. 이러한 보수언론의 행위에 대해 민주통합당은 "일부 언론이 〈백년전쟁〉을 좌파의 영상물로 규정했다"면서 "이승만과 박정희 전 대통령의 친일 행적을 거론하면 모두 좌파인가"라며 반발했다.[87] 보수세력의 문제 제기에 대해 민족문제연구소 측은 이 동영상에 하등의 문제가 없다고 주장했다. 동영상에 나와 있는 내용은

---

87 곽희양 기자, 앞의 글, 경향신문, 2013. 5. 2.

모두 역사적 자료를 기반으로 한 것이며, 보수단체가 문제 삼는 부분은 패러디로 볼 수 있다고 했다. 조세열 민족문제연구소 사무총장은 "당시 동영상 자료가 없기 때문에 재연과 패러디로 대신했다. 다큐 영역에서 패러디적 표현과 풍자는 오랜 표현 기법이다"라고 밝혔다. 김승은 민족문제연구소 연구원도 "동영상에 거론된 내용은 이미 4·19 이후 국내 언론과 학계 논문에서 지적한 부분이고, 모두 학술적 근거를 충분히 댈 수 있다"라고 덧붙였다. 하지만 보수시민단체는 이를 인정하지 않았다.[88]

그렇다면 조선일보를 비롯한 보수언론과 보수세력이 뒤늦게 〈백년전쟁〉을 문제 삼은 것은 무엇 때문일까? 여기에 대해서는 이명박 정부 때의 교과서 논란과 같은 '역사 전쟁'을 일으키고 진보세력에 '좌경 용공'의 딱지를 붙이려는 의도라는 분석이 설득력을 얻었다. 이희완 민주언론시민연합 사무처장은 "뉴라이트가 역사 문제를 제기하고 보수언론이 이를 확대·재생산하는 패턴이 계속되고 있다. 친일·민족 문제를 모두 좌파의 공작으로 몰아붙이려는 시도야말로 역사 왜곡"이라고 말했다. 민족문제연구소가 2008년 『친일인명사전』을 만들며 방응모 전 조선일보 사장, 김성수 전 동아일보 사주 등을 포함시킨 일도 배경으로 거론되었다. 조선일보 쪽은 이 일로 민족문제연구소를 상대로 소송을 냈으나 사실상 패소했다. 〈백년전쟁〉 포스터에도 방 전 사장의 모습이 나온다.[89]

---

88 곽희양 기자, 위의 글, 경향신문, 2013. 5. 2.

그런데 보수언론의 대대적인 보도 속에는 치밀하고 객관적인 분석이 없었다. 대부분 '좌파'를 강조하는 감정적 공격만 했다. 조선일보는 '박정희 시대의 경제성장은 미국에 의한 것'이라는 〈백년전쟁〉의 내용이 왜곡되었다고 주장했다. 하지만 현대사학자인 박태균 서울대 교수는 "요새 세계 학계는 기존의 '발전국가' 이론에서 벗어나 경제성장의 외부적 요인을 주목하는 추세다. 외부적 요인만 강조한 것에 대해 '편중됐다'는 지적을 할 순 있어도 '왜곡했다'고 말할 순 없다"라고 말했다. 그는 "〈백년전쟁〉이 한쪽 견해를 강조해서 만들어졌을 가능성도 있지만, 이에 대한 비판은 철저하게 '사료 대 사료'로 해야 한다"라고 말했다.

　　조선일보는 〈백년전쟁〉이 이승만을 풍자하려고 동원한 영상 기법에 대해서도 '사진 조작'이라고 비판했다. 이러한 조선일보의 비판 행태에 대해 〈백년전쟁〉에 인터뷰를 한 주진오 상명대 교수는 "조선일보는 이승만을 비판하는 얘기만 해도 '좌파'이고 '대한민국 정체성을 부정하는 것'으로 몰아가고 있다. 이승만 독재 시절 '반민특위'를 '좌경 용공'으로 몰아간 것과 무엇이 다르냐"라고 말했다.[90]

---

89 최원형 기자, 앞의 글, 한겨레신문, 2013. 3. 26.
90 최원형 기자, 위의 글, 한겨레신문, 2013. 3. 26.

친일은 계속되어야 한다, 쭉

〈백년전쟁〉을 둘러싸고 벌어지는 논쟁의 핵심적 배경에는 친일파 문제가 자리 잡고 있다. 해방 이후 친일파 문제는 한국 현대사의 중요한 핵심 이슈 중 하나이다. 그러나 해방된 지 60년이 넘어 70년이 다 되어가는 지금까지도 친일파 문제가 한국 사회의 핵심 이슈로 자리 잡고 있는 것은 놀라운 일이다. 이 문제는 해방과 더불어 가장 먼저 해결했어야 했다. 해방된 나라에서 친일파가 자신의 과오에 따라 심판받고 처벌받는 것은 당연한 일이다. 그러나 한국에서는 친일파 청산이 제대로 되지 않았다. 그리고 그 때문에 아직까지도 친일파 문제가 중요한 사회적 이슈로 남게 된 것이다.

1942년 말부터 1945년 4월까지 2년 6개월이라는 짧은 기간 나치 치하에 있었던 프랑스나 동유럽 국가들도 전쟁 후 나치에 협력했던 인사들을 철저히 처벌했다. 프랑스의 경우 비시 정권과 나치 협력자 1만 명 이상이 처벌받았다. 중국에서도 일제에 협력했던 '한간(漢奸)'을 강력히 처벌했다. 한간이란 원래 만주족이 지배하던 청나라 때 한족으로서 만주족과 내통하던 사람을 지칭하는 말이었으나 나중에는 적과 내통하는 첩자, 간첩이라는 의미로 쓰이게 되었다. 일제에 빌붙어 중국을 팔아먹은 친일분자는 '간첩'이나 마찬가지였던 것이다. 중국에서는 일본의 괴뢰정부였던 만주국과 왕징웨이(汪精衛) 정부 종사자가 바로 친일파였다. 일본군 밑에서 첩자로 일한 자들은 말할 필요도 없었다.

해방 후 우리나라에서도 친일파 청산이 주요한 사회적 현안으로 등장하게 된다. 그러나 미군정 시기 친일파 청산 작업은 전혀 진행되지 않았다. 친일 관료들은 미군정에서 대부분 중용되었고, 악명 높았던 친일 경찰조차 미군정 경찰의 요직을 차지하기에 이르렀다. 미군정은 좌익과 대결한다는 명분으로 독립운동가를 수사한 경험이 풍부한 친일 경찰을 다시 고용한 것이다. 일제강점기 독립운동가 가운데 다수가 공산주의, 사회주의 계열의 좌익 인사들이었다. 이들은 해방 후 미군정과 대립적인 위치에 섰으며, 이것이 미군정이 친일 경찰을 중용하는 하나의 배경이 되었다.

그러나 이러한 미군정의 처사는 대다수 한국인의 심각한 반감과 분노를 촉발했다. 친일 경찰이 발호하면서 미군정과 한국 민중 사이에 심각한 갈등이 표출되었다. 미군정 시기에 발생한 대형 사건들이 대부분 친일 경찰에 대한 반감에서 비롯되었다고 할 수 있을 지경이다. 1946년 10월 대구에서 처음 시작된 영남 지역의 민중 봉기가 그 시작이었다. '10·1대구 폭동' '10월 민중항쟁' 혹은 '추수폭동' 등으로 불리는 이 사건은, 1946년 10월 1일 대구 군중 시위 과정에서 일어난 사망 사건이 발단이 되었다.

이 사건은 대구와 경북 지역, 나아가 경남, 충청, 전라 등 남한 전역으로 확대되어 3개월 동안 남한 사회를 뒤흔들어 놓았다. 그런데 이 사건의 바탕에는 친일 경찰의 민중 억압에 대한 반감, 쌀 부족과 미군정의 잘못된 식량 정책 등이 중요하게 자리 잡고 있었다. 그 뒤 1948년의 제주 4·3사건과 여순사건에서도 친일파 문제가 중요한 배경으로 작용하였다. 이처럼 해방 후 일어난 중요한 사회 정치적 사건의 바탕에는 대부분 친일파 문제와 토지 문제가 자리 잡고 있었다.

친일 경찰의 공격에 무너진 반민특위

1948년 8월 대한민국 정부가 수립되면서 친일파 청산 문제가 마침내 진척을 볼 수 있게 되었다. 제헌헌법에 친일파 청산을 위한 특별법 제정이 명문화되었다. 제헌헌법 제101조(부칙)는 "이 헌법을 제정한 국회는 단기 4278년 8월 15일 이전의 악질적인 반민족행위를 처벌하는 특별법을 제정할 수 있다"라고 했고, 이 조항에 따라 친일반민족행위자처벌법(반민법)이 제정되었다.

1948년 9월 7일 친일반민족행위자를 처벌하기 위한 반민법이 국회에서 통과되었다. 법안은 재석 의원 141명 중 찬성 103표, 반대 6표의 압도적 지지를 받았다. 10월에는 반민법에 따라 '친일반민족행위자처벌특별위원회(반민특위)'가 조직되고, 법원과 검찰에는 반민족행위특별재판부(반민특위 특별재판부)[91]와 반민족행위특별검찰부(반민특위 특별검찰부)[92]가 설치되었다. 반민특위는 1949년 1월 12일에는 도 조사부 책임자까지 임명되면서 본격적인 친일파 청산

---

91 특별재판관 15명으로 구성되었다.

작업이 가능하게 되었다.

반민특위 위원장에는 임정 요인 출신인 김상덕이, 부위원장에는 김상돈이, 위원에는 조중현을 비롯한 8명이 각각 선출되었다. 반민특위와 특별재판부, 특별검찰부를 구성한 인물들은 대부분 일제강점기에 3·1운동에 참가하거나 신간회, 임시정부 등에 참여하며 오랫동안 독립운동을 했던 사람들이었다. 이는 지방의 경우에도 크게 다르지 않았다.

반민법은 친일파를 죄의 정도에 따라 처벌하도록 했다. 이는 친일 청산의 주요 목적이 보복이 아니라 민족정기를 세우는 것이라는 사실을 말해준다. 대한민국이 새 출발을 하려면 일제 잔재를 청산하는 것이 무엇보다 중요했다. 독립국가에서 항일운동에 앞장선 사람들이 주역이 되고, 친일세력은 죄과에 따라 적절한 처벌을 받는 것은 당연했다.

1949년 1월 5일, 반민특위가 중앙청 205호실에 사무실을 개설하면서 본격적으로 활동을 시작했다. 반민특위는 1월 8일 화신 재벌 박흥식을 1호 검거자로 하여 검거 활동을 시작했다. 일본군 첩자로 활동한 이종형, 강우규 열사를 체포한 김태석, 중추원 부의장 출신의 박중양, 33인의 한 사람이었다가 변절하여 중추원 참의와 임전 보국단장을 지낸 최린, 경성방직 사장으로 중추원 참의와 만주국 명예 총영사를 지낸 김연수, 수도청 고문치사사건으로 수배

---

92 특별검찰관 9명으로 구성되었다.

중이던 전 수사과장 노덕술, 공주 갑부로 널리 알려진 중추원 참의 출신 김갑순, 중추원 참의를 지내며 학병 지원을 강요한 육당 최남선, 학병 지원을 강요하고 다닌 춘원 이광수, 이토 히로부미의 양녀로서 일제의 밀정이었던 배정자 등이 속속 체포되었다.[93]

그러나 친일파 청산 작업은 제대로 진행되지 못했다. 반민특위 활동이 시작되자마자 방해 공작이 엄청났기 때문이다. 우선 이승만 대통령이 반민특위 활동에 제동을 걸고 나왔다. 이승만은 반민특위법 제정 자체를 반대했는데, 반민특위가 활동을 시작하자 "반민자 처단에 신중을 기하라"는 특별 담화를 발표하며 방해 공작에 나섰다. 노덕술을 비롯한 친일 경찰 간부들이 체포되자 특위위원들을 불러 이들을 석방하라고 노골적으로 압력을 가했다. 특위 위원들은 이승만의 요구를 단호히 거부했다. 국민도 반민특위의 활동에 지지와 찬사를 보냈다.

이승만의 압력으로도 특위 활동을 중단시킬 수 없자 친일파 세력은 다양하게 방해 공작을 폈다. 반민특위 위원들에 대한 협박과 중상모략이 난무했고, 관제데모와 테러·감금 등 야만적인 방법으로 방해 활동을 펴기 시작했다. 테러 협박도 계속되었다. 그 가운데 가장 놀라운 것은 백민태 사건이었다. 수도경찰청 수사과장 최린, 사찰과 부과장 홍택희, 전 수사과장 노덕술 등은 1948년 10월 수도청 수사과장실에 모여 반민특위 위원들 가운데 강경파를

---

93 임영태 지음, 「대한민국사 1945~2008」, 들녘, 2008, 133쪽.

제거하기로 계획을 세우고 이를 위해 전문 테러리스트 백민태를 고용했다.

암살 대상자는 김병로 특별재판부장, 신익희 국회의장, 김상덕 반민특위위원장 등을 비롯하여 15명이나 되었다. 너무나 엄청난 내용에 놀란 백민태가 고민 끝에 자수하는 바람에 이 같은 기도는 불발되었으나 반민특위 방해 공작은 집요하게 벌어졌다. 이 사건 이후에도 반민특위 간부들에 대한 중상모략, 군중 데모, 선동과 테러, 특위 습격 등이 이어졌다.

1949년 6월 6일 마침내 경찰이 대규모 병력을 동원해 반민특위 사무실을 습격하는 일이 벌어졌다. 6·6사건의 직접적 계기가 된 일은 서울시경 사찰과장 최운하의 체포였다. 당시 특위 활동을 방해하기 위해 우익단체를 동원한 관제데모가 한창이었다. 그 절정을 이룬 것이 5월 31일 탑골공원에서 있었던 국민계몽회의 시위였다. 그런데 그 배후에 최운하가 있었다. 반민특위가 국민계몽회 시위 사건을 이유로 최운하를 체포하자 경찰이 실력 행사에 나선 것이다.

김태선 서울시경국장의 지시를 받은 윤기병 중부경찰서장은 6월 6일 아침, 부하들을 이끌고 반민특위 사무실을 습격했다. 이들은 출근하는 반민특위 요원 35명을 불법으로 체포했다. 지방 경찰도 도지부 사무실을 습격해서 특위요원들을 체포했다. 이것은 불법적 쿠데타나 마찬가지였다. 지금으로 치면 경찰이 국회 산하의 특별위원회나 국민권익위원회, 국가인권위원회, 감사원 같은 기구를 습격해 위원과 직원들을 불법으로 체포한 것이나 마찬가지였다.

경찰의 반민특위습격사건은 엄청난 파문을 불러일으켰다. 학자들은 국회 프락치사건, 김구 저격사건 등 일련의 사건과 함께 이 사건을 '1949년 6월의 반동(쿠데타)'이라고 부른다. 그만큼 중대한 역사적 사건이다. 경찰의 반민특위습격사건으로 반민특위는 사실상 와해되었고, 친일파 청산도 물 건너가고 말았다. 반민특위는 경찰에 무장을 완전히 해제당했고, 특위위원들도 감시당하거나 감금되어 활동할 수 없게 되었다. 그 뒤 반민법의 공소시효를 1949년 8월 31일로 끝내자는 한민당의 제안이 국회에서 통과되었고, 반민특위는 본래의 활동 기간도 다 채우지 못한 채 해산되고 말았다.[94]

반민특위는 8개월 동안 682건의 친일행위를 조사하여 영장 발부 408건, 검찰 송치 559건, 기소 221건을 기록했다. 하지만 대부분 풀려났고, 재판이 종결된 것은 38건에 불과했으며, 최종적으로 집행유예 5건을 포함해 12건이 형량을 선고받는 것으로 끝나고 말았다. 그나마 실형이 선고된 7명도 감형·형집행정지 등으로 석방되어 친일파 처벌은 없었던 일이나 마찬가지가 되고 말았다.

정말이지 '친일파 청산'이라고 이름 붙이기 민망한 일이었다. 제2차 세계대전 후 프랑스의 사형선고 2,071건에 징역 판결 3만 9,900여 명, 벨기에의 징역형 5만 5,000건과는 비교조차 할 수 없

---

94 반민특위 활동과 관련해서는 허종 지음, 『반민특위의 조직과 활동』, 선인, 2003; 정운현 엮음, 『잃어버린 기억의 보고서』, 삼인, 1999; 오익환 지음, 「반민특위의 활동과 와해」, 『해방전후사의 인식 1』, 한길사, 1997 등을 참고할 수 있다.

다. 심지어 전범재판과 전후 청산이 제대로 되지 않았다고 비판받는 일본에서조차 21만여 명이 공직에서 추방되었다는 사실을 생각해야 한다. 이렇게 보면 우리나라의 친일파 청산 작업은 완전히 실패로 끝났다는 걸 알 수 있다.[95]

1960년 4·19혁명으로 이승만 정권이 무너졌을 당시, 이승만 정권의 각료 가운데 독립운동 출신은 한 명도 없었지만, 일본 관료 출신은 여러 명 있었다. 한국 현대사의 참혹한 비극이 아닐 수 없었다. 친일파 미청산은 한국 현대사를 엄청나게 왜곡했다. 정치·경제·사회·문화 모든 분야에서 부일협력자들이 지배적인 위치를 차지했으며, 사회의 도덕적 기준이 사라졌다. 그리고 역사에 대한 기회주의와 허무주의를 낳았다.

독립운동을 욕보인 대한민국의 주류

왜 우리나라에서는 '민족의 죄인'을 단죄하는 작업이 이렇게 흐지부지되고 말았을까? 그것은 이승만 정부와 관계가 깊다. 친일파 청산을 방해한 가장 적대적인 세력은 이승만 정부였다. 이승만 정부는 경찰의 물리력을 동원해 반민특위를 강제로 해산했다. 왜 이승만 정부는 친일파 청산을 방해했을까?

---

95 한국정치연구회정치사분과 지음, 『한국현대사 이야기주머니 1』, 녹두, 1994, 152쪽.

이승만 정부를 지탱한 가장 중요한 근간은 경찰이었다. 그런데 경찰 요직에는 친일 경찰들이 대거 중용되었다. 만일 친일파 청산 작업이 제대로 진행되어 경찰 내부의 친일세력이 모두 숙청된다면 이승만 정부의 토대가 흔들릴 판이었다. 그래서 반민특위 활동을 방해하고 마지막에는 물리력까지 동원해 반민특위 조직을 와해시킨 것이다. 반민특위를 무너뜨린 주범은 바로 이승만 정부의 친일 경찰이었다.

이승만 정부의 관료 조직 또한 대부분 일제강점기 관료 출신이 차지했다. 이들은 경찰처럼 심각한 반민족행위는 하지 않았다 하더라도 친일 사실을 부인할 수 없는 처지였다. 군대도 요직은 대부분 일본군과 만주군 출신이 차지했다. 친일 군부가 득세하면서 당연히 광복군 출신은 변방으로 밀려날 수밖에 없었다. 이승만 정부의 물리적·행정적 골간이 모두 친일세력이었던 것이다.

무엇보다 중요한 것은 이승만 대통령의 태도였다. 그는 독립운동가 출신이라고 자랑했지만 전혀 독립운동가답지 않게 행동했다. 이승만은 자신의 기반인 친일 경찰을 두둔하면서 반민특위의 활동을 노골적으로 방해했다. 그는 성명서를 발표하여 '친일파 청산은 자제되어야 한다'고 했을 뿐만 아니라 경찰의 반민특위 습격도 적극적으로 비호하였다.

친일파 청산이 흐지부지되면서 독립운동가는 제대로 대접도 받지 못한 채 평생 가난 속에서 살았다. 반면 친일파와 그 자손들은 부와 사회적 지위를 마음껏 누리며 살았다. 뒤틀린 역사가 아닐 수 없다. 심지어 친일파들이 독립유공자로 지정되는 일도 있었는데, 이들 중 일부는 국가보훈처에 의해 서훈이 취소되었다.

2010년 12월 9일, 국가보훈처는 장지연 황성신문 주필과 윤치영 초대 내무부 장관 등 『친일인명사전』에 등재된 독립유공자 19명의 서훈 취소를 결정했다. 이때 유족들이 '친일반민족행위진상규명위원회(친일진상규명위원회)'의 친일행위 결정에 행정소송을 진행 중인 김성수 동아일보 창업주는 일단 그 대상에서 제외되었다. 그러나 친일진상규명위원회는 김성수의 친일행위를 인정해 3차 발표 명단에 포함시켰고, 2011년 10월 20일 서울행정법원은 김성수의 증손자 김재호 등이 낸 행정소송에 대해 세 가지 중 두 가지가 인정된다고 판결했다.[96]

사회적으로 "독립운동을 하면 3대가 가난하다"라는 냉소 섞인 말도 회자되었다. 한국 사회에서 기회주의가 판을 치게 되는 배경도 여기에 있다. 어떤 수단을 써서라도 성공하고 출세하면 된다는 사고가 활개쳤다. 그러나 반민특위가 와해되었다고 해서 친일파 청산 문제가 그냥 끝난 것은 아니었다. 친일파 청산은 오랫동안 한국 사회에 미완의 과제로 남아 있었다. 그러다가 노무현 정부에서 과거사 청산 문제가 새롭게 제기되면서 친일파 청산 문제도 사회적 이슈로 등장했다. 2005년 사회적 흐름과 여론을 바탕으로 친일진상규명위원회가 만들어졌고, 3차에 걸쳐 친일행위자 명단이 발

---

96 2010. 12. 10 중앙일보, 한겨레신문 보도 및 2011. 10. 20 한겨레신문 보도 참고.

표되었다.[97]

친일진상규명위원회는 이들 친일파들의 친일행위를 조사하여 보고서로 남겼다. 하지만 정부기관으로 발족한 친일진상규명위원회는 친일행위자의 범위를 엄격하게 제한함으로써 민간단체인 민족문제연구소의 조사 결과나 친일 연구자들의 연구 결과와는 상당한 차이를 보였다. 이를테면 민족문제연구소가 발간한『친일인명사전』에 등재된 박정희 전 대통령과 언론인 장지연, 장면 전 국무총리, 음악가 홍난파·안익태, 무용가 최승희 등은 친일진상규명위원회의 발표에서는 제외되었다.

이것은 두 곳의 친일인사 판단 기준이 달랐기 때문이다. 민족문제연구소는 '일제에 협력한 행위를 한 자'를 포괄적으로 친일행위자로 규정한 반면, 친일진상규명위원회는 특별법에 따라 '일제에 협력해 우리 민족에 해를 끼친 행위'라는 좀 더 엄격한 잣대를 적용했다. 이에 따라 민족문제연구소가 발간한 사전의 4,389명보다 훨씬 적은 1,005명만 위원회 보고서에 실렸다.[98]

친일파 청산 문제는 해방 직후 한국 사회의 핵심 과제였지만 미군정과 이승만 정권의 친일파 재등용, 좌우 이념 대립과 남북 분단 상황을 이용한 친일세력의 반공애국세력으로의 탈바꿈 등 여러

---

97 정식 명칭은 '대한민국친일반민족행위진상규명위원회(大韓民國親日反民族行爲眞相糾明委員會, 약칭 친일진상규명위원회)'다. 위원회는 2005년 5월 31일 대통령 소속으로 발족하여 2009년 11월 30일 활동을 종료했다.
98 한국일보, 2009. 11. 27 참고.

가지 요인으로 제대로 해결되지 못하였다. 세월이 흐른 뒤 정부 차원의 친일진상규명위원회가 조직되어 활동했으나 그 결과는 실제로 아무런 사회적 영향을 미치지 못했다.

친일파가 단죄되지 않음으로써 그들이 반성할 기회도 날아갔다. 후손들은 선조의 반민족행위를 부끄러워하거나 반성하기보다 덮어버리기 위해 안간힘을 쓴다. 그걸 들춰내려는 사람들에게는 '좌익' '빨갱이' '용공' '종북'이라는 딱지를 붙이는 데 정신이 없다. 지금 한국 사회를 뒤흔들고 있는 '역사 전쟁'도 바로 여기서 시작되었다.

5장
—
백범 김구와
암살범 안두희

1949년 6월 26일, 12시 36분

총성이 울렸다. 김구의 나이 74세. 평생 조국의 독립과 통일을 위해 투쟁한 애국자는 이렇게 허망하게 세상을 떠났다. 암살자 안두희는 그 자리에서 체포돼 헌병대에 넘겨졌으나 조사도 제대로 받지 않았다. 그는 단독 범행이라고 주장하였다. 법원에서도 그 점을 인정하여 8월 6일 그에게 무기징역을 선고하였다. 그러나 안두희는 그해 11월 15년형으로 감형되었으며, 이듬해 6·25전쟁 발발 직후인 7월 10일 국방부 특명 4호로 잔형 집행정지 처분을 받고 육군 소위로 복귀하였다. 그 뒤 1953년 12월 육군 소령으로 예편한 뒤 군납업체를 운영하면서 돈을 많이 벌었다. 그는 그렇게 호의호식하면서 편안하게 일생을 살 줄 알았지만 역사는 그냥 있지 않았다.

4·19혁명과 함께 안두희의 운명은 쫓기는 신세로 전락했다. 각계에서 백범 암살의 배후와 진상을 밝히라는 요구가 빗발쳤고, 진상규명위원회가 구성돼 활동을 시작하는 등 압박이 심화되었다. 안두희는 자신을 쫓는 사람들과 숨 막히는 숨바꼭질을 벌이면서 도망자 신세가 되었다. 안두희는 1960년과 1961년 여러 차례 길거리에서 테러를 당하였다. 1961년 4월 18일에는 진상규명위원회 간사 김용희에게 붙잡혀 경찰에 넘겨졌으나 공소시효 만료를 이유로 풀려났고, 1965년에는 백범 독서회장 곽태영의 칼에 목을 찔리기도 했다.

1981년 12월 15일 안두희가 정부 당국으로부터 이민 허가를 얻어서 출국을 준비 중인 사실이 알려지면서 청와대와 국회 등 관계 당국에 강력한 항의가 계속되었다. 12월 16일에는 여러 단체가 미국대사관을 방문하여, 살인범 안두희에게 미국 입국사증을 허가할 경우, 국민 감정을 자극하는 원인이 될 것이니 심사 대상에서 제외해달라고 요청하였고, 즉석에서 동의를 받았다. 법무부 장관은 1982년 1월 15일 '안두희를 출국 금지하였다'는 공한을 발표하였다. 그의 미국 도피 기도가 좌절된 것이다.[99]

안두희는 1960년대 중반 이후 약 20년 동안 안영준이라는 가명을 쓰며 필사적으로 은신 생활을 했다. 하지만 1987년 3월 28일 서울 마포구청 앞에서 민족정기구현회장 권중희에게 몽둥이로 폭

---

99 국회 법사위 백범암살진상조사소위원회 지음, 『백범 김구 선생 암살진상 조사보고서』, 1995. 12. 15.

행당하면서 다시 세인의 주목을 받는다. 1992년 2월 28일 권중희가 안두희를 추적, 추궁한 끝에 배후 세력 일부를 실토케 하였고, 그것을 계기로 5월 27일에는 '백범 김구 선생 시해 진상규명위원회'가 다시 발족되었다.

1992년 11월 16일 '백범 김구 선생 시해 진상규명위원회' 회장단이 국회의장을 방문하여, 시해진상규명 특별법 제정 및 국회 특별조사위원회 구성을 촉구하는 청원서를 제출하였다. 1993년 2월 국회에 '백범김구선생시해진상규명 국회특별법제정청원서'가 제출되었고, 국회법사위원회에 '백범김구선생시해진상규명조사 소위원회'가 구성되었다. 소위원회가 조사 활동을 본격적으로 시작한 지 2년 10개월 만인 1995년 12월 18일 마침내 법사위에서 조사보고서를 제출, 국회 본회의에서 채택되었다. 조사보고서는 "백범 김구 선생 암살은 이승만 자유당 정권의 비호하에 이루어진 정권적 차원의 범죄"라고 규정하였다.[100]

1996년 10월 23일 오전 11시 30분경, 안두희는 인천 중구 신흥동 자신의 집에서 경기도 부천 소신여객 소속 버스 운전기사였던 46세의 박기서가 휘두른 몽둥이를 여러 차례 맞아 살해되었다. 당시 박기서의 몽둥이에는 '정의봉(正義棒)'이라는 문구가 새겨져 있었다. 경찰에 체포된 박기서는 평소 김구를 존경했으며 김구를 암살한 안두희를 응징할 기회를 노렸다고 말하였다.[101]

---

100 국회 법사위 백범암살진상조사소위원회 지음. 위의 보고서.

안두희의 시신은 화장되어 한강 어딘가에 뿌려졌다. 그는 부인과 이혼한 상태였고, 가족은 이미 외국으로 출국하고 국내에는 아무도 없었다. 그의 마지막은 비참했다. 그를 위해 눈물을 흘린 사람도 없었다. 그는 죽어서도 제대로 된 장례조차 보장받지 못했다. 그는 암살의 직접적 실행자였지만 암살 배후의 말단 하수인에 불과했다. 김구 암살의 배후는 대체로 밝혀졌지만 아직도 명확하지 않은 부분은 이제 역사의 몫으로 남았다.

암살의 배후는 누구인가?

백범이 암살당했을 때 그 배후로 가장 의심받은 인물은 이승만이다. 김구는 해방 후 이승만과 한때는 가장 가까운 동지이면서 라이벌이었다. 하지만 단독 정부와 통일 정부로 노선이 갈린 다음부터 두 사람은 적대적 관계로 멀어졌다. 김구로서는 적대적일 필요까지는 없었지만 이승만에게 김구는 모든 면에서 걸림돌이었다. 김구는 김규식과 함께 북한을 방문해 김일성·김두봉과 협상을 벌여 이승만의 단독 정부에 엄청난 타격을 주었다. 정부가 수립된 뒤에도 김구는 사실상 소장 개혁파 의원들의 정신적 지주 노릇을

---

101 박기서는 범행 동기가 정상참작되어 징역 3년형을 선고받고 복역하다가 1998년 3·1절 특별사면을 받아 석방되었다.

하면서 이승만에게 큰 부담이 되었다. 김구의 주장과 발언이 정국에 미치는 파괴력과 무게감은 컸다.

김구는 확실히 이승만에게 여러모로 걸림돌이었다. 그러나 이승만이 김구 암살을 직접 지시했다는 확실한 증거는 아직까지 발견되지 않았다. 하지만 김구 암살 사건 이후 구체적으로 개입하고 암살자 안두희를 보호하도록 묵인한 것은 분명하다. 1995년 12월 15일 발표된 국회 진상규명소위원회의 보고서는 이승만과 관련해 다음과 같이 결론을 내렸다.

"이러한 증언들과 아울러 위에서 검토한 암살 사건 이후 안두희의 행적과 군부 등의 보호가 적어도 이승만 대통령의 묵인 없이는 불가능한 것이었다고 보아야 한다. 이상의 것들을 고려할 때 적어도 이승만 박사는 암살 사건에 대해 도덕적·정치적 책임을 져야 할 위치에 있었던 것만은 분명하다. 그는 직접 명령은 내리지 않았지만, 부하들이 자신이 원하는 것이 무엇인지 알아차리고 그 부하들은 이 박사의 뜻에 맞추어 알아서 암살을 감행했다고 볼 수밖에 없다."[102]

이승만과 관련해서는 이야기가 많다. 우선, 안두희의 증언이다. 1992년 9월 안두희는 권중희 앞에서, 사건 발생 일주일 전인 1949년 6월 20일경 경무대에서 이승만을 만났으며, 그 자리에서 이

---

102 국회 법사위 백범암살 진상조사 소위원회 지음. 위의 보고서.

승만이 "국방부 장관에게 얘기 많이 들었다. 높은 사람 시키는 대로 일 잘하고 말 잘 들어라"라고 격려한 적이 있다고 증언하였다.

그러나 그 직후 안두희는 이 진술을 부인했다. 또 안두희는 1961년 4월 김용희에게 "이태원 육군형무소에 있을 때 이 박사가 날 잘 봐주라고 했다"는 말을 들었다고 증언하기도 했다. 그러나 전체적으로 안두희의 증언은 오락가락해서 어디까지가 진실인지 확인하기가 쉽지 않다.

다음으로는 조소앙의 증언이 있다. 조소앙은 사건 며칠 전 경무대로 이승만을 방문하였는데, 그 자리에서 이승만은 "백범이 공산당과 내통하고 있으며, 그 주변에 빨갱이가 잠입했다"라는 보고를 받았으며, "백범이 몸가짐을 신중히 해야 한다"라고 경고한 적이 있다고 증언하였다. 간접적이지만 이승만의 개입을 추측할 수 있게 하는 정황 증거다.

당시 서울지검장이었던 최대교의 증언도 있다. 홍종만 등 7명에 대한 영장을 당시 서울지검장이던 자신을 통하지 않은 채 김익진 검찰총장이 직접 청구하였고, 한격만 서울지방법원장이 발부했는데, 이것이 이승만 대통령의 지시에 따른 거라는 것이다. 최대교의 증언은 이승만이 적어도 사건 뒤처리에는 개입하였다는 것을 확실히 알려준다. 그러나 이것이 이승만이 사전에 개입한 구체적 근거가 되기는 어렵다.

김성주의 죽음도 이승만의 사후 개입을 보여주는 중요한 사건이다. 김성주는 문봉제와 함께 서북청년단 활동을 한 우익인사였으나 후에 이승만의 비위를 거슬러 헌병사령관 원용덕에게 살해되었다. 김성주의 살해를 지시한 이승만의 친필 문건이 발견돼 이 사건에 이승만이 개입한 사실이 확인되었다. 김성주가 백범 암살 사건의 내막을 잘 알고 있었기 때문에 살해 지시를 내렸을 것이란 추정이 설득력을 얻고 있다.[103]

이상돈 의원은 회고록에서 백범 암살과 관련해 중요한 내용을 밝혔다. 이상돈 의원이 미국 보스턴을 방문하였을 때 미국의 헨더슨(Gregory Henderson)은 일행을 초청한 자리에서 이상돈 의원에게 왜 이승만 박사가 하와이로 망명했는지 아느냐고 물었다. 그러면서 자기가 알기로는 백범 암살 사건의 책임을 피하기 위해 도망 온 것이라고 말했다고 한다.[104] 헨더슨은 백범 암살 당시 미국대사관에서 근무한 적이 있는 사람이니 상당히 신빙성이 있는 근거다. 그러나 이 또한 직접적 증거는 아니다.

그 하수인들, 그리고 미국

|

안두희의 회고에서 볼 때 암살을 총괄 지휘한 인물은 '의혹의 모략꾼'으로 알려진 김지웅이다. 그는 사건의 계획과 실행에 깊숙

---

103 국회 법사위 백범암살진상조사소위원회 지음, 앞의 보고서.
104 김삼웅 지음, 『백범 김구 평전』, 시대의 창, 2004, 600쪽.

이 개입하였다. 그는 안두희가 수감된 뒤 재판 과정에서 어떻게 답변할지까지 조언해주는 등 사건 마무리에도 깊숙이 개입했다. 그는 1950년대 중요한 정치적 사건을 조작한 인물로 4·19혁명 직후 백범 암살 진상 규명 요구가 거세지자 일본 후쿠오카로 도망쳤다. 그는 자신이 '김구 암살의 주모자'라며 정치적 망명을 요청했지만 일본 정부는 받아주지 않았다.

김지웅은 사건 당시 안두희와 행동책인 홍종만에게 자금을 제공하였고, 사건 후 안두희를 면회 와서는 돈 봉투를 주고 갔다. 김지웅은 홍종만을 비롯해 행동 대원을 여러 명 데리고 6월 23일과 25일 김구 암살을 두 차례나 시도했으나 실패했다. 그리고 6월 26일 경교장에서 안두희가 암살에 성공함으로써 최종적으로 임무를 완수했다.

안두희는 김지웅의 '눈부신 부상'에는 배후가 있으며, 그것은 국가 고위층이라고 확신했다. 하지만 안두희는 상부의 동향을 구체적으로 알 수는 없었다. 그는 회고를 통해 암살의 배후로 많은 사람을 거론하였지만 그 말을 그대로 받아들이는 데는 무리가 있다. 서북청년회 시절 도움을 준 이들과 암살 사건에 직접 관련된 이들을 구별할 필요가 있기 때문이다. 지금까지 조사 결과를 종합하면 군부에서는 장은산이 사전에 직접 명령·지휘하였고, 김창룡은 사건 뒤처리에 적극 개입하였다. 그 밖에 전봉덕, 채병덕, 원용덕, 김병삼 등은 외곽에서 나름대로 역할을 하였다.[105]

국방장관 신성모는 당연히 의혹의 대상이다. 신성모에 대해서는 고정훈이 이미 폭로한 바 있고, 암살 사건을 보고받고는 "이 제 민주주의가 되겠군" 하며 반겼다는 최대교 당시 서울지검장 등 의 증언도 있다. 신성모는 김창룡과 더불어 안두희의 수감 생활을 보호하고, 그의 감형, 잔형 정지, 잔형 면제, 석방과 육군 복귀를 주 도하였다. 전쟁 중에는 부산에서 안두희를 불러 모윤숙과 김활란이 보는 앞에서 생활비까지 제공하였다.[106]

신성모의 개입과 관련하여 세간에서는 그가 주도한 '88구락 부'가 암살 사건의 진정한 배후였다고 주장하기도 한다. 신성모가 내무부 장관에서 국방부 장관으로 자리를 옮긴 직후, 군부와 경찰 관계 핵심분자들이 상호 정보 교류라는 명목으로 만든 것이 '88구 락부'였다. 여기에는 신성모 외에도 채병덕 육군총참모장, 장은산 포병사령관, 김창룡 소령, 김태선 서울시경국장, 정치인 김준연, 모략꾼이자 정치브로커인 김지웅 등이 참여하였다. 이들은 백범 암살 사건의 기획과 뒤처리에 나름대로 역할을 한 사람들이다.[107]

신성모는 4·19혁명 직후 고정훈이 자신을 백범 암살의 배후 로 지목하자 충격을 받고 뇌일혈로 쓰러져 1960년 5월 29일 사망 했다. 신성모가 사망한 이날 공교롭게도 이승만은 하와이로 망명 했다.

백범 암살과 관련해 미국 또한 의심을 받지 않을 수 없다. 김

---

105 국회 법사위 백범암살진상조사소위원회 지음, 앞의 보고서.
106 국회 법사위 백범암살진상조사소위원회 지음, 위의 보고서.
107 국회 법사위 백범암살진상조사소위원회 지음, 위의 보고서; 김삼웅 지음, 앞의 책, 600쪽.

구의 행동은 해방 직후부터 미국의 정책과 어긋나는 부분이 많았다. 김구는 한때 신탁통치 문제가 불거지자 쿠데타를 시도해 미군정으로부터 아예 정권을 탈취하려 했다가 하지 사령관과 심각하게 충돌하였고, 단독 총선을 두고도 미국과 갈등을 빚었다. 김구는 북한을 방문하고 돌아온 뒤 미군 철수 등을 주장하며 미국과 계속 충돌하였다. 미국은 김구가 북한 공산주의자와 협상을 주장하는 등 미국 의견과 배치되는 행동을 함으로써 남한의 정치 상황을 위태롭게 만든다고 판단했다. 철저한 민족주의자인 김구는 미국과 심각하게 충돌할 수밖에 없었다.[108]

안두희는 1992년 4월 13일자 동아일보에 보도된 증언에서 미국의 관련성을 구체적으로 언급했다. 하지만 바로 다음 날 문화방송과 인터뷰하면서 이를 권중희의 강압에 따른 증언이라고 전면 부인했다. 이때 안두희가 증언한 개요를 정리하면 이렇다.

안두희는 경무부장 조병옥과 수도청장 장택상 등의 소개로 OSS(Office of Strategic Services, 전략사무국)의 한국 책임자 모 중령 등을 소개받았다. 미군 OSS 한국 담당 장교와 안두희의 서북청년단은 긴밀하게 정보를 교환하였으며, 미군 장교는 백범을 제거해야 할 'Black Tiger(험악한 호랑이)'라고 부르며 백범 암살의 필요성을 암시했다.

---

108 서중석 지음, 『한국현대민족운동연구 2』, 역사비평사, 1996, 246쪽; 임영태 지음, 『대한민국사 1945~2008』, 들녘, 2008, 246쪽.

그러나 OSS는 1945년 10월 초 해체되었고, 해방 후 한국에 진주한 미국 육군 24군단의 정보기관으로는 G-2(미군정보대)와 CIC(미군방첩대)가 있었다. 따라서 안두희는 미국 정보원들과 교분이 있었고 그들이 백범을 싫어한다는 것을 알게 되었다. 그것이 안두희가 백범을 암살하게 되는 하나의 동기가 되었을 것이다.[109]

백범 암살 사건과 관련해 미국대사관에서 미국 국무성에 보낸 비밀 전문에서 "공식·비공식의 여러 정보에 따르면 안두희는 한독당원이며, 암살 동기는 대한민국에 대한 지지를 거부하고 북한과 합작을 주장한 백범의 정치 노선에 대한 불만"이라고 밝혔다. 여기서는 암살 사건을 한독당 내 노선 대립의 일환으로 보았다.[110] 미국대사관 기록은 또한 백범을 '무자비하고 파렴치한 기회주의자'로 묘사했고, 백범을 추도하기 위해 몰려든 40만 인파에 대해서도 "단지 부드럽고 공식적인 호기심을 표한 것에 지나지 않는다"라고 평했다.[111] 미국이 김구에게 강한 혐오감을 갖고 있었다는 것을 쉽게 알 수 있다.

안두희의 증언, 미군의 정보 자료, 미국대사관의 공식 보고 등을 면밀하게 분석해보면, 미국이 암살 사건에 대해 상당한 정보와 지식을 가지고 있었던 것은 분명하다. 그러나 암살 사건에 직접 개입했다는 구체적 증거는 아직 발견되지 않았다. 미국의 암살 사건

---

109 국회 법사위 백범암살진상조사소위원회 지음, 앞의 보고서.
110 국회 법사위 백범암살진상조사소위원회 지음, 위의 보고서.
111 서중석 지음, 앞의 책, 249쪽.

개입 여부는 CIC나 CIA 자료 등이 공개된 뒤에나 밝혀질 것으로 보인다.[112]

38선을 베고 쓰러질지언정

한국사 지식이 부족한 사람도 김구가 누군지는 알 것이다. 안중근, 윤봉길, 이봉창, 신채호 등과 함께 한국 민족주의를 대표하는 인물 중 한 사람이다. 그가 자신의 호를 '가장 낮은 사람'을 뜻하는 백범(白凡)이라고 한 것은 백정이나 범부라도 애국심이 다 자신과 같았으면 하는 바람에서였다고 한다. 백범이 쓴 『나의 소원』에서도 알 수 있듯이 오직 민족을 최고의 신앙으로 여기며 살다 간 사람이다.[113] 김구는 구한말인 1876년에 태어나 동학농민운동에 가담하였고, 1896년에는 황해도 치하포에서 명성황후 시해 사건의 원수를 갚는다고 일본인[114]을 살해한 죄로 감옥에 갇혔으나 탈옥했다. 그 뒤 김구는 애국계몽운동에 참가했고, 1911년에는 '안악사건' 및 '105인 사건'으로 투옥되어 1915년 가출옥했다. 1918년 상

---

112 국회 법사위 백범암살진상조사소위원회 지음, 앞의 보고서.
113 김구의 민족노선에 대해서는 도진순 지음, 『한국민족주의와 남북관계』, 서울대출판부, 1997을 참고할 수 있다.
114 김구는 『백범일지』에서 자신이 살해한 스치다 조스케(土田讓亮)를 일본 군인이라고 기술하였으나, 일본 외무성 자료에는 스치다는 대마도 이즈하라 출신의 상인이라고 기록되어 있다. 스치다 조스케와 관련해 여러 주장이 제기됐으나 현재는 그가 상인이었다는 것 외에 다른 증거 사실은 밝혀진 게 없다. 위키백과(김구) 참조.

하이로 망명했고, 다음 해 3·1운동의 열기를 모아 만들어진 대한민국 임시정부의 안창호 내무총장 아래에서 경무국장이 된다.[115]

젊은 시절 활동에서 드러나듯이 김구는 가슴이 뜨거운 사람이다. 그는 머리로 생각하는 사람이 아니라 가슴이 요구하는 대로 움직이는 그야말로 '행동하는 인간'이다. 그는 열일곱 살 때 동학에 가담해 청년 접주가 되어 쫓기는 신세가 될 정도로 활동적이었으며 지도력도 있었다. 그는 국모 시해의 원수를 갚는다며 맨손으로 일본인을 때려죽일 정도로 애국심이 각별했고, 무모할 정도의 행동파였다. 3·1운동 후 결성된 대한민국 임시정부에서 문지기라도 시켜달라고 했을 정도로 자리에 연연하지 않는 소탈한 성품이었다.

김구는 파벌 싸움으로 다 허물어져가는 임시정부를 끝까지 지키며 상하이, 난징, 충칭 등 중국 각지를 떠돌았다. 또 윤봉길, 이봉창 등의 의거를 지휘하면서 일본 제국주의와 목숨을 걸고 투쟁하였다. 제2차 세계대전 막바지 충칭에 자리 잡은 임시정부는 광복군을 조직하고, 일본에 선전포고를 하였으며, 미국의 지원을 받아 광복군의 국내 침투 작전을 세우기도 하였다. 그는 독립운동의 거목이며 한국 민족운동의 상징적 존재다.

해방 후 어떤 독립운동 세력보다도 뒤늦게, 그것도 임시정부라는 조직 차원이 아니라 개인 차원으로 입국한 김구는 국내에서 정치적 기반을 확보하는 데 어려움을 겪었다. 이미 국내에는 여운

---

115 경무국장은 지금으로 치면 경찰청장과 같은 직위다.

형이 이끄는 건국준비위원회(인민공화국) 세력이 대중적 기반을 잡고 있었다. 우파 내에서 이승만과 더불어 영수로 대접받았으나 정치적 권모에서 이승만을 따라가기 어려웠다. 김구는 신탁통치 반대운동을 주도하며 우익의 지도자로 확고히 인정받았으나 분단 정부에 반대하면서 이들과 갈라섰다.

이승만과 한민당이 남한만의 단독 정부를 추진하자 김구는 고심 끝에 이를 반대하고 통일 정부 수립에 나섰다. 그는 마침내 김일성, 김두봉 등 북한의 정치지도자들과 협상하기 위해 북행을 선택했다. 회담 결과가 나쁘다고 할 수는 없었지만 그렇게 만족스럽지도 않았다. 일단 남북협상에서는 앞으로 계속해서 통일 정부를 수립하기 위해 노력한다는 선에서 의견 일치를 보았다.[116]

김구는 남북지도자 회담을 통해 통일 정부의 기회를 마련하려 했다. 그러나 그는 현실적으로 남한의 단독 총선을 막을 방법이 없었다. 남한에서 단독 총선과 함께 대한민국 정부를 수립하자 북한도 조선민주주의인민공화국 정부를 수립하였다. 김구는 북한의 김일성에게 비판적인 편지를 보냈다. 그러나 남한의 단독 정부 수립을 막을 수 없었던 것처럼 북한의 단독 정부 수립 또한 막을 수 있는 현실적 방도는 없었다. 분단은 현실이 되었다.

남북에 두 정부가 들어섰지만 김구의 활동이 끝난 것은 아니었다. 그는 이미 북한 방문에 나설 때, "38선을 베고 쓰러질지언정

---

116 남북연석회의에 대해서는 도진순 지음, 앞의 책, 289쪽을 참고할 수 있다.

분단 정부 수립에는 참여하지 않겠다"라고 했으며, 북한을 방문하고 돌아온 뒤에는 "통일운동은 이제부터 시작이다"라고 말했다. 그에게는 통일 정부를 향한 투쟁을 다시 시작해야 할 이유가 충분했다. 그가 보기에 이대로 가면 남북 사이에 전쟁은 불 보듯 뻔했다.

이승만과 미국의 김구포비아

김구는 우선 남한 내에서 통일 기반을 마련하고 그걸 바탕으로 남북 간 정치지도자 회담과 같은 남북협상을 벌여 통일 방안을 찾으려 하였다. 그는 남한 내에서 외국군이 철수해야 하며, 남한 정부는 북한과 협상에 나서야 한다고 주장하였다. 그의 주장은 국회 내에서 소장파의 지지를 얻었지만 이승만 정부에게는 심각한 문제가 되었다. 미국으로서도 김구의 주장은 위험했다. 미국의 이익을 크게 훼손하였기 때문이다. 미국은 냉전이 강화되는 시점에 공산주의자와 협상을 이야기하는 것은 그들에게 말려들 위험이 있다고 판단했다.

김구는 친일파 청산과 토지개혁 등 민생 문제의 개혁도 지지하였다. 이승만과 한민당으로 대표되는 남한 내의 극우 반공세력에게 김구는 눈엣가시 같은 존재였다. 그런 와중에 정부 수립 3개월 만에 여순사건이 벌어졌다. 여수에 주둔하고 있던 제14연대의 반란으로 시작된 여순사건은 신생 대한민국의 존재 자체를 위협하는 충격적인 일이었다. 제14연대는 제주 4·3사건을 진압하기 위해 출동할 예정이었는데, "동족을 향해 총부리를 겨누는 것을 거부한다"라는 명분을 내걸고 군인들이 봉기한 것이다.

여순사건이 나자 이승만과 한민당 등 극우세력은 김구가 배후라는 등 온갖 유언비어를 퍼뜨리며 김구와 좌익세력을 연결하려 하였다. 그들은 좌익뿐만 아니라 김구와 그를 지지하는 소장 개혁파 의원들까지 축출하기 위한 음모를 꾸몄다. 1949년 6월 국회 프락치 사건, 국민보도연맹 결성, 반민특위 습격 사건, 농지개혁법 공포, 미군 철수 완료, 그리고 김구 암살 사건 등 한국 현대사의 방향을 결정짓는 어마어마한 사건이 태풍처럼 몰아쳤다. 우익세력의 1949년 '6월 대공세' 또는 '6월의 쿠데타'라고 부르는 사건이다.[117] 이러한 우익세력의 대공세 과정에서 김구가 암살당했다.

누가, 왜 김구에게 총을 겨누었나? 누가 평생 조국과 민족의 독립과 통일을 위해 헌신한 노혁명가, 애국자에게 총을 쏘았나? 안두희, 홍종만, 나아가 모든 행동을 총괄 지휘한 김지웅까지 포함해 이들은 직접적인 행동의 실행자일 뿐이다. 그들의 뒤에는 거대한 힘을 가진 권력이 개입되어 있다. 군이 일차적 배후이며, 경찰 또한 간접적으로 관련이 있었다.

이승만 대통령의 경우, 숱한 사후 개입 증거를 남겼지만 사전

---

117 서중석 지음, 앞의 책, 200~257쪽; 박명림 지음, 『한국전쟁의 발발과 기원 2』, 나남출판, 1996, 455쪽.

지시에 대해서는 명확히 밝혀지지 않았다. 그러나 하수인들이 김구와 같은 거목을 향해 총질한다는 것은 이승만을 제외하면 생각할 수 없는 일이다. 비록 그가 직접 지시하지 않았다 하더라도, 그의 충성스러운 부하들이 저지른 만행이라 하더라도 이승만은 결코이 사건에서 자유로울 수 없다. 그런 점에서 이 사건은 1970년대의 김대중 납치 사건과 닮은 점이 있다.

　왜 그들은 김구를 암살이라는 극단적인 방법을 동원해가며 제거해야만 했을까? 김구는 이승만으로 대표되는 남한 정권의 담당자들, 극우 반공세력과 심각한 갈등관계에 놓여 있었다. 김구는 외국군 철수, 토지개혁, 친일파 청산, 통일문제 등에서 국회 내 소장개혁세력과 같은 견해를 취하며 사사건건 이승만과 한민당, 친일세력과 대척점에 서 있었다. 극우세력은 김구를 개혁세력의 배후이자 정신적 지주라고 보았다. 나아가 그들은 김구가 공산주의자와 내통하고 있다고까지 생각하며 강한 적개심을 나타냈다. 극우세력은 '김구포비아(phobia, 극단적 혐오증)'라고 할 정도로 김구에게 적대적인 태도를 보였고, 마침내 그를 암살하는 데까지 나아가고 말았다.[118]

　그동안 김구의 암살 배후를 밝히려는 노력이 다각도로 있었다. 그 결과 구체적인 실행 과정과 거기에 가담한 사람들의 이름은 대부분 확인되었지만 이승만과 미국이 어느 정도 개입되었는지는

---

118 임영태 지음, 『산골 대통령 한국을 지배하다』, 유리창, 2013, 176쪽.

명확하게 밝혀지지 않았다. 다만 김구 암살 사건에 미국과 이승만, 그리고 군과 경찰 등 이승만 정부의 권력기관이 총체적으로 개입한 것은 분명하게 확인되었다. 그것은 김구가 그만큼 분단 정부 세력에 위협적인 존재였다는 것을 의미한다.

6장
—
한국판
마타하리가 된
김수임

미군 장교의 현지처, 김수임

1932년 김수임은 이화여전을 졸업했다. 그녀는 성공회 기숙
사에 기거하면서 모윤숙과 같은 방을 썼다. 모윤숙[119]은 여류시인
이면서 정치 활동도 많이 한, 한국 현대사에서 빼놓을 수 없는 여
류명사 중 한 명이다. 그녀는 해방 후 '낙랑클럽'을 조직해 유엔과
외국의 외교관을 상대로 한국 정부에 대해 우호적인 분위기를 조
성하기 위한 활동을 벌인 것으로도 유명하다. 이승만 정부에서 정

---

119 모윤숙은 일제강점기 친일 활동을 해 『친일인명사전』에 올랐고(1권, 779~784쪽), 해방 후
이승만 정부에서 강력한 영향력을 가졌으며, 박정희 정권 시절에는 제8대 국회의원을 지냈을 정도로
화려한 변신 과정을 통해 권력과 가까이 지낸 한국 현대사의 대표 여류명사의 한 명이다. 그녀는
1934년 이광수의 소개로 안호상을 만나 결혼했으나 나중에 이혼했다. 대한민국 초대 문교부 장관을
지낸 안호상은 일민주의를 제창하며 극우 민족주의자의 면모를 과시했으며, 말년에는 단군을 모시는
대종교와 관계를 맺었다.

치적 영향력이 있었던 모윤숙은 김수임을 구명하려고 노력하였지만 그녀를 구할 수는 없었다.

영어 실력이 뛰어났던 김수임은 일제 말기 세브란스 치과과장 부소 박사의 비서 겸 통역자로 일했다. 그를 아는 지인들은 당시 김수임이 사교적이고, 폭스트롯이라는 춤을 잘 췄으며, 패션 감각도 있었다고 증언한다. 모윤숙은 '회상의 창가에 서서'라는 수필에서 김수임을 "아주 명랑하고 어떤 장소에서든 웃음을 한 바가지씩 들고 나오는 여자"라고 표현했다.

이 무렵 김수임은 이강국을 만났다. 이강국은 양주 출생으로 보성고보를 수석으로 졸업한 수재로 유명했다. 그는 경성제국대학 법문학부를 졸업한 뒤 독일 베를린대학에서 공부했다. 그는 유학 중 독일 공산당에 가입했고, 한국으로 돌아온 뒤 좌익 노조 활동과 관련해 옥고를 치르기도 했다. 김수임과 이강국은 1941년에 처음 만나 운동을 같이하는 동지에서 연인으로 발전했다. 김수임도 좌익 활동과 관계가 있었던 셈이다.

해방 후 김수임은 미군정 사무실로 사용되던 반도호텔에서 근무하게 된다. 김수임은 미군 헌병대장 베어드 대령의 통역 겸 수행 비서로 일했다. 그때 베어드가 김수임에게 관심을 보였다. 베어드는 56세로 김수임과는 나이 차가 20년 이상 났다. 그는 "아내와 자식이 본국에 있지만 사이가 안 좋아 이혼 수속 중이다. 한국 근무가 끝나면 미국에 가서 살자"라며 감언이설을 늘어놓았다. 외롭고 의지할 곳이 없었던 김수임은 결국 베어드와 동거를 하게 되었다.

그러나 사실은 1949년 당시 이미 베어드의 부인과 아들이 한국에 와서 함께 살고 있었다. 베어드가 거짓말을 했던 것이다. 베어드는 후에 김수임이 간첩 혐의로 체포됐을 때도 모른 체했다. 베어드는 김수임을 구할 힘도 있었고, 김수임 사건과 관련해 증언을 할 수도 있었지만 아무런 손도 쓰지 않았다. 그는 김수임의 재판이 끝나기도 전인 1949년 11월 김수임이 낳은 자기 아들까지 내팽개치고 떠났다.

　　김수임이 낳은 아이의 이름은 김원일이다. 그는 생모가 처형되면서 고아 신세가 됐으나 한 미국인 선교사와 그가 태어난 병원의 수석 간호사였던 그의 부인에게 입양돼 미국에서 자랐다. 김원일은 신학을 공부해 2008년 당시 캘리포니아의 라시에라대학 신학교수로 있는 것으로 알려졌다. 그는 김수임 사건의 진실을 찾기 위해 노력했고, 그 과정에서 1,000쪽에 이르는 숨은 기록을 처음으로 찾아내기도 했다. 김원일은 김수임의 '인간적인 이야기'를 담아낼 영화를 만들 계획도 세우고 있다고 알려졌다.[120]

삼류 드라마 같은 간첩 사건

　　젊은 세대는 대부분 김수임이란 이름을 들어보지 못했겠지만 50대 이상의 기성세대는 어지간하면 김수임이란 이름을 기억한다. 이화여전 출신의 인텔리였던 김수임은 미모를 무기로 미군 고위 장교에게 접근해 주요 기밀을 빼낸 뒤 북한에 넘겨주는 등의 간첩 행위를 한 혐의로 사형당한 것으로 알려져 있다. 이 사건은 정확한 내용보다 여성의 미모를 이용한 '한국판 마타하리' 사건이라는 식의 선정적인 내용으로 선전돼 널리 알려졌고, 수많은 반공 드라마의 소재로 활용되었다.

주지하다시피 마타하리는 제1차 세계대전 중 독일의 스파이 혐의로 프랑스에서 총살당한 여성이다. 그녀는 미모가 뛰어났고 활동이 대단했다는 식으로 전설화되어 있다. 하지만 1999년에 해제된 영국 정보부의 제1차 세계대전 문서에는 마타하리가 군사 정보를 독일에 넘긴 증거가 없다고 기록되어 있다. 그녀가 정보기관과 정부의 조작으로 희생양이 되었을 가능성이 있다는 것이다.

마타하리는 고급 술집에서 무희로 일하며 많은 장교, 정치인과 스캔들을 남겼다. 제1차 세계대전이 발발한 1914년 베를린에 있던 마타하리는 2만 마르크를 받는 조건으로 독일 정보기관에 포섭돼 암호명 'H21호'로 연합군 고위 장교들을 유혹, 군사기밀을 정탐해 독일군에 제공했다고 알려졌다. 영국의 정보기관이 베를린-마드리드 간의 외교 통신을 해독해 그녀가 스파이임을 밝혀냈고, 프랑스 정부가 파리에서 그녀를 체포했다. 그리고 그녀는 총살형에 처해졌다. 그러나 그녀가 독일군의 첩자가 아니라는 주장이 끊

---

120 최호열 기자, 「'한국판 마타하리' 김수임 사건 美 비밀문서 집중분석」, 『신동아』 통권 589호, 2008. 10. 24.

임없이 제기되었다. 1999년 영국 정보부 MI5가 한 정보보고서를 공개하며, 마타하리가 'H21호'라는 암호명으로 독일군에 주요 군사 정보를 빼돌렸다고 자백했다는 프랑스 측 주장을 뒷받침할 만한 증거를 찾아내지 못했다고 밝히면서 논란이 가중되었다.[121]

한국판 마타하리 사건으로 불린 김수임 사건도 60년이 지난 이 시점에서 조작 가능성이 높다고 이야기되면서 흥미를 자극하고 있다. 2008년 8월 17일 미국 AP통신의 대기자 찰스 헨리는 '김수임에게는 너무 늦게 드러나고 있는 진실'이라는 분석 기사에서 이 문제를 전면적으로 제기했다.[122]

김수임은 동거하고 있던 미군 대령 베어드에게서 기밀정보를 빼내 북한에 넘겨주고, 첫 애인이었던 공산주의자 이강국의 월북을 도와주는 등 간첩 행위를 했다는 이유로 사형선고를 받고 1950년 6월 28일 총살되었다. 하지만 AP통신 기자가 미국 국가기록원(NARA)에서 입수한, 비밀이 해제된 김수임 관련 자료에 따르면, 김수임이 넘겨주었다는 기밀정보는 애초에 없었다고 한다. 한국 정보기관과 정부가 공산주의에 대한 비방과 공포를 조장하고 정치적으로 선전하기 위해 김수임-이강국-베어드의 관계를 묶어 그럴듯해 보이는 삼류 드라마를 연출했다는 것이다. 과연 이게 사실일까?

---

121 위키백과 '마타하리' 항목 참고.
122 김병수 기자, 「'여간첩 김수임 사건' 조작 의혹」, 연합뉴스, 2008. 8. 17.

김수임의 삶은 출생에서부터 죽음까지 그야말로 파란만장했다. 김수임은 1911년 개성에서 빈농의 딸로 태어났다. 그녀는 가난 때문에 열한 살에 민며느리로 팔려가기도 했으나 미국 선교사의 도움으로 서울로 올라와 공부할 수 있었다. 머리가 총명했던 김수임은 이화여전 영문과를 우수한 성적으로 졸업했다.

그렇지만 반공 드라마에서 알려진 것과 달리 미모가 그다지 뛰어난 편은 아니었던 것 같다. 미군이 작성한 베어드 파일에는 그녀 사진이 2장 붙어 있고 "알려진 것(대단한 미인)과 실제 외모 사이에는 차이가 있다"라는 메모가 붙어 있었다고 한다.[123] 우리가 볼 수 있는 사진에서 언뜻 보기에도 '뛰어난 미인'이라는 느낌은 들지 않는다.[124] 여기서도 한국 정보기관의 각색 능력이 드러난다. 마타 하리처럼 미모가 뛰어난 여간첩. 그래야 삼류 드라마처럼 극적 요소를 갖게 되는 것이다.

김수임의 혐의는 '가능성 없음'

문제는 김수임이 베어드와 동거할 때 옛 애인 이강국이 미군정의 수배를 받게 되면서 발생했다. 남로당과 민주주의민족전선

---

123 최호열 기자, 앞의 글.
124 그의 사진은 인터넷에서도 얼마든지 볼 수 있다.

의 핵심 간부였던 이강국은 1946년 6월 미군정을 비판하는 글을 쓴 뒤 미군정에 쫓기는 신세가 된다. 이강국은 미군정이 포위망을 좁혀오자 북으로 피신하게 된다. 1949년 9월의 일이다. 그때 베어드와 동거 중이던 김수임이 이강국의 도피를 도와주었다고 알려진다. 베어드 대령의 지프로 개성까지 데려다주었다는 것이다. 나중에 김수임이 체포된 다음, 한국 검찰이 김수임의 간첩 행위 가운데 하나로 발표한 내용이다.

김수임이 체포된 것은 1950년 3월 1일이다. 그녀는 3개월간의 수사기간을 거쳐 1950년 6월 14일, 베어드가 한국을 떠난 지 9일 후 법정에 섰다. 처음 그녀에게 주어진 혐의는 19가지였으나 정식 기소장에는 13가지만 남았다. 중대한 혐의 가운데 하나였던 '1948년 12월 육군 특무대에 수감 중이던, 남로당 빨치산 총책으로 사형수였던 이중업을 빼내 의사로 가장, 월북시켰다'는 내용도 빠졌다.[125]

김수임의 혐의 가운데 가장 중요한 내용은 당시 기밀 사항이었던 '1949년 미군 철수 계획을 베어드에게서 얻어내 북의 공산주의자들에게 넘겼다'는 것이다. 그러나 이와 관련해 비밀 해제된 미국 자료는 "베어드에게 미군 철수와 관련된 자세한 기밀 사안들에 접근할 수 있는 권한 자체가 없었다"라고 했다.[126] 미군 철수와 관련된 개략적인 내용은 당시 이미 『성조기』에 보도되어 충분히 예측

---

125 최호열 기자, 앞의 글.

가능했던 것이었다.

만일 김수임이 베어드에게서 기밀정보를 빼내 북한에 넘긴 것이 사실이라면 베어드도 처벌받아야 마땅했다. 하지만 미군은 베어드를 철저하게 조사한 뒤 반역행위를 한 것이 없다고 결론 내린다. 그런데 미군 감찰기구는 다른 이유로 그를 군사재판에 회부하라고 권고했다. "한국인 정부(情夫) 김수임과의 스캔들 때문에 미군의 명예를 실추시켰다"라는 것이 그 이유였다. 그러나 그 뒤 한 달이 지나기도 전에 이 사건은 '종결'되고 말았다. 왜 이 재판이 진행되지 않았는지는 아직도 수수께끼로 남아 있다.

여기서 우리가 생각해보아야 할 것이 있다. 바로 이강국의 행적이다. 이강국은 월북한 뒤 북한 정권에서 요직을 지냈으나 6·25전쟁 중 '미국 간첩 혐의'로 체포되어 사형당했다. 그는 재판에서 미국 정부에 포섭되어 간첩 행위를 한 사실을 시인했다. 1946년 9월 베어드의 지시로 북한에 올라간 뒤 1948년 5월까지 다섯 차례에 걸쳐 베어드에게 매우 중요한 기밀을 제공했다는 것이다. 거짓자백일 수 있지만, 만일 이게 사실이라면 이강국이 김수임을 통해 남한의 정보를 수집한 것이 아니라 오히려 베어드가 김수임을 통해 북한의 정보를 수집한 셈이 된다.[127]

이것은 전혀 설득력이 없는 것은 아니다. 김수임은 재판에서

---

126 AP통신, 2008. 8. 16; 하현옥·강병철 기자, 「한국판 마타하리 사건 '여간첩 김수임' 조작 의혹」, 중앙일보, 2008. 8. 18.
127 최호열 기자, 앞의 글.

최만용과 박민호 등이 남로당원이면서 동시에 미군정 첩보원이라고 진술한 바 있다. 당시 미군 정보기관은 남로당 등 좌익조직에 상당한 첩보원을 침투해두고 있었다. 그런데 이런 사실을 모르는 한국 경찰과 검찰에 공산당원들이 체포되는 일이 적잖았다. 그러니까 한국 검찰과 경찰은 김수임이 미군정의 북한 정보원이라는 사실을 모른 채 수사를 진행하고 재판을 거쳐 사형에 처했을 수도 있다는 것이다.

기밀 해제된 미국 자료에 따르면 김수임의 혐의는 대부분 '가능성이 없다'는 것으로 드러난다. 또 김수임은 "재판정에 들것에 실려 들어왔다"라는 증언이 있을 정도로 한국 경찰에게 심하게 고문을 당했다. 조작 가능성을 보여주는 증거다. 이것만으론 김수임 사건의 진실이 전면적으로 밝혀졌다고 볼 수는 없다. 하지만 미군 자료들을 통해 사건의 윤곽은 어느 정도 드러난 셈이다. 이를 종합하면, 한국 정보기관에서 밝힌 핵심 내용은 진실이 아니며 김수임 또한 냉전과 반공 이데올로기를 위한 희생물이었을 가능성이 높은 것이다.[128]

시대의 광기가 그녀를 죽였다

한국 현대사에서 간첩 조작 사건은 적지 않게 일어났다. 가장 대표적인 사건으로는 박정희 정부 시절 북한에서 고위직으로 있다가 위장 귀순해 간첩 활동을 하다가 제3국으로 도피하기 전 체포돼 처형당한 이수근 사건을 들 수 있다. 진실화해위원회에서는 이 사건이 조작되었다고 판명했다.[129] 이 사건 관련자들은 국가를 상대로 배상·보상을 청구하여 승소했다. 이수근은 남북한 냉전 대립의 틈바구니에서 번민하다가 결국 남한 반공체제의 희생양이 되고 말았다.

한국 현대사에서 간첩 조작 사건이 빈번하게 일어난 근본적 원인은 분단체제에 있다. 분단과 더불어 남한 사회는 과대 반공국가로 성장했고, 그에 따라 정보기관이 발달했다. 이러한 상황에서 남한의 정보기관들 사이에 통치자에 대한 과잉 충성 경쟁이 벌어졌으며, 이 과정에서 수사관들의 승진 욕구 등이 복합적으로 작용하여 고문 등 무리한 간첩 조작 사건이 빈번하게 일어났던 것이다.

그런데 중요한 것은 간첩 조작 사건이 대부분 정치적 상황과 맞물려 있다는 점이다. 우리가 알 수 있는 많은 정치적 사건이 지배자의 통치에 위기가 왔을 때 일어났다는 점을 상기하면 쉽게 이해할 수 있을 것이다. 그러한 정치적 사건의 출발점이 되는 것이 김수임 사건 직전에 일어난 '국회 프락치 사건'이다. 1949년 6월에 발생한 국회 프락치 사건은 다수의 국회의원이 남로당의 프락치 활동을 했다는 혐의로 체포된 사건이다. 이 사건에 연루된 의원들

128 이근영 기자, 「AP, '여간첩 김수임 사건' 조작 가능성」, 한겨레신문, 2008. 8. 17.
129 진실화해위원회 지음, 「이수근 위장간첩 사건」, 『2006년 하반기 조사보고서』, 2007, 139∼181쪽.

은 국회 내의 소장 개혁파들로 김구와 우호적인 관계에 있었고, 이 승만·한민당과는 대립 관계에 있었다. 이 사건 또한 아직까지도 계속해서 조작 의혹이 제기되고 있지만 진실이 명확하게 밝혀지지는 않았다.

이 사건의 조작 가능성이 이야기되는 가장 중요한 이유는 이 또한 분명한 증거가 없기 때문이다. 이는 이미 한국 현대사의 많은 연구자가 지적한 사실이다. 그런데 더욱 눈여겨봐야 할 것은 이 사건 담당 검사였던 오제도가 직접 시인한 내용이다. 6·25전쟁 연구자인 박명림 연세대 교수는 이 사건의 담당 검사였던 오제도를 직접 면담, "국회 프락치 사건의 증거가 있었느냐"라고 물었더니, 그는 "증거는 없다"라고 분명하게 대답하면서 이렇게 말했다고 한다.

"중요한 것은 증거가 아니라 그들(국회 프락치 사건 관련 체포자) 의 주장이 당시 공산당이 아니면 하지 않을 내용이라는 데 있다. 그런 주장은 당시에는 공산당들만이 하는 것인데, 이는 그들이 남로당과 연계되었다는 것을 보여주는 것이 아니고 무엇이냐?"[130]

이것은 증거를 찾아서 범죄자를 기소해야 할 검사의 자세와는 거리가 멀다. 검사가 증거가 아니라 심증으로 범인을 체포하고 기소한다면 이 사회가 어떻게 될까? 60년 전 이 땅의 검사들이 어떤

---

130 박명림 지음, 『한국전쟁의 발발과 기원 2』, 나남출판, 1996, 469~470쪽.

사고방식을 가졌을지는 지금의 검사들을 보더라도 쉽게 짐작할 수 있다. 아직까지도 일부 공안검사들은 민주적이지 않고, 지극히 권위적이며, 종종 증거보다 심증을 앞세워 수사를 진행한다. 그러니 60년 전 공안기관에서 일하던 사람들이 어떠한 사고를 했겠는가.

김수임 사건이라고 다를 것인가. 오제도 검사의 말을 곧 김수임 사건에도 그대로 적용할 수 있지 않을까? 다음과 같이 말이다.

> "김수임이 북한의 간첩이라는 분명한 증거는 없다. 하지만 김수임은 공산주의자 이강국의 애인이었고, 남로당에서 활동하던 사람들의 편의를 많이 봐주었다. 미군 철수 관련 내용도 알 수 있는 내용이라 하더라도 김수임처럼 좌익과 연관된 사람이 말했다면 그건 매우 중요한 기밀정보가 된다."

이 같은 간첩 판별의 잣대와 기준이 한국 현대사를 지배해왔다. 우리는 그런 시대를 이제야 겨우 건너 다음 단계로 나아가는 줄 알았다. 하지만 지금, 그런 망령이 우리 주위를 또 다른 모습으로 떠돌고 있다.

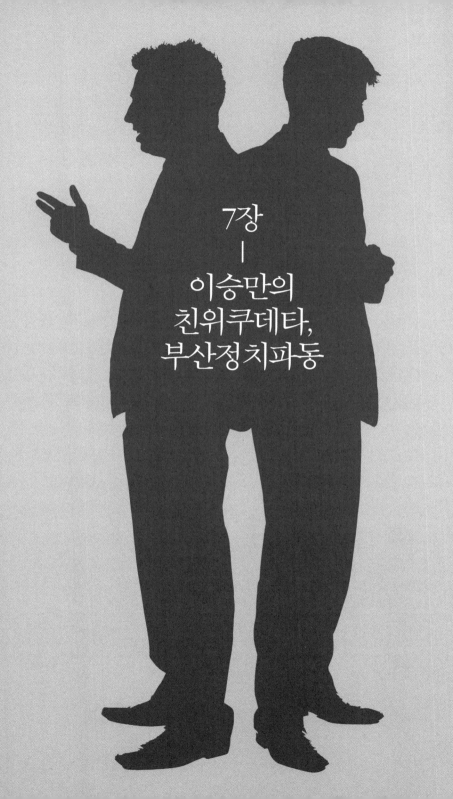

7장
—
이승만의
친위쿠데타,
부산정치파동

살벌했던 임시수도 부산

1952년 7월 4일, 임시수도 부산 거리에는 살벌한 기운이 감돌았다. 땃벌떼, 민중자결단, 백골단이라는 이름만 들어도 무시무시한 정치깡패들과 지방의회 의원이란 작자들이 국회를 둘러싸고 관제데모를 벌였다. 부산 시내 전역에는 '공산당의 앞잡이 국회의원을 타도하라'는 협박문이 나붙었다. 경찰과 군인들이 의사당 건물 전체를 둘러싼 가운데 발췌개헌안에 대한 찬반 투표가 실시되었다. 표결은 무기명 비밀투표가 아니라 기립 찬반 투표 형식으로 진행되었다. 참석자 166명 가운데 163명이 찬성하고 3명이 기권했다. 이로써 대통령 직선제와 양원제 국회를 주요 내용으로 하는 개헌안이 통과되었다. 이른바 발췌개헌안이다. 한국 정치사에서 헌정 파괴의 출발점이 되는 부산정치파동이다.

1948년 7월 17일 제정·공포되고 1945년 8월 15일 정부 공식 출범과 함께 이 세상에 모습을 드러낸 '자랑스러운' 대한민국 헌법이 채 2년도 안 되어서 시궁창에 처박혀버렸다. 이승만 대통령은 헌법을 통과시키기 위해 전국에 계엄령을 선포했고, 투표를 거부하는 국회의원들을 강제로 체포·감금했다. 정치깡패들의 시위와 군경의 위협 속에서 공포 분위기가 조성되었다. 누가 총칼 앞에서 버틸 수 있겠는가. 국회의원들은 강압에 의해 개헌안을 통과시켰다.[131]

그 이전에 국회의원들이 탄 버스가 통째로 헌병대 포클레인에 끌려갔고, 그중 12명이 국제공산당과 관계되어 있다며 구속되었다. 부통령 김성수는 신변에 위협을 느껴 사표를 던진 뒤 유엔군이 보호하는 부산 앞바다의 함정으로 피신해야 했을 정도로 살벌한 상황이 연출되었다. 경찰과 군인, 정치깡패에게 붙잡혀 국회의사당에 감금된 의원들은 하루 종일 화장실도 마음대로 못 간 채 감시당했다. 심지어 국회의사당에 감금된 국회의원들이 경찰관에게 뺨을 얻어맞고도 제대로 항의조차 하지 못하는 공포 속에 놓여 있었다. 이 사건은 말이 좋아 정치파동이지 사실은 이승만의 친위쿠데타였다.

사건이 나자 영국의 '런던타임스'는 "한국 땅에서 민주주의를 기다리는 것은 시궁창에서 장미꽃이 피기를 바라는 것과 같다"라

131 임영태 지음, 『산골 대통령 한국을 지배하다』, 유리창, 2013, 266쪽.

며 이승만의 민주주의 파괴를 혹평했다. 이 사건이 일어났을 때는 6·25전쟁이 한창 진행 중이었다. 전선에서는 하루에도 수백 명, 수천 명씩 젊은 군인들이 죽어가고 후방에서는 국민이 초근목피와 풀죽으로 하루하루를 근근이 때우며 목숨줄을 이어갈 때였다. 이런 상황에서 이승만은 도대체 왜 이 같은 무리수를 두었을까?

이승만이 부산정치파동을 일으킨 이유는 간단했다. 대통령 재선이 위태로웠기 때문이다. 제헌헌법에서는 대통령을 국회에서 간접 선출하도록 되어 있었다. 그런데 국회에는 이승만을 차기 대통령으로 밀어줄 세력이 별로 없었다. 국회에서 간선제로 다음 선거를 치르면 이승만이 대통령에 당선되는 것은 불가능했다. 왜 그렇게 되었을까?

그것은 일차적으로 한국 정부 수립에 가장 큰 지분을 가진 이승만과 한민당 세력이 갈등하면서 집권층 내부가 분열된 데 원인이 있었다. 이승만과 한민당은 박헌영의 공산당과 여운형의 인민당 등 좌익세력은 물론이고, 김구·김규식 등의 남북협상파와 중도파를 배제하고 정권을 장악하는 데는 이해관계가 철석같이 맞아떨어졌다. 그러나 정부를 세운 뒤 권력의 배분 문제에서는 이해관계가 완전히 엇갈렸다. 이승만은 정부 수립 후 초대 내각을 구성하면서 정부 수립 과정에서 가장 중요한 동지였던 한민당 세력을 거의 완벽하게 배제했다. 장관 11명 가운데 재무부 장관 김도연 한 명만이 한민당계였고, 나머지는 모두 이승만의 개인적인 추종자나 직능 대표자 성격을 띠는 인물이었다. 한민당은 배신감에 사로잡혔고, 곧 이승만에 반대하는 야당이 되었다.

1950년 5월 30일 제2차 총선거가 치러졌다. 이때 제헌의회 선거에 참여하지 않았던 중도세력과 남북협상파 일부가 출마해 당선되었다. 거기에는 조소앙(임정 외교부장 및 한독당 부위원장 역임), 안재홍(건국준비위원회 부위원장 역임), 원세훈(민족자주연맹), 장건상(무소속, 중도좌파, 남북협상 참여) 등의 정치적 거물이 포함되어 있었다. 그들의 승리가 상징하는 바는 컸다. 조소앙은 임정 외교부장과 한독당 부위원장을 지낸 정치거물로 김구가 비명에 간 상황에서 사실상 그의 후계자로서 김구 노선을 대변하고 있었다고 말할 수 있다. 그는 서울 성북에서 미군정 때 경무부장(경찰청장)을 지낸 한민당의 조병옥을 2배 이상 압도적 표차로 눌렀다. 안재홍은 건국준비위원회 부위원장을 지낸 중도우파의 대표적 인물이었고, 원세훈은 김규식이 이끄는 민족자주연맹 출신이었다. 장건상은 무소속으로 남북협상에 참여했던 중도 좌파의 대표격인 인물이었다. 이들의 선거 승리는 사실상 남북협상파의 승리라고 할 수 있었고, 강력한 중도 개혁세력의 의회 진출을 의미하였다. 그러나 이들은 6·25전쟁 중에 대부분 납북되어 이승만에게 직접적인 위협 세력이 되지는 못하였다.

이승만과 한민당(민국당)[132]은 중도세력의 진출에는 공동 대응

---

132 한민당(한국민주당)은 1949년 2월, 신익희 등 일부 임정세력과 연합하여 민국당(민주국민당)으로 개명한다. 이후 한민당과 민국당을 시기에 따라서 함께 사용한다.

하려고 손을 잡았지만 이들이 제거되자 다시 분열했다. 이승만은 한민당과 분열하면서 의회에서 지지 기반을 잃게 된다. 한민당은 절대 다수는 아니었지만 의회에서 단일 세력으로는 가장 큰 세력을 형성하고 있었다.

점심은 평양에서, 저녁은 신의주에서

이승만에 반대하는 세력은 한민당(민국당) 계열만이 아니었다. 이승만 정부는 평소 '북진통일'을 외치며 큰소리쳤다. 신성모 국방부 장관은 "명령만 내리면 점심은 평양에서, 저녁은 신의주에서 먹을 것"이라며 큰소리쳤지만, 북한의 남침 징후조차 제대로 알지 못한 채 순식간에 38선을 돌파당해 서울을 위험에 빠뜨렸다. 그뿐만 아니라, 인민군이 진격해오자 정부는 국민을 버려둔 채 몰래 야반도주해버렸다. 이승만 정부는 대전에서 녹음한 이승만 대통령의 육성 테이프를 방송국에서 틀면서 서울 사수를 외쳤다. 서울 시민들이 정부의 말을 믿고 피난조차 가지 못한 상태에서 한강 다리마저 폭파함으로써 국민들을 적 치하에 두는 실책을 범하였다.

국민 여론이 나빠지는 것은 당연했다. 정부가 국방을 소홀히 해서 국민을 전쟁의 고통 속에 몰아넣었고, 초기 대응을 잘못해 심각한 혼란을 초래했으니 질책을 당하는 것은 필연적이었다. 거기다가 거짓 선전과 한강 인도교 폭파로 피난을 막아 시민의 재산과 생명을 고스란히 적군에게 넘겨준 꼴이었으니 국민이 분노하는 것은 불문가지였다. 책임자 문책이 거론되지 않을 수 없었다. 그럼에도 이승만은 국정의 최고 지도자로서 책임의식을 통감하지 못한채 오만하게 굴었다.

1950년 6월 30일, 서울에서 피난 온 국회의원 50여 명이 대전에서 모였다. 그들은 이승만 대통령이 국민에게 사과를 해야 한다고 결의했다. 이승만 대통령이 국방을 등한히 하고 정부가 경솔하게 행동해 서울 시민과 국민을 전란의 회오리 속에 몰아넣었다는 점을 지적하면서 최고 통치자인 대통령이 사과해야 한다고 한 것이다.

그러나 국회 결의를 전달하기 위해 충남도지사 관저로 이승만 대통령을 찾아간 신익희 의장과 장택상·조봉암 부의장은 뜻밖의 이야기를 들어야 했다. 이승만은 "내가 당 덕종이야?"라고 한마디로 거부했다. 이게 무슨 뜻일까? 당나라 제9대 황제 덕종 시절에 반란이 자주 일어나 백성이 고생했다. 그러자 덕종은 자기 잘못으로 수많은 백성이 전란에 휩쓸려 고생한다며 모든 것이 자신의 죄라는 의미의 '죄기조(罪己詔)'를 발표했다. 이승만은 이걸 빗대어 "내가 당나라 덕종이냐"라고 한 것이었다.[133]

이승만은 국회 의장단을 향해 "내가 왜 국민 앞에 사과해? 사과할 테면 당신들이나 해요"라며 자리를 박차고 나갔다. 이승만의

---

133 김석영 지음, 「도강파·잔류파의 유래와 전설」, 『인물계』, 1959. 4. 10쪽.

이런 태도는 한마디로 '우민관(愚民觀, 백성을 어리석다고 보는 사고방식)'에서 나온 것이었다. 그는 상하이 임시정부 시절부터 자신은 최고 지도자가 아니면 안 된다고 생각했다. 그리고 해방 후 정부가 수립되기 전부터 마치 자신이 대통령이 된 것처럼 행동했다. 그는 국민을 책임지는 정치가가 아니라 국민 위에 군림하는 통치자라는 군주시대의 왕권의식에 사로잡혀 있었다. 그는 자신이 왕가의 후손이라는 사실을 늘 자랑했다. 항상 자신이 최고의 애국자에다 최고 지도자라는 특권의식에 사로잡혀 있었다. 반면, 그는 국민은 자신을 일방적으로 떠받드는 우매한 백성일 뿐이라고 생각했다. 이승만의 우민관은 1950년대 한국 정치를 파행으로 이끄는 결정적인 원인이 되었다.[134]

이승만은 대국민 사과문 발표를 거부한 것은 말할 것도 없고, 수많은 비난 여론에도 신성모 국방부 장관의 경질 요구를 끝내 거부했다. 야당과 국민 여론은 국방을 소홀히 한 것에 패전과 혼란의 책임을 더해 신성모 국방부 장관과 채병덕 참모총장의 경질을 요구했지만, 이승만은 6월 30일 채병덕을 정일권으로 교체하는 것으로 답변을 끝냈다. 채병덕의 교체는 미국의 강력한 요구 때문에 어쩔 수 없이 한 일이었다. 누가 이런 이승만을 좋아하겠는가? 민심도 등을 돌렸고, 국회의원들도 이승만에게서 마음이 떠났다.

---

134 임영태 지음. 앞의 책. 228쪽.

얼어죽고 굶어죽게 만든 장본인

이승만의 실책은 이뿐만 아니다. 전쟁을 전후한 시기에 한국 사회에서는 수많은 민간인 학살사건이 일어났다. 학살된 민간인이 얼마인지 정확히 알기는 어렵다. 더더구나 남북한을 합친 규모는 추산 자체가 불가능하다. 북한 지역의 민간인 희생 관련 조사보고서나 근거 자료가 거의 없기 때문이다. 하지만 일반적으로 남한에서만 적어도 수십만 명이 희생되었을 것으로 추정한다. 학살의 원인 또한 다양해서 일률적으로 말할 수는 없지만, 남한에서의 민간인 학살은 다수가 국군이나 경찰, 우익 치안대에 의해 일어났고, 좌익과 인민군에 의해서도 일어났다.

남한 민간인 학살 중 가장 대표적인 것은 국민보도연맹 사건이다. 국민보도연맹이란 해방 후 좌익 활동을 하다가 전향한 사람들을 정부에서 모아 만든 조직이다. 전향(轉向)은 사상을 바꾸는 것이다. 공산주의자나 사회주의자가 자기 사상을 포기하고 대한민국의 법질서 안에서 살겠다고 공개적으로 밝힌 것을 의미한다. 그러나 국민보도연맹에는 좌익 활동을 한 사람뿐만 아니라 일반 국민도 상당수 가입했다. 시골에서는 아무것도 모르는 사람들이 보리쌀을 준다고 하니 가입하는 등 숫자 채우기에 동원되어 가입원에 서명한 것이다.

그런데 전쟁이 나니까 이 사람들을 소집해서 한꺼번에 총살했다. 국민보도연맹원은 1950년 6월 말부터 7월 말까지 전국에서 거의 동시에 처형되었다. 처형 작업은 주로 군인들이 맡았다. 헌병들이 나서기도 하고, 일반 군인들이 하기도 했다. 때로는 경찰과 우익 청년단이 나서기도 했다. 이 과정에서 최소한 수만 명 넘게 희생되었다. 전체 국민보도연맹원이 20만 명 이상으로 추산되는데 이들이 전국에 걸쳐 조직적으로 학살된 것이다.[135]

이승만은 한국군이 주로 자행한 이 학살 사건의 정치적 책임을 면할 수 없다. 그는 군의 최고 통수권자였다. 이 학살 사건의 명령자는 고위급인 것이 분명하다. 전국적으로 동시에 진행되었으니, 군을 전체적으로 지휘하는 자리에 있는 사람이 아니면 할 수 없는 일이다. 그런 직위는 대통령이나 국방부 장관밖에 없다. 지금까지 학살 지령이 어디에서 내려왔는지 정확히 밝혀지지는 않았지만, 연구자들은 대체로 최고 지도부에서 나왔을 것으로 본다. 미국에서 한국 현대사 관련 자료를 전문적으로 수집, 발굴한 이도영 박사의 미국 문서에는 "처형 명령은 의심할 바 없이 최상층부에서 내려왔다"라고 되어 있다.[136] 그렇지 않고는 그토록 조직적으로 움직일 수 없다는 것이 일반적인 판단이다.

이것만이 아니다. 이승만 정부는 1·4후퇴 과정에서 국민방위군 사건으로 최소한 수만 명의 젊은 목숨을 얼어죽고 굶어죽고 병들어 죽게 만들었으며, 얼마나 되는지 알 수도 없는 사람들을 불구

---

135 국민보도연맹 학살사건에 대해서는 진실·화해를위한과거사정리위원회 지음, 『국민보도연맹사건』, 『2009년 하반기 조사보고서』, 2010을 참고할 수 있다.
136 김동춘 지음, 『전쟁과 사회: 우리에게 6·25전쟁은 무엇이었나?』, 돌베개, 2006, 346쪽.

로 만드는 천인공노할 만행을 저질렀다. 이승만을 그렇게도 예찬하는 유영익 국사편찬위원장조차도 심각하게 비판하는 사건이다. 이 사건으로 얼마나 많은 사람이 죽었는지 정확히 모른다. 육군본부가 보고한 바에 따르면, 1951년 2월 말까지 남하하다가 행방불명, 동상, 질병 등으로 낙오된 장정이 27만 3,000명이나 된다.

이 사건은 국회에서도 심각한 문제가 되어 '국민방위군의옥(疑獄)사건특별조사위원회'가 구성되어 조사 활동을 벌였다. 국민 여론이 너무 나빠지자 정부에서도 조사를 진행하지 않을 수 없었고, 결국 국민방위군의 주요 간부들이 재판에 회부되었다. 이 사건의 주범인 윤익헌, 강석한, 박창언, 박기환에게 사형이 선고되었다. 국민의 불신이 얼마나 컸던지 이들을 빼돌릴 것이라는 소문이 돌자 대구 외곽의 화원이란 곳에서 기자들이 지켜보는 가운데 공개 처형해야 했을 정도였다. 이승만은 이 사건이 문제가 되자 그렇게도 싸고돌던 신성모 국방부 장관을 해임하고 그 자리에 이기붕을 앉혔다.

불법적인 민간인 학살을 이야기하자면 끝이 없다. 전쟁 중에는 공산군 잔당 토벌 과정에서 무고한 민간인을 불법으로 학살하는 사건을 수도 없이 저질렀다. 대부분 국군과 경찰이 행한 일이었다. 전쟁 전에도 제주 4·3사건과 여순사건에서 불법으로 민간인을 학살했다. 그럼에도 이승만 정부는 국민에게 사과 한 번 하지 않았다. 사과는커녕 피란을 가지 못한 국민을 잔류파라 하여 가혹하게 처벌했다.

이승만에 대한 국민의 지지가 떨어지는 것은 당연한 일이었다. 국회의원들도 이승만을 지지하지 않게 되었다. 그들은 이승만에 대한 기대를 버렸고, 아예 그를 권좌에서 끌어내리려고 하였다. 상황이 이랬으니 다음 대통령 선거는 해보나마나였다. 그러나 이승만은 이런 사정을 그냥 보고 있지 않았다. 재집권하기 위해 직선제를 골자로 한 헌법 개정을 시도하였고, 이를 위해 온갖 수단과 방법을 동원했다. 경찰과 군대, 정치깡패를 동원한 친위쿠데타로 결국 재집권을 관철했다.

부산정치파동은 한국 정치사에서 파행의 첫걸음이었다. 또한 그것은 이승만, 박정희, 전두환으로 이어지는 억압적 독재정치의 출발을 알리는 신호탄이었다. 부산정치파동이 일어나자 당시 미국은 전쟁 중인데도 이승만을 교체하기 위한 군부쿠데타를 심각하게 검토했다. 미국은 1953년부터 이승만 제거 계획인 '에버레디 작전(Operation Everready)'을 마련하여 가동하게 된다. 작전명처럼 '항상 준비된 작전', 즉 이승만에 대한 '항상적인' 군사쿠데타 계획이었다. 이승만의 이러한 민주주의 파괴 행위가 공산주의에 대항하는 미국의 한국 안보 활동에 심각한 위협이 될 수 있다고 본 것이다. 미국은 이 작전을 실행하지는 않았지만 1950년대 내내 몇 번에 걸쳐 그 실행을 검토하게 된다.[137]

---

137 임영태 지음. 앞의 책, 266쪽.

이승만, 민주주의와 법치의 파괴자

이승만은 어떤 통치자인가? 그는 근본적으로 보수주의자였던 맹자(孟子)가 주장한 '덕치'와는 아예 거리가 먼 인물이다. 맹자는 신분질서를 그 어떤 것보다 중요하게 여긴 근본 보수주의자였지만 통치자의 책임의식과 백성에 대한 사랑을 강조했다. 그렇다면 이승만의 행위를 냉혹한 마키아벨리스트적이라고 평가할 수는 없을까? 마키아벨리(Machiavelli, Niccol)는, 군주[138]는 "사자의 용맹함과 여우의 교활함을 가져야 한다"라고 말했다. 그러나 그가 말하는 용맹함과 교활함은 자신의 호의호식을 위해서가 아니라 인민의 안위와 행복을 지키기 위한 것이다.

그러면 이승만이 과연 그랬을까? 그는 전쟁을 예방하지 못함으로써 통치자로서 가장 중요한 국민의 안위와 생명을 지키는 데 실패했다. 그뿐인가? 야반도주, 거짓 방송, 한강 다리 폭파, 잔류파 처벌, 가혹한 부역자 재판, 민간인 학살 등 통치자로서 지켜야 할 책무를 하나도 지키지 못했다. 그는 자신의 권력을 지키기 위해 헌정질서와 민주주의도 파괴했다. 그것은 순전히 권력 욕망에서 나온 것이었다.

이승만은 전쟁이 아니었으면 1960년이 아니라 그보다 훨씬

---

138 그는 군주론을 전개하면서 군주에 관해 썼기 때문에 이렇게 표현했지만, 통치자 일반으로 확대 해석해도 될 것이다.

전에 쫓겨났을 것이다. 이승만은 전시 상황을 이용해 권력을 강화하는 불법적인 조치를 계속했고, 그로써 경찰국가를 구축해서 정권을 오랫동안 유지할 수 있었다. 그의 이 같은 반민주적 행위에는 모두 '공산주의에 대항하기 위해서'라는 명분이 붙었다. 그는 발췌개헌에 이어 사사오입개헌을 강행하며 영구집권 체제를 구축했다. 자유당 독재, 민중 억압, 정치 탄압, 조봉암 법살(法殺)[139] 등 이승만의 정치적 과오는 끝이 없다. 그에게서는 동양적 세계관에 입각한 민중에 대한 사랑은 고사하고 마키아벨리가 말하는 냉철한 현실적 정치 능력조차도 찾아보기 힘들다.

세간에는 이승만을 두고 '외교는 천재, 정치는 천치'라는 말이 나돌기도 했다. 그러나 과연 이승만의 외교가 높이 평가받을 만한 것이었을까? 이승만의 외교적 성과는 한마디로 '미국을 협박해서 안보 공약을 확실히 받아내는 것'이었다. 그것을 위해 이승만은 정전협정 파괴 위험까지 있는 '반공 포로 석방'을 감행했으며, 미국을 향해서는 '북침(전쟁)'을 일으킬 수도 있다는 위협을 서슴지 않았다. 미국의 아이젠하워(Dwight David Eisenhower) 대통령은 이승만의 행태에 질려서 나중에는 아주 노골적으로 그러한 행위를 그만두라고 협박하기에 이른다. 만일 전쟁 위협을 계속한다면 그냥 있지 않겠다고.[140]

---

139 이승만은 자신의 정적이었던 조봉암을 북한의 간첩으로 몰아 사형에 처하였다. 그는 정적을 제거할 때 형식적으로는 법에 의한 재판을 이용했다. 하지만 그것은 사실상 정적 살해였으므로 '법에 의한 살해', 즉 법살(法殺)이라고 표현한다.

미국의 심각한 위협에 비로소 이승만은 위험한 도박을 멈춘다. 외교에서는 도박이 필요할 때도 있다. 그러나 도박이 언제나 통하는 것은 아니다. 만일 이승만의 외교력이 뛰어났다고 평가한다면, 그 점에서는 오히려 북한이 한 수 위라고 말하는 것이 맞을 것이다. 북한은 미국과 남한 그리고 전 세계를 향해 끊임없이 '벼랑끝 전술'을 구사하면서 공세를 펴고 있다. 그러나 북한의 행위를 뛰어난 외교술이라고 평가하는 사람은 그리 많지 않다. 결국 이승만의 외교술이라는 것은 북한의 '벼랑끝 외교' 수준에도 못 미치는 것이 아니겠는가?[141]

한 나라의 최고 통치자는 국민을 다스리는 능력이 있어야 한다. 권력 투쟁도 필요하지만 그것은 합법적이고 민주적이어야 한다. 봉건시대의 권력 투쟁이라면 몰라도 대한민국은 법치국가다. 정치도 법의 테두리를 벗어나서는 안 된다. 아무리 최고 통치자라 해도 헌법을 유린하고 권력을 행사할 수는 없다. 전쟁이라는 극한의 위기 상황에서는 평시와 다른 비상한 수단이 동원될 수도 있지만, 기본적으로 통치자는 법을 지키려고 노력해야 한다.

통치자가 법을 위반하면서까지 권력을 추구하다가는 국민의 저항에 부딪혀 쫓겨나는 신세가 되고 만다. 이승만은 민주주의자

---

140 리영희 지음, 「'북방한계선'은 합법적 군사분계선인가?-1999년 6월 15일의 서해상 남북 해군 충돌 배경의 종합적 연구」, 『통일시론』 통권 제3호, 1999 여름, 47~48쪽.
141 북한의 '벼랑끝 전술' 등에 관해서는 임영태 지음, 『북한 50년사 1, 2』, 들녘, 1999를 참고할 수 있다.

가 아니었고, 민주적 기본질서, 헌정과 법질서도 지키지 않았다. 그는 국민의 저항에 부딪혀 쫓겨났다. 그런데도 또 다른 변명이 필요한가?

이승만에 대한 평가는 그가 4·19혁명으로 축출되면서 사실상 끝났다. 하지만 2000년대 뉴라이트가 등장하여 그의 복권을 기도하면서 재차 논란이 되고 있다. 박근혜 정부에서 국사편찬위원장이 된 유영익은 『대한민국 건국의 재인식』에서 "이승만은 대한민국 건국에 절대적으로 공헌한 건국 대통령"이라며 "이승만이 대한민국을 건국한 것은 하느님과 밤새도록 씨름한 끝에 드디어 하느님의 축복을 받아낸 야곱의 이야기를 연상시키는 위업"이라고 찬양하였다.[142]

유영익은 또한 2012년 2월 9일 한 강연에서 "후진국에서 독재는 사실상 불가피하다. 이승만 대통령은 확신을 가지고 자기가 하는 일종의 권위주의적 통치가 불가피하고 오히려 한국 사람들을 위해서 하는 것이라고 믿고서 했다"라고 주장했다. 3·15부정선거를 비롯한 독재정치조차 일반적인 평가와 달리 오히려 업적이라고 주장하고 나선 것이다. 그는 또 "한국 역사에 이승만만 한 인재는 거의 없었다. 이승만은 세종대왕하고 거의 맞먹는 그런 유전자를 가졌던 인물 같다"라고 말해서 논란이 되었다.[143]

---

142 홍민철 기자, 「국사편찬위원장 유영익, '이승만 찬양' 인사 논란」, 민중의소리, 2013. 9. 23.
143 김지훈 기자, 「유영익 국사편찬위원장, "이승만은 세종대왕과 맞먹는 인물"」, 한겨레신문, 2013. 10. 16.

유영익을 비롯한 뉴라이트의 주장은 너무나 비상식적이고 파격적이어서 놀랍기만 하다. 하지만 이승만에 대해서는 앞에서 살펴본 것처럼 새롭게 평가될 내용이 아무것도 없다. 이승만은 단독 정부를 추구하며 통일 정부를 주장하던 김구·김규식 등을 배제했고, 국민보도연맹 사건과 국민방위군 사건의 책임에서 자유롭지 못하다. 이승만은 친일파를 옹호하였으며, 김구 암살 사건과 관련해서도 숱한 의혹을 남겼다. 그 모든 것을 제외하더라도 이승만은 민주주의와 헌정질서를 파괴한 주범이라는 사실만으로도 역사의 비판을 면할 수 없다.

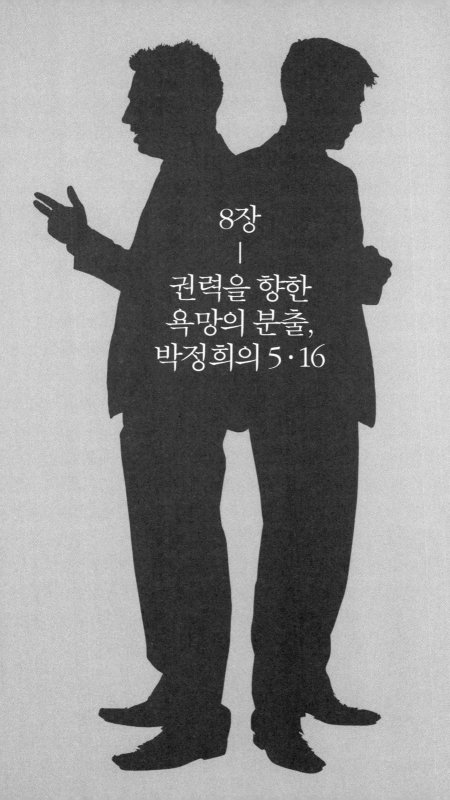

8장
—
권력을 향한
욕망의 분출,
박정희의 5·16

긴 칼이 차고 싶었던 영웅 숭배자

1946년 6월 박정희는 미군 상륙함을 타고 부산으로 귀국했다. 그는 그해 9월 조선경비사관학교(육사) 2기생으로 입학했다. 그는 다른 사람들보다 4~5세 늦은 나이에 대위로 임관했다. 그러나 박정희 앞에는 시련이 기다리고 있었다. 박정희는 1948년 10월 여순사건 뒤 군부 숙정 과정에서 남로당 관련 혐의로 구속되어 1949년 2월 무기형을 선고받았다. 그러나 그는 만주군관학교 선배 백선엽 중령(당시 육군정보국장)과 동기 김안일 소령(당시 육군방첩대 대장), 김창룡 소령(당시 1연대 정보주임) 등의 구명운동에 힘입어 감형, 석방되었다.[144]

박정희는 "남로당 군사부장으로 임명되어 국방군 내에 남로당의 세포 조직을 통괄하는 군부조직책의 임무를 수행했으나 정보기관에 체포된 뒤 관련 인물들의 정보를 제공함으로써 풀려날 수 있었다"라고 알려졌다. 박정희가 남로당과 관계를 맺은 과정과 그 이유에 대해서는 정확하게 알려져 있지 않다. 다만 그가 존경했던 형 박상희와 그의 동료 황태성과 관계가 있었던 것으로 알려져 있다. 박상희는 해방 후 남로당 선산군 지역 지도 간부로 활동하다가 1946년 10월 민중항쟁 당시 군의 총격으로 사망했다.

박상희와 함께 주요 인물로 당시 남로당 경북도당 조직부장이었던 황태성은 살아남아서 월북했다. 그는 북한에서 무역성 부상까지 지내며 고위직에 있었으나 박정희가 5·16군사쿠데타로 집권한 후 남북관계에 모종의 사명을 띠고 밀사로 남파되지만 간첩으로 몰려 사형당하고 만다. 황태성 밀사사건은 5·16군사쿠데타 후 남북관계의 향방을 가늠할 수 있는 매우 중요한 사건으로, 황태성이 처형된 뒤 남북관계는 대결 위주로 나아간다.

박정희는 남로당과 관련해 체포되었다가 석방된 뒤 육군본부에서 정보문관으로 근무했으며, 1950년 7월 육군정보국 전투정보과장으로 현역에 복귀했다. 6·25전쟁이 그를 살려준 것이다. 6·25전쟁이 아니었다면 박정희의 현역 복귀는 사실상 불가능했을 것이다. 그랬다면 군인으로서 그의 생명은 끝났을 것이고, 이후의 박정희도 없었을 것이다. 박정희는 그 뒤 1955년 제5사단장, 1957년 제

---

144 박정희의 남로당 가담과 체포 및 수사, 구명운동과 감형 등에 대해서는 조갑제 지음, 『내 무덤에 침을 뱉어라 2』, 조선일보사, 1998, 216~238쪽; 최상천 지음, 『알몸 박정희』, 사람나라, 2001, 157~158쪽을 참고할 수 있다.

7사단장을 거쳐 1960년 1월에는 부산 군수기지사령관, 1960년 9월에는 육군본부 작전참모부장이 되었고, 5·16군사쿠데타 당시에는 제2군 부사령관으로 근무하였다.

　박정희는 1950년부터 1961년까지 11년 사이에 25차례나 보직이 바뀌는 등 핵심 요직에서 밀려나 군부의 아웃사이더로서 겉돌아야 했다. 승진 심사 때마다 과거 경력이 문제가 되어 탈락했다. 박정희는 이승만 정권 당시 양대 군맥이었던 서북파(평안도·황해도 인맥, 속칭 '텍사스파')와 동북파(함경도 인맥, 속칭 '알래스카파')의 어디에도 속하지 않았기 때문에 정치적 배경도 없었다. 박정희는 파벌과 정실이 지배하던 군부와 정치권에 깊은 반감을 갖게 되었다. 그것은 박정희가 5·16군사쿠데타를 일으킨 원인 중 하나였다.

　나폴레옹 숭배에 빠져 있던 박정희는 승진에서 뒤진 것을 못 견뎌했다. 박정희는 1950년대 후반부터 이승만 정권과 군부의 부패에 노골적으로 불만을 표출했다. 그는 1959년부터 공공연하게 쿠데타를 언급했다. 그리고 말로만이 아니라 실제로 쿠데타를 일으켜 권력을 탈취하기 위한 준비에 착수했다.

　5·16군사쿠데타의 성격이 무엇인지 알려면 주동 인물의 성격과 행위를 살펴보는 것이 필요하다. 5·16의 핵심 주체는 박정희와 김종필 그리고 육사 8기생을 비롯한 일부 군부세력이다. 지도자 박정희가 어떤 사람이고 무슨 생각을 했는지 살펴보아야 5·16의 성격을 파악할 수 있을 것이다.

　박정희는 1917년 경상북도 선산에서 태어났다. 그는 가난한 농촌 집안의 막내였으나 머리가 좋았고 공부를 잘했다. 그 시절 누구나 대부분 가난했다. 일제강점기 조선인이 성공할 수 있는 길은 많지 않았다. 경찰이나 군인이 되는 것은 집안이 그다지 좋지 않은 사람들이 선택할 수 있는 가장 빠른 출셋길이었다. 그러나 경찰이나 군인이 되는 것은 적극적으로 일본의 앞잡이가 되는 것이었고, 조선인을 괴롭히는 일을 하게 된다는 것을 의미했다. 친일파 고위 관료가 되는 길이 있었지만 그것은 집안이 부자일 때 가능한 일이었다. 지주나 부호 집안이 아니면 판사, 검사, 고위 관료가 되기 위한 뒷바라지가 불가능했던 것이다. 면서기 같은 하급 관료가 되는 길도 있었으나, 야심을 가진 사람들이 선택해서 성공할 수 있는 길은 아니었다.

머리는 좋지만 현실적으로 고위 관료가 될 수 없는 사람들이 택할 수 있는 또 하나의 길은 사범학교를 나와 교사가 되는 것이었다. 박정희는 처음에 그 길을 택했다. 그는 사비생(私費生)으로 대구사범학교에 진학했다. 박정희의 대구사범학교 입학 성적과 학교 성적은 좋은 편이 아니었다. 입학생 100명 중에서 성적에 따라 상위 60명까지는 관비생(官費生)으로 선출되었다. 관비생은 기숙사비가 면제되고, 교복과 교모, 생활비까지 지원받았다. 사비생은 기숙사비를 내고 생활비를 스스로 책임져야 했다.[145] 박정희는 학교를 졸업한 뒤 문경에 있는 보통학교 교사가 되었지만, 그것은 그가 꿈

---

145 안경환 지음, 『황용주 그와 박정희의 시대』, 까치, 2013, 53쪽.

꾸던 길이 아니었다.

영웅을 숭배한 박정희는 권력에 대한 욕구가 강했다. 그는 평소 '긴 칼을 차고 싶어서' 안달이 나 있었다. 급기야 그는 교사를 때려치운 뒤 '진충보국(盡忠報國)' '멸사봉공(滅私奉公)' 같은 내용의 혈서까지 써서 보낸 끝에 1940년 만주군관학교에 입학할 수 있었다. 만주군관학교는 열일곱 살이 한계 연령이었으나 박정희는 이때 이미 스무 살이 넘었으니[146] 그 같은 노력 없이는 일본군 장교가 되기 어려웠다.

1942년 만주군관학교를 졸업한 박정희는 다시 일본육군사관학교에 입학했고, 1944년 4월 전체 생도 가운데 3등의 우수한 성적으로 졸업했다. 그는 일본 육사 시절 조선인의 흔적을 지우려고 노력했다. 창씨개명도 그런 노력 가운데 하나였다. 애초 그는 '다카키 마사오(高木正雄)'라는 이름으로 창씨개명을 했다. 다카키(高木)는 고령 박씨가 모두 사용하는 성이었고, 마사오(正雄)는 정희(正熙)를 변용한 것이었다. 박정희는 조선식 흔적이 그대로 남아 있는 다카키 마사오 대신 진짜 일본식 이름인 '오카모토 미노루(岡本實)'로 바꾸었다.[147]

1944년 7월 일본 만주군 소위로 부임한 박정희는 중위로 종전을 맞았다. 1945년 8월 일본의 무조건 항복 선언과 함께 패잔병 신

---

146 민족문제연구소 지음, 『친일인명사전』, 2009, '박정희' 항목 참조.
147 이와 관련해서는 최상천 지음, 앞의 책을 참고할 수 있다.

세가 된 박정희는 1945년 9월 초순 중국 시안으로 가서 광복군에 들어갔다. 일본군 출신이라는 약점을 가리고 안전하게 귀국하기 위해서였다.[148]

최고가 될 수 있다면 무엇이라도

박정희는 1960년 초 신당동 자택에서 해병 제1상륙 사단장 김동하 소장과 함께 쿠데타를 결의했다. 박정희는 또한 김종필이 이끄는 육사 8기생들과 함께 1960년 초부터 4월까지 20여 회에 걸쳐 쿠데타를 위한 모임을 했으며, 점차 세력을 확대하여 모의 범위를 넓혀갔다. 이 과정에서 박정희는 2군사령관으로 있던 직속상관 장도영에게도 계획을 설명하고 협조를 구하였다. 하지만 장도영은 박정희의 주장에 원칙적으로는 찬동하지만 시기와 방법에 대해서는 좀 더 연구하자면서 기회주의적인 태도를 보였다. 나중에 장도영은 장면 정부에서 참모총장이 되었지만 그 뒤에도 박정희의 쿠데타 정보를 파악하고도 단호하게 조치하지 않음으로써 박정희의 5·16거사가 성공하는 데 기여한다.

박정희는 거사 일자를 1960년 5월 8일로 잡았으나 4·19가 일

---

148 박정희 성장과 관련해서는 조갑제 지음, 『내 무덤에 침을 뱉어라 1』, 조선일보사, 1998을 참고할 수 있다.

어나는 바람에 허사가 되고 말았다. 4·19 후 김종필을 중심으로 한 육사 8기생이 주동이 된 정군 운동이 펼쳐졌으나 장면 정권은 소장 장교들의 요구를 받아들이지 않았다. 오히려 정군 운동을 편 김종필, 김형욱 등 육사 8기 주동자들을 예편시키는 조치를 취함으로써 청년 장교들의 불만을 더욱 누적시켰다. 박정희와 김종필 일파는 정군 파동을 계기로 본격적으로 군부 내에서 세력 규합에 돌입할 수 있었다.

1960년 7월 28일, 박정희는 광주에 있는 1관구 사령관으로 좌천되었으나 9월에는 육군본부 작전참모부장이 되어 서울로 왔다. 그러나 청년 장교들의 정군 운동과 관련한 항명 사건으로 박정희는 다시 대구의 2군 부사령관으로 좌천되었다. 당시 2군 사령관은 장도영이었다. 박정희는 오히려 지방에 있었던 것이 거사를 준비하는 데 도움이 되었다. 정보기관의 촉수에서 조금이라도 벗어날 수 있었고, 한직이었으므로 개인 활동 시간이 많았던 것이다.

1960년 9월 10일, 김종필 중령을 비롯한 영관급 장교 16명은 군부 숙정과 관련해 장면 총리를 면담하고 자신들의 요구를 직접 관철하려 했으나 실패하고 말았다. 그날 그들은 퇴계로에 있는 '충무장'이라는 일식집에 모여 '쿠데타 모의'를 결의하였다. 장면 정권이 들어선 지 18일 만이었다. 그리고 두 달 뒤인 11월 6일 박정희와 김종필 일당은 신당동에 있는 박정희 소장의 집에서 쿠데타를 결행하기로 재차 결의하였다. 박정희는 장성들을 포섭하고, 김종필과 8기생들은 영관급을 포섭하기로 역할까지 분담했다.[149]

1961년 2월 17일에는 최경록이 물러나고 서른여덟 살의 장도영이 참모총장으로 임명되었다. 이때 박정희는 4·19혁명 1주기에 대대적인 반정부 데모가 있을 것으로 예상하고, 그것을 빌미로 거사할 계획을 세웠으나 예상과 달리 그날은 평온했다. 이 무렵 박정희는 150여 명의 장교와 함께 예편 리스트에 올라 있었는데, 그중에서도 1순위였다. 미군 측에서도 장면 정부에 계속해서 박정희를 예편시키라고 종용했다. 김동하 소장과 김종필 중령은 이미 예편된 상태였다. 박정희는 몸이 달았다. 박정희는 거사일을 5월 12일로 연기했지만 정보가 새어나가는 바람에 다시 5월 16일로 미루어야 했다.[150]

그리고 마침내 1961년 5월 16일 역사적인 그날 새벽. 박정희가 이끄는 군부는 한강 다리를 건넜다. 그들은 중앙청과 육군본부를 장악하고, 시내 곳곳에 군대를 배치했다. 김종필 중령이 이끄는 일부 병력은 남산의 중앙방송국을 접수한 다음 이른바 '5·16군사혁명 공약'을 발표했다. 드디어 군부쿠데타가 일어난 것이다.

그러나 5·16쿠데타가 성공하기까지는 몇 번 고비가 있었다. 일차적으로는 당시 정권의 핵이었던 장면 총리와 윤보선 대통령의 행동이 영향을 미쳤다. 장면 총리는 쿠데타 발발 소식을 들은 뒤 전면에 나서서 이러한 기도를 분쇄하려고 노력한 것이 아니라 수

---

149 강준만 지음, 『한국 현대사 산책: 1960년대편 1』, 인물과사상사, 2004, 148쪽.
150 이상우 지음, 『박정권 18년: 그 권력의 내막』, 동아일보사, 1986, 44~45쪽.

녀원에 숨어서 중요한 시간을 낭비하고 말았다. 반면, 윤보선 대통령은 일국의 대통령으로서보다도 민주당 구파의 수장으로 행동함으로써 쿠데타의 성공에 결과적으로 일조하고 말았다.

군부에서는 장도영의 기회주의적 행위가 쿠데타의 성공에 일조하였다. 그는 쿠데타 기도에 단호히 대처하지 않았을 뿐만 아니라 한동안 결정을 내리지 못하다가 오후에야 '군사혁명위원회' 의장을 수락함으로써 쿠데타군이 군부 내에서 군권을 확실하게 장악할 수 있도록 도왔다. 쿠데타 세력을 분쇄할 수 있는 병력을 쥐고 있던 이한림 1군사령관의 선택도 중요했다. 이한림 사령관은 처음에 박정희의 쿠데타에 반대 의사를 분명히 했으나 군대를 동원하는 등 실질적인 조치를 취하지 않다가 쿠데타군에게 체포되어 서울로 압송되었다.

마지막으로 결정적인 역할은 미국이 하였다. 미국은 여러 가지 경로를 통해 박정희의 쿠데타 정보를 파악하고 있었다. 그러나 사전에 어떤 조치도 확고하게 취하지 않았다. 장면 정부와 장도영 참모총장에게도 일정한 정보를 건넸지만 쿠데타를 저지하기 위한 분명한 행동은 하지 않았다. 마셜 그린(Marshal Green) 주한 미국 대리대사와 매그루더(Carter Bowie Magruder) 주한 미8군사령관은 처음에는 쿠데타에 반대의사를 피력했으나 본국의 훈령에 따라 더는 적극적인 조치를 취하지 않았다. 결국 쿠데타군은 5·16 발발 사흘 만에 매그루더 사령관으로부터 사실상 군사적 승인을 받음으로써 결정적인 고비를 넘기게 된다.[151]

다카키 마사오의 정신세계

박정희의 행동에는 출생과 성장, 만주군관학교, 일본육사와 관동군의 경험에서 얻은 정신세계가 크게 영향을 미쳤다. 그는 일찍부터 큰칼을 차고 싶다는 지배욕과 과시욕이 강했기에 일본군 장교가 되었다. 그는 일본 만주군 장교 시절, 메이지유신 시기 지사(志士)들의 천황주의 국가관과 1930년대 2·26쿠데타를 일으킨 일본군 청년 장교들의 극우적 군국주의 사상에 매우 깊이 매료되었다. 평생 그의 정신세계에는 일본군의 황군정신이 강하게 자리잡고 있었다.[152]

박정희는 현세적인 출세와 기회를 엿볼 줄 아는 현실주의자이기도 했다. 그는 신분을 세탁하기 위해 만주군을 이탈한 뒤 광복군을 찾았고, 국내에 들어와서는 국방경비대에 들어갔다. 그리고 다시 남로당에 입당했다. 박정희의 남로당 입당이 존경하는 형 박상희 때문이었는지, 시대적 대세를 좇는 처신에서 나왔는지는 정확히 알기가 어렵다. 하지만 이러한 행적으로 볼 때 그가 현실적 조건에 따라 변신에 능했던 것은 분명하다.[153]

박정희는 무엇보다 권력에 강하게 집착했다. 이는 일본군 장교가 되는 과정, 남로당에 가입하는 과정, 승진 누락에 대한 불만

---

151 임영태 지음, 『국민을 위한 권력은 없다』, 유리창, 2013, 77~78쪽.
152 이상우 지음, 앞의 책, 114~118쪽.
153 최상천 지음, 앞의 책, 157~158쪽.

표출 등 그의 삶, 행적 곳곳에서 드러난다. 평소 그는 강한 영웅 의식과 권력 추구 욕망을 갖고 있었다. 그는 또한 나중에 '민족중흥의 역사적 사명'을 강조하고, 자신의 생명을 근대화에 바치겠다는 각오를 보이는 등 역사적 인물로 남고자 하는 욕망이 강했다. 조갑제는 박정희를 '영웅적 기질의 인물'로 보았다. 조갑제는 박정희의 행동과 정신세계에서 일반인과는 다른 '혁명가의 초상'을 발견했다. 하지만 과연 박정희를 영웅, 혁명가로 평가하는 것이 얼마나 타당할까?

박정희가 보통 사람과는 다른 특별한 삶을 산 것은 분명하다. 한마디로 박정희는 평범한 삶을 살기를 거부했고, 끊임없이 도전했다. 그런데 그가 도전한 것은 가치나 신념이 아니라 권력이었다. 보는 각도에 따라 다르겠지만, 박정희는 일반인이 가질 수 없는 비범한 면을 갖고 있었다. 그는 항상 결단력 있는 삶을 살았다. 개인적 욕망의 추구라는 점에서만 본다면 그는 매우 도전적이고 진취적이었다. 그는 생활이 보장되는 보통학교 교사를 그만두고 과감히 군인의 길을 선택했다. 일본 육사에 입학해서는 아주 좋은 성적으로 졸업했다. 이는 그가 안주하지 않고 도전하는 삶을 살았다는 하나의 징표로 볼 수도 있다.

남로당의 군사 책임자가 된 것도 그런 측면에서 볼 수 있다. 시대적 대세여서 그랬든 권력을 향한 욕망 때문에 그랬든 보통 사람으로는 쉽게 결정할 수 없는 일이다. 5·16쿠데타도 마찬가지다. 그것은 박정희가 입버릇처럼 달고 다닌 '목숨 걸고' 하지 않으면 안

되는 일이었다. 5·16쿠데타로 권력을 장악한 뒤 경제개발을 추진한 것이나 한일회담과 3선 개헌을 밀어붙인 것이나 모두 기존의 질서에 도전하는 의미를 내포하고 있었다. 심지어 종신권력 체제를 구축한 유신조차 어떤 의미에서는 '새로운 도전'이었다.

그러나 박정희는 단순히 개인적인 삶만 산 것이 아니다. 그는 한국 현대사에 엄청난 파장과 영향을 미쳤다. 공적인 삶을 살았던 것이다. 따라서 그에 대한 평가를 단순히 개인적인 성취와 도전이라는 측면에서만 바라보아서는 안 된다. 그런 차원에서 본다면 박정희의 행적은 조갑제가 말하는 '혁명가의 모습'과 거리가 멀다. 박정희는 권력 성취 욕망을 이루기 위해 합법적 정부를 전복하는 쿠데타를 감행했고, 종신집권을 위해 민주주의를 파괴하고 인권유린을 일상화했다.

박정희는 권력을 장악한 뒤 '민족'을 내세웠지만 실제로는 민족과 거리가 먼 인물이었다. 그는 일본군 장교 출신으로, 황국의 군인정신으로 무장했다. 그의 머릿속에는 '민족'이 아니라 강한 힘을 가진 '국가권력'이 있었을 뿐이다. 특히 그의 모든 행위를 호의적으로 해석한다 하더라도 지금 보수주의자들이 그렇게도 강조하는 '법치'와는 너무나 거리가 먼 인물이다. 만일 이 사회에서 정치행동이 '합법적이어야 한다'는 사실을 부인하면 무엇이 남을까? 그렇게 되면 '필요하면 무엇이든 힘으로 할 수 있다'는 결론에 도달하게 된다. 그런 사회는 억압적이고 비민주적인 사회, 바로 그것이다. 박정희나 이승만의 공통점은 이런 힘의 사고에 기초했다는 것이다. 그들은 모략과 술수, 그리고 비합법적 수단을 동원해서라도 통치권만 장악하면 된다는 사고를 갖고 있었다. 박정희는 이런 것들이 종합적으로 작용하여 5·16이라는 거사를 감행했다.[154]

정보맨 김종필과 육사 8기생

박정희와 함께 살펴보아야 할 또 한 사람은 5·16의 기획자로 평가되는 김종필이다. 김종필은 1926년 충청남도 부여의 한 농촌에서 태어났다. 그는 서울대학교 사범대학에 입학하였으나 국대안 반대투쟁에 연루되어 수배자 신세가 됐다. 국대안은 '국립서울대학교설치방안'으로, 흩어져 있던 국립 단과대학들을 통합하여 종합대학인 국립서울대학교를 설립하고자 한 미군정의 방침이었다. 당시 대다수 학생과 교수들은 국대안을 '미군정의 식민지 교육을 위한 음모'라며 반대하였다. 김종필은 2년 만에 대학을 중퇴하고 1948년 육군사관학교 8기생으로 들어갔다.

김종필에게 군대는 수배를 피하기 위한 일종의 도피처였는데, 당시는 흔히 있는 일이었다. 국방군에는 일본군과 만주군 출신뿐만 아니라 광복군 등의 민족주의자와 좌익 성향의 인물도 상당히

---

154 박정희의 정신세계와 관련해서는 이상우 지음, 『박정권 18년 그 권력의 내막』, 동아일보사; 조갑제 지음, 『내 무덤에 침을 뱉어라 3』, 조선일보사; 최상천 지음, 앞의 책 등을 참고할 수 있다.

있었다. 1948년 여순사건의 발단이 된 제14연대의 반란도 그 때문에 가능했다. 여순사건은 여러 원인이 작용해서 일어났다. 정권에 대한 민심의 이반 현상, 남로당원들의 개입, 지지부진한 사회개혁조치, 친일 경찰의 발호, 제주 4·3사건 진압에 대한 거부감, 통일정부에 대한 갈망 등 복합적인 요인이 작용하였지만 그 바탕에 친일 경찰에 대한 군부 내의 민족주의적 감정이 깔려 있었음을 부정할 수 없다. 여기서 알 수 있는 것은 김종필이 젊은 시절 '민족주의적 성향'을 가졌다는 사실이다. 그의 이러한 사고는 5·16의 기획과 초기 활동에 일정하게 반영되었다.

김종필은 육사를 졸업한 뒤 1949년 6월 소위로 임관했다. 그는 곧 육군정보국에 배치되었고, 1952년 소령이 되어 박정희와 함께 근무했다. 김종필은 정보 계통에서 근무했기에 야전부대 장교들과 달리 시간과 활동에서 제약을 덜 받았고, 동기생들과도 긴밀하게 접촉할 수 있었다. 그는 고급 장교들의 인사 기록을 접할 기회가 많았기 때문에 고위 장교의 성장과정이나 군사적 자질을 잘 알 수 있었다.

김종필은 국제 세계의 흐름도 빠르게 접할 수 있었다. 1950년대 제3세계 국가들에서는 숱한 군사쿠데타가 일어나 군사정권이 등장했다. 이집트의 나세르(Gamal Abdel Nasser)를 비롯하여 파키스탄, 터키, 과테말라, 태국 등에서 군부가 쿠데타를 일으켜 정권을 장악했다. 김종필은 이들 군사쿠데타를 면밀하게 연구, 검토하였고, 이를 통해 나세르의 권력 장악 과정에 특히 주목하였다.[155] 박정희 또한 자신이 추구하는 '혁명의 롤 모델'이 터키의 케말 파샤 (Mustafa Kemal), 이집트의 나세르임을 분명하게 밝혔다.[156]

　김종필은 이런 경력을 바탕으로 동기들을 규합하고, 박정희를 지도자로 한 군사쿠데타를 기획했다. 이승만 정권이 붕괴된 후에는 '정군 운동'과 '하극상 사건'을 주도했다. 그러나 김종필 등 8기생의 군사쿠데타 모의에 이 같이 거창한 대의만 있었던 것은 아니다. 그것은 군부의 숙정 요구에서 명확하게 드러난다. 바로 승진과 진급 적체에 대한 불만이다.

　김종필과 8기생들은 선배들과 나이 차이는 별로 없었지만 상대적으로 진급이 늦어서 군 인사와 승진에 불만이 상당히 많았다. 8기생들은 대한민국 건국 이후 최초로 육군사관학교에서 임관되었기 때문에 자부심이 강했다. 하지만 한국군의 초기 확대 과정에서 선배들이 누릴 수 있었던 특별 진급 혜택을 거의 받지 못했다. 이들은 단지 몇 개월 뒤 임관했다는 이유 하나만으로 별을 단 선배들과 달리 중령과 대령에 머물러 있었다.[157]

　육사 8기생들과 나이 차이가 별로 없는 군사영어학교 출신들은 이미 별을 두 개, 세 개씩 달고 있었다. 1923년생인 장도영 육

155　전두환은 후에 5·16을 성사시킨 선배들의 길을 따라 다시 정권 장악에 성공하게 된다. 한겨레 신문의 고나무 기자는 『아직 살아있는 자 전두환』, 북콤마, 2013에서 김종필 등 5·16 주도세력들의 나세르를 모델로 한 쿠데타 준비와 계획, 5·16을 바탕으로 한 전두환 신군부 일파의 권력 탈취 계획을 비교 검토하였다.

156　박정희 지음, 『국가와 혁명과 나』, 지구촌, 1997, 204쪽.

157　강준만 지음, 앞의 책, 112~113쪽.

참총장은 1926년생인 김종필보다 겨우 세 살이 많았다. 장도영은 1917년생인 박정희보다는 여섯 살이나 나이가 적었다. 하지만 장도영은 육군 중장 계급장을 달고 육군 참모총장이 되었다. 불만이 없을 수 없었다. 더욱이 고위 장교들은 대부분 군내 파벌과 관련되어 있었고, 썩어 있었다. 군 인사를 둘러싸고 뇌물이 오고 갔고, 이에 대한 스캔들이 끊이지 않았다. 진급 누적과 군 상층부의 부패, 이것이 쿠데타의 중요한 한 요인이었다.

1960년 5월 8일, 김종필과 그의 동기생 8명은 장면 정부에 정군을 요구하였으나 제대로 받아들여지지 않았다. 정군 파동 뒤 그들은 박정희와 9월 10일 서울 퇴계로의 충무장에서 쿠데타 모의를 결의했다. 이들은 그 뒤 정군 운동을 펴는 한편, '하극상 사건'을 일으켜 군부 상층 인사들을 밀어내고자 하였다. 그러나 정군 운동과 하극상 사건은 그다지 성공적이지 못했다. 그들의 기대와 달리 미군의 반대가 심했고, 장면 정부 또한 우유부단하게 대응했기 때문이다.

사건을 주동한 김종필 중령은 1961년 2월 17일자로 강제 전역됐다. 김종필과 그의 동기생들은 정군 운동 주동자들을 전역시킨 것에 깊은 좌절감과 분노를 느꼈다. 김종필은 12년간 정보장교로서 높은 생활수준을 유지해왔기에 민간 생활에 적응하기가 쉽지 않았다. 이미 실업자로 가득 차 있던 사회는 전직 정보장교를 눈여겨보지도 않았다. 군에서 예편하여 상대적으로 시간이 많아진 김종필은 전부터 의기투합하던 동기생을 비롯해 영관급 장교들을 조직하면서 쿠데타 계획을 치밀하게 진행해나갔다.

김종필과 8기생이 박정희를 지도자로 추대한 데는 그 뿌리가 있었다. 8기생 가운데 졸업성적이 우수한 30여 명은 육군정보참모부로 첫 발령을 받았는데, 이때 정보문관으로 근무하던 박정희와 인연을 맺었다. 박정희와 김종필은 육군정보국에 함께 근무하면서 매우 친밀한 사이가 되었고, 사적으로는 처삼촌과 조카사위라는 인척관계로 연결됐다. 김종필은 박정희가 가장 존경했던 셋째 형 박상희의 장녀 박영옥과 결혼했다.

5·16을 실무적으로 기획하고 추진한 것은 김종필과 8기생이었지만 일선부대의 동원과 지휘를 맡은 것은 김재춘, 박치옥, 문재준 등 5기생이었다. 이들은 생도 시절 박정희를 교관으로 모신 인연이 있어서 긴밀한 관계를 유지했고, 5·16에서 '동지' 관계로 발전했다.

그러나 5·16주체들은 나중에 권력을 두고 재차 혈투를 벌이게 된다. 김종필, 김형욱, 길재호, 오치성, 옥창호, 석정선 등 8기생은 김재춘, 박치옥, 문재준 등 5기생과의 파워게임에서 승리하여 제3공화국의 주역이 되었다. 김종필은 군정 기간에 중앙정보부를 창설해 초대 정보부장이 되었고, 공화당 창당을 실질적으로 주도해 제3공화국의 초석을 다졌다. 그리고 박 정권 출범과 함께 권력의 2인자로 자리를 굳혔다.

대한민국을 유린한 군인들

박정희와 김종필로 대표되는 핵심 인물의 행적과 사고를 중심으로 5·16의 동기와 원인을 살펴볼 때, 5·16은 명확한 이념과 전망을 가지고 한 것은 아니었다. 그 때문에 이상우 기자는 5·16 성공 후 혁명 이념이 급조되었다고 말한다.[158] 진급 적체에 따른 인사 불만과 군부 상층부의 부패에 대한 청년 장교들의 분개, 정부의 무능과 정국 혼란에 따른 안보 불안감 등 여러 요인이 혼합되어 있었다. 그들의 불만은 일말의 공감대를 형성할 부분도 있었지만, 반란 행위를 정당화할 수 있을 정도는 아니었다.

장면 정부가 부패하고 무능해도 합법적인 과정을 밟아 등장한 정통성 있는 정부였다. 4·19 이후 정국이 다소 혼란스럽다 해도 쿠데타와 같이 헌정질서를 파괴하는 방식으로 해결할 문제는 아니었다. 사회 혼란이 문제라면 합법적 절차를 거쳐 질서를 잡을 길은 얼마든지 있었다. 경찰력을 강화하고 도저히 안 될 경우에는 계엄령을 선포해서라도 합법적인 방법으로 사회 혼란을 평정해야 마땅했다. 그것이 법치국가, 자유민주적 기본질서를 신봉하는 사람들이 해야 할 일이다.

따라서 5·16은 어떻게 보아도 정당화될 수 없는 군사반란이었다. 그것은 아무리 변명을 하더라도 피로써 쟁취한 민주주의 혁

---

158 이상우 지음. 앞의 책, 58~61쪽.

명을 하루아침에 무력으로 짓밟은 반혁명 사건이었다는 오명에서 벗어날 수 없다. 그 이후 역사 전개는 이들 5·16세력이 처음에 쿠데타 명분으로 내세운 것들까지 무색하게 만들었다. 군부는 처음 정국이 안정되면 민간에 정권을 이양하고 자신들은 군 본연의 임무로 돌아가겠다고 '혁명공약' 제6항에 버젓이 내걸었다. 그러나 그들은 이 공약을 지키지 않았다.

그뿐만이 아니다. 김종필은 중정이라는 비밀 정보기관을 만들어 공화당을 사전에 조직하고, 이를 위해 '4대 의혹 사건'을 일으켜 '구악보다 더한 신악'이라는 말이 유행하게 했다. 이건 물론 김종필만의 책임은 아니다. 박정희 집권에 필요한 공화당 창당 자금을 마련하려고 벌인 작업이었으니 당연히 공동 책임이다. 더욱이 박정희는 그 후 3선 개헌, 유신체제 등으로 아예 민주주의 제도 자체를 말살하며 18년이라는 장기 집권을 지속했다. 결국 그는 심복의 총탄에 죽음을 맞이했고, 권력도 종말을 맞았다. 그의 죽음과 함께 그가 구축한 유신왕국도 무너졌다. 박정희는 "총으로 흥한 자, 총으로 망한다"라는 사실을 그대로 보여주었다.

전두환·노태우 일당은 박정희가 사망한 뒤, 권력의 공백 상태에서 다시 무력으로 권력을 탈취했다. 그는 5·16쿠데타로 권력을 탈취한 박정희에게서 배운 것을 그대로 써먹었다. 박정희와 김종필의 5·16쿠데타는 군부 정권을 18년이 아니라 30년으로 연장시켰다. 그런데도 5·16에 '군사혁명'이라는 명분을 부여하기 위해 박근혜 정부 아래서 여러 가지 행위가 계속되고 있다. 일차적으로 뉴라이트 교과서를 검인정에서 통과시켜 학생들에게 가르치려 하고 있다. 박정희 시대의 흔적을 복원하고 살리려는 시도가 이런 식으로 벌어지고 있는 것이다. 그러나 그러한 행위는 역사의 새로운 해석이 아니라 역사 왜곡에 불과할 뿐이다. 역사는 정치권력이 마음 대로 조작할 수 있는 물건이 아니다.

9장
—
형제의 비극,
그리고
인간을 위한 투쟁

죽는 것이 소원이었던 사람

고문을 이길 수 있는 사람은 없다. 서승은 두려웠다. 이대로 가다가는 결국 각본대로 인정하고 말 것이라는 생각이 들었다. 죽고 싶었지만 죽을 방법도 없었다. 그런데 그때 기회가 왔다. 마침 혼자 있게 된 것이다. 밤새 고문하느라 지친 수사관들이 아침을 먹으려고 자리를 비운 사이 그는 자기 몸에 석유를 끼얹고 난로불로 자살을 기도했다.

"심문관들이 자리를 비우고 얼마 뒤 경비병은 책상에 고꾸라져 있던 나를 잠시 쳐다보고는 밖으로 나갔다. 반쯤 열린 문으로 들어오는 아침 햇살 속에 보랏빛 담배연기가 가는 무늬를 그렸다.

'혼자 있게 될 줄이야!' 상시 감시는 철칙이다. 화장실을 갈 때도 경비병이 반드시 동행했다. 기적과 같은 일이 일어났다. '기회는 지금이다. 다시 심문관이 돌아오면 전부 그 줄거리대로 엮어질 거야.' 느릿느릿 타오르는 난로가 눈에 들어왔다. 조금 떨어진 곳에 한 말 정도 들어 있는 연료탱크가 비닐 파이프로 난로와 연결되어 있었다. 펑하는 소리와 함께 뻘건 불기둥에 휩싸여도 태연하게 좌선을 틀고 있는 베트남의 승려가 뇌리에 떠올랐다.

겉옷을 벗어 개서는 책상 위에 놓았다. 연료탱크를 집어 들어 마개를 열고 머리에다 부었다. 기름은 골고루 끼얹어지지 않고 왼쪽으로 좀 빗나갔다. 성냥이나 라이터를 찾았지만 눈에 띄지 않았다. 책상 위의 조서용지를 한 장 집어 들어 둘둘 만 뒤 불을 붙였다. 불을 배에 댔지만 예상과 달리 불길이 솟아오르지 않았다. (…) 감질날 정도로 천천히 손끝에서 팔을 따라 불길이 타올랐다.

팔을 감싸고 있던 얇은 스웨터가 타들어가면서 바늘로 찌르는 듯한 통증이 온몸에 퍼졌다. 경비병이 눈치 채지 못하도록 이를 악물고 비명을 지르지 않으려 참았지만, 기세가 붙은 불길이 어깨에서 얼굴로 옮겨오자 도저히 견딜 수 없었다. '으~윽~ 으악~' 하는 비명이 목구멍을 비집고 나와버렸다. 그러고는 시멘트 바닥에 나뒹굴었다. 죽으려고 했는데 본능적으로 불을 끄려고 했다. 죽어야 한다는 의지와 죽음에 대한 본능적 공포 사이에서 갈등하며 데굴데굴 굴렀다.

비명을 듣고 병장이 달려왔다. 그는 당황하여 후다닥 난로 옆에 놓여 있던 방화물통을 집어 들어 나에게 끼얹었다. 그 순간, 불길이 퍽 소리를 내며 확 타올랐다. 병장은 놀라서 도움을 요청하러 밖

으로 뛰쳐나갔다."¹⁵⁹

서승은 육군수도통합병원으로 이송되었다. 그곳에서 1차 피부 이식 수술을 했다. 화상 부위가 45퍼센트였으나 이식하기 위해 온몸에서 살을 떼어내는 바람에 몸 전체가 상처투성이가 되었다.¹⁶⁰ 다행히 그는 살았지만 온몸은 흉측하게 변했다. 그는 1년 동안 자기 얼굴을 보지 못했다. 혹 흉해진 얼굴에 충격을 받아 자살하지 않을까 해서 주변의 모든 거울을 치웠기 때문이다. 그는 자기 모습을 이렇게 묘사했다.

"입은 빨대 한 개가 겨우 들어갈 정도로 오므라들었고 눈썹도 귀도 녹아버렸다. 원자폭탄으로 타들어간 들판처럼 타 문드러진 나의 얼굴에 새로 돋아나온 희미한 새 생명의 조짐이 바로 속눈썹이었다."¹⁶¹

그런 상태로 서승은 서울구치소에 수감되어 재판을 받았다. 이미 대통령 선거 일주일 전인 4월 20일 재일 유학생 5명을 포함해 51명으로 구성된 '재일교포유학생학원침투간첩단 사건'으로 발표

---

159 서승 지음, 김경자 옮김, 『서승의 옥중 19년』, 역사비평사, 1999, 38~39쪽.
160 서승은 그 뒤 수차례에 걸쳐 이식수술을 받는다. 실리콘으로 귀를 만드는 수술을 했고, 해마다 오그라드는 손을 펴기 위한 수술을 했다. 입원 도중 전신마취만 다섯 번, 부분마취를 10번 정도 하기도 했다. 잦은 수술과 마취로 체력이 고갈돼 한때 쇼크로 위기를 맞기도 했으나 기어코 살아났다.
161 서승 지음, 김경자 옮김, 위의 책, 41쪽.

되어 정치적으로 충분히 이용해 먹은 상태였다. 재판 결과 서승은 무기징역, 서준식은 7년형이 확정되었다.

간첩단 사건의 주역이 된 형제

1971년 4월 20일, 육군보안사령부(보안사)는 대규모 간첩단 사건을 발표했다. 발표 요지는 이런 것이었다.

"선거기를 틈타 민중봉기를 일으켜 정부를 전복하려고 암약해 온 서승·서준식 형제 등 재일교포 출신 대학생 4명을 포함한 북괴 간첩 10명과 이들을 중심으로 한 4개 망(網)의 간첩 관련자 41명 등 51명을 서울, 부산, 제주 등지에서 일망타진했다."

그러나 이 사건의 주범으로 알려진 서승은 보안사의 발표가 사실이 아니라고 주장하였다. 그는 재판에서 처음 사형 판결을 받았으나 최종적으로 무기 판결을 받았다. 그가 감옥에 있는 동안 일본 등에서 진행된 구출 노력 덕분에 20년형으로 감형되었고, 1990년 2월 가석방으로 19년 만에 풀려났다. 그는 가석방 후 한 신문과 회견하면서 "북한에 간 적은 있으나 간첩 공작 교육을 받지 않았으며, 국가 기밀을 북에 보고한 적도 없고 노동당에도 절대 가입하지 않았다"라며 간첩 혐의를 강력히 부인했다. 그는 방북 동기에 대해서도 "민족의 참모습을 알고 싶어서였다. 난수표가 내 짐에서 나왔다고 하지만 한 인사에게서 받은 크림통 속에서 나왔고 전혀 몰랐

다"라고 말했다.[162]

　서승과 서준식 형제는 구속될 당시 서울대에 유학 중이었다. 형 서승은 서울대 대학원에서 사회학을, 동생 서준식은 서울대 법학과에 재학 중이었다. 이들의 부모 서승춘과 오기순은 식민지 시기부터 일본에서 산 재일교포 1세로, 일본이 패전한 뒤 한국으로 돌아오지 않고 일본에 남았다. 한국으로 돌아와도 삶의 터전을 일굴 바탕이 없었기 때문이다. 이들 부부는 피나는 노력으로 1960년대에는 조그마한 중소기업을 운영하며 생활비 걱정에서 벗어나 자식들에게 고등교육을 시켜줄 형편이 되었다.

　일본에서 태어나 자라면서 일찍부터 민족의식에 눈을 뜨게 된 서승과 서준식은 고국과 연결 끈을 갖기 위해 한국에서 공부하기로 마음먹었다. 1967년 서준식이, 그 다음 해 서승이 한국으로 유학을 오게 되었다. 이들은 유학하면서 억압적인 박정희 정권의 정치 행태를 접하게 되었고, 암울한 조국의 정치 현실에 대해 고민하게 되었다. 일본에서 태어나고 자라서 한국의 국가보안법과 반공 정서를 정확히 알지 못한 두 형제는 방학을 이용하여 북한을 7박 8일 동안 방문하였다. 이때 서준식은 형의 권고로 심각한 고민 없이 따라갔다고 한다. 그 결과는 하루에 2년씩의 옥살이와 엄청난 고통을 겪었고, 이것이 인생행로의 완전한 전환점이 되었다.

　서준식은 7년형이 확정되어 형기를 마쳤으나 전향서를 쓰지

---

162 「재일교포 서승·서준식 형제 간첩사건이란」, 연합뉴스, 2005. 1. 20.

않았다는 이유로 보안처분을 받아 10년 동안을 보안감호소에서 보내 모두 17년간 감옥살이를 해야 했다. 보안처분은 법원 판결에 따른 것이 아니라 법무부 결정으로 내려지는 행정처분으로 사상의 자유를 보장한 헌법에 위배되고, 이중처벌 금지에 해당하며, 재판받을 권리를 박탈한 것이었다. 서준식은 1987년 청주 보안감호소에서 사회안전법 폐지를 요구하며 51일간 단식을 벌여 국내 인권단체와 사회운동단체들이 구명운동에 나서게 만들었으며, 전 세계 인권단체도 이에 가세했다.

1987년 6월 민주항쟁 이후 한국 사회가 민주화를 향해 본격적으로 변화하기 시작하는 상황에서 서준식의 단식 소식이 알려져 민주세력과 연대가 가능하게 되었다. 그 이전까지만 해도 간첩 혐의로 구속된 재소자에 대해서는 민주화 운동 세력조차 터부시하는 경향이 있었으나, 이 사건은 그 간격을 좁히는 데 중요하게 기여하였다. 출소 후 서준식은 여러 단체와 집회장에서 강연과 회고담을 피력할 수 있는 기회가 있었다. 그는 이때 '이런 사실이 믿기지 않는다'고 말하곤 했다.

서승·서준식 형제는 과연 간첩이었을까? 이에 관해서는 두 사람 모두 부인하였다. 그들은 재일교포로서 남과 북 한쪽이 아니라 모두를 조국으로 껴안으려는 민족적 감정이었을 뿐 밀봉교육을 받거나 간첩 행위를 한 적이 없다고 말했다. 사실 이들의 행위는 대단한 것이 아니었다. 국가보안법 위반 정도였다. 그것은 북한 방문 사실이 드러나 보안사에 잡혀 조사를 받고 처음에는 풀려났다는 사실에서도 알 수 있다. 정보기관은 이들을 프락치로 이용해 간첩단 사건을 조작하려 했다. 결국 대통령 선거를 열흘 앞둔 시점에서 두 사람은 다시 구속되어 대규모 간첩단 사건으로 그림이 그려져 발표되었다.

보안사가 이들을 대규모 간첩단 사건으로 조작해 엮은 것은 1971년 대통령 선거와 관련이 있었다. 서승은 당시 민주당 대통령 후보 김대중의 핵심 참모 중 한 사람이던 김상현의 집에서 한동안 살았다. 박정희 정권은 학생운동의 배후 조종 및 김대중과의 연계를 노린 것이다.

"심문의 중심 내용은 두 가지였다. 하나는 내가 북의 지령을 받아 서울대에 지하조직을 만들어 학생들에게 군사 교련 반대 투쟁과 박정희 3선 반대 투쟁을 배후에서 조종하고, 정부 타도와 공산 폭력 혁명을 기도했다는 것. 또 하나는 당시 김대중 후보의 측근이자 선거 참모로 나와 친하게 지내던 김상현 의원을 통해 김대중 후보에게 불순한 (즉 북한의) 자금을 전달했다는 것이었다. 대통령 선거를 앞두고 반독재 투쟁의 선봉에 선 학생운동에 큰 타격을 입히고 야당 후보에게 용공의 낙인을 찍는 공포적인 분위기에서 박정희가 대통령 3선의 야망을 달성한다는 줄거리였다."[163]

---

[163] 서승 지음, 김경자 옮김, 앞의 책, 36~37쪽.

이러한 각본에 맞추려고 엄청난 고문이 가해졌다. 서승은 고문 관을 향해 차라리 '죽여달라'고 했다. 그러나 그들은 그 같은 호소에 눈도 꿈쩍하지 않았다. 다만 자신들이 요구하는 사항만 말했다. 항복하고 인정하라고. 하지만 서승은 각본을 받아들일 수 없었다.

"심문은 말 그대로 무자비했다. 몽둥이로 맞고 바닥에 구르면 서 고문을 이겨낼 수 없다는 절박한 공포감에 사로잡혔다. 만약 이 각본을 받아들인다면? 무서운 자문이었다. 4·19 이후 강물처럼 피 흘리며 이루어온 민주화와 통일을 향하는 학생운동은 커다란 타격 을 받는다. 민중의 군사 독재 타도 열망과 미래를 향한 희망도 물거 품이 되고 만다. 입이 찢어져도 각본을 받아들일 수 없다. 죽어도 그 럴 수 없다."[164]

마침내 감시가 소홀한 틈을 타 서승은 고문조작에서 벗어나려 고 분신자살을 시도했다. 그러나 그는 살아났다. 그는 상처가 아물 지 않은 상태에서 재판을 받았고, 결국 사형 구형에 이어 무기징역 을 선고받고 징역을 살기 시작한다.

존엄한 인간을 위한 투쟁

서승과 서준식 형제의 감옥 생활은 또 다른 투쟁 과정이었다.

유신시대 박정희 정권은 한편에서는 7·4남북공동성명을 발표하는 등 북한과 화해를 추구하면서도 다른 한편에서는 내부의 사상 탄압을 강화했다. 박정희 정권의 사상 탄압은 당장 감옥에 있는 좌익수에 대한 강제 전향공작으로 나타났다. 전향공작은 1973년 9월부터 본격적으로 시작되었다. 사상 전향공작은 무자비한 폭력과 테러, 고문, 감옥 통제와 기아 작전, 가족을 동원한 회유 등 다양한 방법으로 진행되었다.[165]

인간에게 굶주림은 큰 고통의 하나다. 아무리 정신력이 강한 장기수라도 먹지 않고 살 수는 없다. 박 정권은 사상 전향공작의 일환으로 장기수들의 식량을 통제했는데, 굶주림은 그 어떤 폭력과 통제보다 더한 고통이었다. 모든 장기수가 하나같이 고백하는 것 가운데 하나가 기아 고문이다. 김구도 『백범일지』에서 안악사건으로 일제 감옥에 들어갔을 때 이 기아 고문이 가장 고통스러웠다고 고백한 바 있다. 그는 "매일 아침저녁으로 음식 냄새가 코에 들어올 때마다, 나도 남에게 해가 될 말이라도 하고서 가져오는 밥이나 다 받아먹을까, 또한 아내가 나이 젊으니 몸이라도 팔아서 좋은 음식이나 늘 하여다 주면 좋겠다 하는 더러운 생각이 난다"라고

---

164 서승 지음, 「겨레를 찾아 나라를 찾아」, 한승헌, 『분단시대의 피고들: 한승헌 변호사 변론 사건 실록』, 범우사, 1994, 180쪽.

165 사상 전향공작의 구체적인 방식이나 내용에 대해서는 서승 지음, 김경자 옮김, 앞의 책, 1999; 서준식 지음, 『서준식 옥중서한』, 야간비행, 2002; 「전향공작 관련 인권침해 사건」, 『진실화해위원회 2009년 하반기 조사보고서』, 2010 등을 참고할 수 있다.

썼다.[166] 배고픔의 고통이 얼마나 큰지, 기아 고문이 얼마나 심각한 고문인지 알 수 있는 말이다.

감옥에서 행해진 강제 전향공작 과정에서 장기수 여러 명이 사망하거나 자살하는 사건이 발생하였다. 이들에게 행해진 폭력은 상상을 초월했다. 교도관의 집단 폭행은 시도 때도 없이 자행되었다. 교도소는 폭력배와 흉악범을 비전향수와 같은 방에 집어넣고 그들에게 폭력과 테러를 교사했다. 흉악범들은 비전향수에게 바늘 찌르기와 목조르기 등 극악한 테러를 자행했다. 1973년 12월부터 1974년 4월경까지 계속된 전향공작 테러로 비전향수 3분의 2가 전향했다. 서승이 수감되어 있던 대구교도소의 경우, 70명이던 비전향수가 1975년 초반에는 12명으로 줄어들었다.[167]

서승과 서준식도 당연히 강제 전향공작 대상이었다. 서승의 경우 신체적으로 심각한 상처투성이인데다가 일본 등 국제적으로 주시하는 상태여서 1차 테러는 면했다. 하지만 기아 작전, 감옥 통제, 가족을 통한 압박 등 다양한 공작이 계속되었다. 서준식은 테러도 피해갈 수 없었다. 서준식은 대전교도소에서 교도관 10여 명에게 집단 폭행을 당해 이가 부러지고 온몸이 시커멓게 되었다. 그는 매우 완강하게 저항했다. 재소자들도 그의 강인한 투쟁에 혀를 내두를 지경이었다. 1974년 봄 광주교도소로 이감된 뒤에는 공작

---

166 김구 지음, 도진순 해설, 『백범일지』, 돌베개, 2005, 228쪽.
167 서승 지음, 김경자 옮김, 앞의 책, 178쪽.

반에게 일상적인 폭행과 함께 한겨울에는 발가벗겨져 찬물이 끼얹어지고 이불을 압수당하는 등 그야말로 '필설로 형용할 수 없는' 모진 탄압을 당했다.

서준식은 이러한 강제 전향공작에 맞서 최후의 저항을 시도했다. 자살을 기도한 것이다. 그런데 살아남았다. 서준식은 자기 몸에 유리 조각으로 수백 글자의 유서를 새기고 동맥을 그었다. 그는 의식을 잃었지만 그 와중에도 자연 지혈이 되어 목숨을 건질 수 있었다.[168] 서준식뿐만 아니라 많은 비전향수가 죽음으로써 저항했다. 그들은 내면의 자유를 지키기 위해 육체의 생명을 걸었다. 그러한 저항이 있었기에 결국 전향공작을 이겨낼 수 있었다. 이때 이들의 투쟁을 밖에서 도와준 이가 어머니 오기순이었다.

오기순은 현해탄을 건너 일본에서 한국으로 와서 서승과 서준식 두 아들을 면회했다. 아버지는 생계를 책임져야 했기 때문에 두 아들의 뒷바라지는 어머니의 몫이었다. 그녀는 자식들이 전향공작 중 죽지나 않을까 걱정을 많이 했다. 박정희 정권은 전향공작에서 자행된 폭력과 테러의 실상이 드러날까 봐 어머니의 면회도 6개월이나 시켜주지 않았다. 자식들을 죽이지 않을까 걱정한 어머니는 이 문제를 일본 정계에 호소하였다. 이러한 노력으로 당시 사회당 참의원이던 니시무라 간이치(西村關一) 목사가 김종필 총리의

---

168 서준식 지음, 『서준식의 생각』, 야간비행, 2003; 한홍구 지음, 『대한민국사 3』, 한겨레출판, 2005, 232쪽.

허가를 얻어 겨우 면회를 갈 수 있었다. 면회 자리에서 서준식은 무시무시한 고문과 테러의 실태를 적나라하게 폭로했다.

중앙정보부는 서준식의 '감옥 안에서의 뜻밖의 반격'에 심각한 타격을 받았다. 중앙정보부와 교도소 당국은 당황했다. 그래서 나중에 서준식에게 미친 듯이 폭력과 보복 행위를 자행했다. 서준식의 방은 환기통조차 용접을 해서 막아버렸다. 그의 방 입구에 교도관 한 명을 배치해서 24시간 특별 감시를 했다. 서준식의 폭로로 테러공작과 고문의 실상이 외부에 알려지면서 전향공작반의 테러 공세는 한풀 꺾이게 되었다. 테러가 주춤해졌다고 해서 다른 폭력까지 멈춘 것은 아니었다. 폭력과 테러가 아니어도 감옥은 비전향수들을 얼마든지 괴롭힐 방법이 있었다. 비전향수에 대한 그와 같은 공작 활동은 1980년대까지 계속되었다.

박정희 정권은 장기수 전향공작을 제도적으로 뒷받침하려고 사회안전법을 제정했다. 사회안전법은 1975년 7월 베트남이 통일(공산화)된 이후 위기의식을 느낀 정부가 방위세법, 민방위기본법 등과 함께 준전시 4법의 하나로 제정한 것이었다. 사회안전법은 출소한 정치범에게 감호, 거주 제한, 보호관찰 세 단계 처분을 적용해 행동을 제약하려는 것이었다. 이 법은 범법행위를 하지 않았는데도 단지 재범의 우려가 있다는 개연성만으로 재판도 하지 않은 채 법무부 행정명령으로 무기한 인신을 구속하거나 기본적 인권을 제약할 수 있도록 하였다.[169] 법치주의, 법실증주의, 죄형법정주의에 모두 위배되는 법이었다.

사회안전법의 가장 중요한 목적은 비전향자들이 사상전향을 할 때까지 감호소에 구금하는 것으로, 1941년 일제 말기 치안유지법의 예방구금규정에 바탕을 둔 법이었다. 사회안전법 때문에 서준식은 7년간의 감옥살이를 끝내고도 10년 동안이나 보안감호소에서 지내야 했다. 그는 1987년 3월 3일부터 51일 동안 사회안전법 폐지와 석방을 요구하며 목숨을 건 단식 투쟁을 벌였다. 그리고 1988년 5월 25일 마침내 석방되었다. 비전향수로는 처음 출소한 것이었다. 그는 감옥에서 나오자마자 가장 먼저 사회안전법 폐지 투쟁에 돌입하였다.

무기형을 선고받고 복역 중이던 서승은 1988년 12월 21일 20년형으로 감형되었다가 1990년 2월 28일 출소했다. 물론 그도 전향하지 않았다. 서승과 서준식의 비전향 출소는 사상과 양심의 자유를 지키기 위한 처절한 투쟁의 결과였다. 인간 내면의 양심과 사상은 법으로 규제할 수 없다는 것이 현대 기본권 사상의 중요한 내용이다. 죄형법정주의는 인간의 내면적 사상에 따라 처벌할 수 없고, 구체적 행위에 대해 처벌해야 한다고 규정하고 있다.

어떤 인간이 내면에 공산주의 사상을 가졌다고 하더라도 그걸 밝힐 이유는 없다. 자유민주주의를 신봉한다고 하지 않았다고 해서 처벌하는 것은 사상과 양심의 자유를 짓밟는 야만적 행위이다. 한국 현대사에서는 사상의 자유를 근원적으로 부정한 이 같은 야

---

169 서승 지음, 김경자 옮김, 앞의 책, 191~192쪽.

만과 폭력이 오랫동안 지속되었다.

전향서 제도는 김대중 정부 시절인 1998년 준법서약서 제도로 바뀌었지만 이 또한 변형된 사상전향서라는 비판을 받았다. 준법서약서 제도는 2003년 마침내 폐지되었다. 사회안전법 또한 1989년에 폐지되었으나 국가보안법 위반자에 대한 보안관찰을 규정하고 있는 보안관찰법은 여전히 남아 있다. 이 또한 이중처벌, 인권유린 등 위헌 논란이 계속되고 있는 법이다.

어머니의 이름으로

서승과 서준이 감옥에 있는 동안 이들을 면회 다닌 이는 어머니 오기순이었다. 그녀는 1920년(본인 말로는 1922년)에 충청남도 공주에서 식민지의 딸로 태어났다. 그녀는 1928년 돈을 벌기 위해 일본에 먼저 가 있던 아버지의 부름으로 일본으로 건너갔고, 그곳에서 같은 충청도 출신인 서승춘과 결혼해 4남 1녀를 낳았다. 서승춘·오기순 부부는 일제가 패망한 후에도 일본에 남았고, 갖은 노력 끝에 1960년대에는 자식들의 고등교육이 가능할 정도의 생활을 누릴 수 있게 되었다.

하지만 자식들을 고국의 최고 대학에 유학 보냈다는 자부심과 기쁨도 잠시, 두 아들은 남과 북 두 조국을 생각한 죄로 언제 풀려날지 모르는 수인 신세가 되었다. 그때부터 어머니 오기순의 새로운 삶이 시작되었다. 오기순은 두 아들의 형이 대법원에서 확정된 다음부터 10년 가까이 멀리 일본에서 서울구치소와 대전, 대구, 광주, 청주 등 전국 곳곳에 있는 교도소를 다니며 아들들을 옥바라지 했다. 그러나 그녀는 아들들의 석방을 보지 못한 채 1980년 5월 19일, 광주에서 민중항쟁을 일으킨 시민들을 계엄군이 무차별적으로 살육하던 그날, 교토 시내의 한 병원에서 목숨을 거두었다. 아버지 서승춘 또한 그녀가 세상을 떠난 지 3년 뒤인 1983년 5월 삶을 마감했다.[170]

오기순은 전향공작이 서슬 퍼렇게 진행되던 와중에 이런 사실을 폭로했다. 그녀는 옥바라지를 하면서 서승과 서준식의 어머니를 넘어서 옥중에 있는 모두의 어머니가 되었다.

"어머니가 돌아가셨다는 말은 순식간에 특사에 번져 사동 안은 눈물바다가 되었다. 옥중에서 많은 동지들이 죽었다. 육친을 잃은 사람도 셀 수 없이 많다. 그러나 내가 아는 한 어머니의 죽음만큼 사람들을 울린 적은 없었다. 아들을 둘이나 옥중에 두고 세상을 뜬 어머니의 한, 어머니를 잃은 아들의 비통함을 생각하며 눈물을 흘렸다. 더욱이 어머니는 특사의 희망이었으며 모두의 어머니였다. 어머니가 차입해준 빵, 사과, 스웨터, 속옷, 양말, 담요까지 어머니의 손

---

170 서경식 지음, 「학대받은 민중의 지혜 오기순」, 「인물로 본 문화」, 한국방송대학교출판부, 2009, 233쪽.

길이 닿은 물건을 모두가 받아보았다. 무시무시한 고문과 테러가 휘몰아치는 속에서 고립무원의 상태에 있던 비전향수들의 수난을 외부세계에 전한 것도 어머니였다. 침울한 옥중에 때로는 밝은 화제도 가져다주었다. 꿋꿋이 마음을 다잡아먹고 공작반의 협박이나 싫은 소리에도 굴하지 않았던 어머니였다. 접견장에서 만난 정치범 가족에게는 진심으로 동정과 지원을 아끼지 않았다. 어머니보다 나이가 많은 정치범들도 '어머니, 어머니' 부르곤 했다."[171]

오기순은 식민지에서 태어나 교육받을 기회를 얻지 못했다. 정치나 사상을 배울 기회도 없었다. 하지만 그녀는 타고난 깨끗한 성품에 정직함과 고집 그리고 오랜 밑바닥 생활에서 체득한 힘없고 한 많은 서민에 대한 동정과 서민의 곧은 눈으로 이 세상을 보았다. 아들들이 잡혀 있는 동안 보안사, 검찰, 재판소, 교도소를 드나들며 자연스럽게 부정의한 권력의 정체를 알아차릴 수 있었다. 서승이 미결일 때 뜻대로 되지 않는 고집스러운 그녀 때문에 무척 애를 먹은 담당 검사가 "고리키의 『어머니』 같다"라고 말한 적이 있다. 그러자 그녀는 서승에게 "고리키가 뭔~ 말이냐"라고 물었다고 한다.

당국에서는 정치범의 전향을 가족에게까지 강요했는데, 어머니 오기순에게도 면회 전에 장황한 설교가 이어졌다. "전향하라고

---

171 서승 지음, 김경자 옮김, 앞의 책, 196쪽.

말하시오. 그렇지 않으면 면회 안 시켜요! 왜 안 울어요. 다른 어머니들은 다 우는데. 우세요! 울면서 아들에게 매달려 전향을 시켜야죠!" 이 같은 강요에 오기순은 이렇게 말했다. "나는 학교를 못 다녀 전향이 뭔지 잘 모릅니다." 그러고는 면회에서 아들에게 이렇게 말했다. "이 사람들이 전향을 권하라고 하는데, 나는 모르니까 네가 옳다고 생각하는 대로 하거라. 다만, 사람을 배반하는 더러운 인간이 되어서는 안 된다." 검사의 '고리키의『어머니』같다'는 말은 이렇게 해서 나온 것이었다. 검사나 교정 당국이 얼마나 부아가 치밀었을까. 하지만 어머니 심정에 댈 수 있겠는가?

오기순은 아들들을 옥바라지하기 위해 먼저 독학으로 글자를 익히려 노력했다. 한국과 일본을 왕래하고, 감옥에서 면회나 차입을 신청하려면 자신의 이름과 주소를 직접 써야 했던 것이다. 서준식이 옥중에서 사촌동생에게 보낸 편지에는 어머니의 눈물겨운 투쟁과 가슴 아픈 사연이 담겨 있다.

"서울구치소에 있을 때 어머니께서는 혼자서 면회를 다니셨다. 다른 사람은 거의 면회가 허락되지 않았던 것이다. 하루는 메모를 못하는 어머니께 보고 싶은 책을 부탁할 수 없어 짜증을 낸 적이 있다. 그랬더니 어머니께서는 다음 날 접견실에서 돋보기를 쓰신 다음 수첩을 펴고 어색하게 볼펜을 쥐시면서 어디 한번 보고 싶은 책 이름을 불러 보라 하셨다. 나는 뭉클해지는 가슴을 누르고 여러 번 천천히 책명을 불렀고, 어머니께서는 생각 생각하며 그것을 적으려 하섰지만 결국 끝까지 못 적으신 채 면회시간이 끝나버렸다. 나는 죽고 싶은 마음으로 감방에 돌아와 시멘트 바닥에다가 여러 번 대가리를 들이받았다. 얼마나 안타까우셨겠는가! 배우지 못한 것이 얼마나 서러우셨겠는가! … 내가 생각한 '조그만 효도', 그것은 어머니께 글쓰기와 책읽기를 가르쳐드리는 일이었다. 하루에 꼭 한 시간씩! 그러나 이젠 그런 조촐한 소망마저도 영원히 이루지 못하게 되었다! … 영실(서준식의 여동생-필자 주)이 면회를 와서 울먹이며 나에게 말했다. 어머니께서 '조금만 더 좋아지면 글공부를 좀 해야겠다. 5월에 면회 가면 '밋짱(서준식의 일본식 이름-필자 주)'한테 또 공부하라 소리 들을라!' 하시면서 하하 웃으시더란다."[172]

서승·서준식의 어머니 오기순은 투철한 신념 때문이 아니라 아들들에 대한 믿음 때문에 한 번도 전향을 권유하거나 강요하지 않았다. 그녀는 아들들에게 다만 '착하게, 옳게, 떳떳하게' 살기를 바랐을 뿐이다. 어머니 오기순은 전향서를 쓰지 않고 버티는 아들들 때문에, 특히 "스스로의 인생관과 세계관에 최대한 충실하고자 사상전향을 거부하는 것은 물론 사상전향을 요구하는 사람들에 대해 아주 융통성 없는 처신으로 맞서는" 서준식 때문에 면회도 못하며 온갖 수모를 받아야 했다.

그럼에도 오기순은 자식들을 믿었다. 자식들 때문에 장기수

---

172 서준식 지음, 『서준식 옥중서한』, 야간비행, 2002, 100쪽.

모두의 어머니가 되었지만 그녀 또한 자유로운 삶을 갈망한 여인이었다. 그녀는 죽어서 무엇이 되고 싶으냐고 묻는 자식에게 "몽골에서 태어나 말을 타고 드넓은 초원을 마음껏 달려보고 싶다"라고 말했다.[173] 식민지의 딸로 태어나 온갖 고생 끝에 살 만해지니까 두 자식이 감옥에 갇히는 바람에 자식들 옥바라지를 하며 심화를 끓이다가 결국 자연의 생명도 다하지 못한 채 생을 마감한 어머니. 어머니는 자유인이 되고 싶어했다. 그녀는 평범한 어머니에서 역사적 인간으로 거듭 태어났다.

현대사가 앗아간 한 가족의 삶

어쩌면 낭만적이었을 수도 있는 북한 방문이라는 한순간의 선택으로 서승과 서준식은 보통 사람으로서는 상상하기도 힘든 고통을 겪었다. 그리고 그 고통은 그들 두 사람으로 끝나지 않았다. 부모 형제와 일가친척들도 두 사람 못지않은 고통을 겪었다. 어머니와 아버지가 모두 세상을 떠난 뒤 일본에 남은 남동생 서경식은 마음의 고통을 견디지 못해 여동생을 데리고 유럽 순례 여행을 떠난다. 그때의 체험을 바탕으로 쓴 책이『나의 서양 미술 순례』다. 서경식은 이 책이 한국에 번역 소개된 다음 한국에서 유명한 필자

---

173 서경석 지음, 앞의 책, 232쪽.

가 되었다. 그가 쓰는 글의 중심 주제는 '디아스포라(diaspora)'[174]다. '자이니치(在日)'[175]의 삶을 살고 있는 그로서는 이산(離散)과 재일 조선인의 정체성 문제가 중요한 관심사가 될 수밖에 없었다. 지금은 서승·서준식보다 더 알려진 유명인사가 되었지만 그의 삶에는 항상 두 형의 그림자가 있다고 한다.

1988년 출옥한 서준식은 한국에 남아 인권운동에 매진하다 옥살이를 두 번 더 해야 했다. 한 번은 '강기훈 유서 대필 조작 사건'으로, 또 한 번은 '4·3제주항쟁'을 다룬 영화 〈레드 헌트〉 상영 사건으로. 그는 인권운동사랑방을 개설해 인권운동을 일상적 차원의 운동으로 자리 잡게 만드는 데 기여했고, 국가인권위원회 탄생에도 중요한 역할을 했다.

1990년 출소한 뒤 일본으로 돌아가 리츠메이칸대학의 교수가 된 서승은 일본과 동아시아의 평화운동에 헌신하고 있다. 그는 '야스쿠니 반대 동아시아 공동행동'의 공동 대표이자 '동아시아 역사·인권·평화 선언' 위원회 위원장으로서 한반도와 동아시아의 평화, 한국의 법과 정치, 동아시아에서 자행된 인권침해와 국가 폭력을 고발하기 위한 활동을 정력적으로 펼치고 있다.

서승·서준식 형제 사건은 한국 현대사의 비극을 상징적으로

---

174 본래는 팔레스타인 지역 외에 흩어져 살면서 자신들의 종교 규범과 관례를 지키는 유대인을 지칭하는 말이었으나, 지금은 자신의 고국을 떠나 다른 곳에 살면서 종교 규범과 풍속을 지키는 이산집단을 의미하는 말로 폭넓게 사용되고 있다.
175 본래 일본에서는 '재일 외국인'을 뜻하지만, 우리는 일반적으로 '재일 한국인'을 지칭하는 말로 사용한다.

보여주었다. 냉전과 이념 대립의 희생양이 된 한반도는 분단과 전쟁이라는 민족적 비극을 겪었다. 분단체제는 수많은 희생양을 요구했다. 분단체제 아래서 이 땅에 사는 사람은 누구나 서승·서준식 같은 처지에 놓일 수 있다. 서승과 서준식 그리고 그 일가가 겪은 고통은 분단 올무에 걸린 한국인의 처지를 보여주는 극적인 사례다. 특히 그들이 한국과는 다른 정치 사회적 조건에서 살았던 자이니치(재일교포) 출신이라는 점이 문제의 비극성을 더했다.

일본의 경우 한국과 달리 이념적 자유가 비교적 폭넓게 허용되며, 조총련계 사람들과 민단계 사람들이 서로 교류하며 살았다. 그러나 한국은 이런 것이 허용되지 않는 곳이었다. 반공으로 날이 새고 반공으로 날이 지는 곳이었다. 분단과 전쟁이 낳은 가장 큰 비극이다. 그 때문에 일본에서 자유롭게 사회주의 사상을 공부하면서 조총련계 사람들과 접촉한 적이 있는 사람이라면 언제든지 한국 정보기관에 의해 간첩으로 만들어질 소지가 있었다. 그들은 공안기관의 가장 손쉬운 먹잇감이었다. 그렇게 해서 1970~80년대 숱한 재일 유학생 간첩단 사건이 발생한다. 그러한 사건들이 모두 조작되었다고 할 수는 없지만 그중 다수가 정보기관의 고문으로 조작되었다는 사실은 한국의 과거사 정리 활동을 통해 확인되었다.

서승·서준식 사건은 수많은 1970~80년대 재일 유학생 간첩단 사건의 시작이자 전형이었다. 서승·서준식이라는 재일 한국인 유학생 형제가 북한을 다녀왔다는 사실을 바탕으로 정치적 목적을 위해 대규모 간첩단 사건으로 확대·조작된 것이었다. 내용적으로는 재일 한국인 유학생 둘을 국가보안법과 반공법 위반으로 처벌하고 끝내면 되는 사건이었다. 그러나 정치적 목적에 맞게 어마어마한 간첩단 사건으로 부풀려졌다.

　이처럼 한국 정보기관이 많은 간첩단 사건을 조작했다고 의심을 받아왔으나 그런 사실을 구체적으로 확인하게 되는 것은 노무현 정부 때이다. 노무현 정부는 김대중 정부에서 시작한 과거사의 진실을 밝히는 작업을 적극적으로 진행하였다. 그 결과 진실화해를위한과거사정리위원회, 국정원과거사건진실규명을통한발전위원회, 경찰청과거사건진실규명위원회, 국방부과거사건진실규명위원회 등은 과거 국정원(중앙정보부, 안기부), 기무사(보안사), 경찰청 대공분실 등이 발표한 간첩 사건, 용공 사건 중 다수가 고문으로 조작된 사실을 밝혀냈다. 이에 대한 자세한 내용은 진실화해위원회 조사보고서, 국정원진실위 종합보고서, 국방부 및 경찰청 등의 사건 조사보고서 등을 참고할 수 있다. 특히 재일 유학생 간첩 사건의 경우 적지 않은 사건이 고문으로 조작되었다는 것이 밝혀졌다.

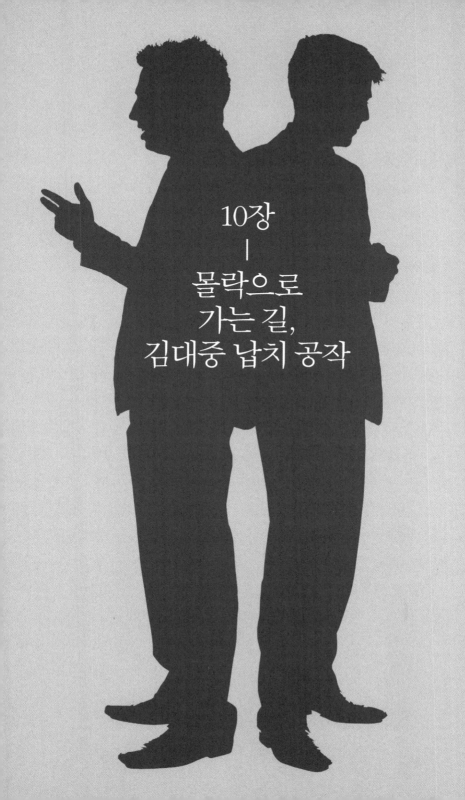

10장
|
몰락으로
가는 길,
김대중 납치 공작

그랜드팔레스호텔의 괴한들

1973년 8월 8일 오후 1시경, 도쿄의 그랜드팔레스호텔에서 김대중이 괴한들에게 납치되었다. 김대중은 같은 호텔 2212호실에 투숙하고 있던 양일동 통일당 당수를 만나 점심식사를 한 뒤 복도로 나오던 중이었다. 김대중은 범인들에게 납치되어 2210호실로 끌려들어갔다. 괴한들은 김대중에게 '소리치면 죽인다'고 협박한 뒤 마취시켰다. 김대중은 의식이 있는 상태에서 엘리베이터에 태워져 지하 주차장으로 갔다. 거기서 괴한들은 김대중을 자동차에 태우고 고속도로를 5~6시간 달려 저녁 무렵 오사카 부근 어느 건물에 도착하였다. 그곳에서 범인들은 김대중의 얼굴을 코만 남긴 채 테이프로 감싸고 손발을 결박해서 다다미방에 가두었다. 그리고 다시 자동차에 태운 뒤 한 시간 이상 이동하여 바닷가에 이르러

다른 팀에 인계했다.[176]

김대중을 인계받은 팀은 김대중의 얼굴에 보자기를 씌운 뒤 모터보트에 태워 한 시간쯤 더 가서 큰 선박(후에 용금호로 밝혀짐)에 옮겨 실었다. 범인들은 항해 도중 배 밑쪽에서 김대중의 몸을 칠성판에 묶고 재갈을 물린 뒤 무거운 물체를 매달아 바다에 '수장하려' 하였으나 마침 비행기가 지나가자 중단하였다. 김대중은 범인들이 자신을 수장하려 했다고 판단했지만 나중에 관련자들은 이를 부인하였다. '국정원진실위 조사보고서'도 수장하기 위한 구체적 행동은 없었다고 결론 내렸다.[177]

8월 11일경 배는 한국 연안에 도착하였다. 모터모트로 육지에 상륙한 범인들은 김대중을 앰뷸런스에 태워 양옥집으로 옮긴 뒤 계속 감금해두었다. 8월 13일 저녁 10시경 '구국동맹행동대'를 자칭하는 괴한들이 김대중을 동교동 자택 앞에 풀어주었다. 그때 괴한들은 김대중에게 입을 다물지 않으면 다시 데려가겠다는 협박을 잊지 않았다.

김대중이 호텔에서 괴한에게 납치된 뒤 5박 6일 동안 그의 행방은 묘연했다. 그가 죽었을지도 모른다는 소문이 은밀하게 돌았다. 그러나 김대중은 8월 13일 서울 동교동 자택 부근에서 풀려남으로써 살아서 돌아왔다. 김대중은 곧바로 기자회견을 열었다. 그

---

176 국정원진실위 지음. 「김대중납치사건진실규명」, 「과거와 대화 미래의 성찰: 주요 의혹사건 상권 (Ⅱ)」, 국가정보원, 2007, 435쪽.
177 국정원진실위 지음. 위의 보고서, 535쪽.

는 납치부터 생환까지의 과정을 비교적 생생하게 증언했다. 한때 제1야당의 대통령 후보였던 정치지도자가 백주대낮에 납치되어 생환하기까지 5일간 아무도 그의 소식을 몰랐다. 이것은 너무나 충격적인 사건이었다.

김대중 납치 사건은 한국뿐만 아니라 세계적으로도 엄청난 파문을 일으켰다. 해외 언론은 즉각 김대중이 한국 정보기관에 납치되었을 것이라고 보도했으며, 박정희의 유신정권을 주범으로 지목했다. 이 사건이 국내의 정치와 사회에 미친 영향도 엄청났다. 어떤 의미에서 박정희 정권의 붕괴는 김대중 납치 사건에서 시작되었다고 할 수 있다. 이 사건을 계기로 박정희 정권에 대한 반대 투쟁이 본격화되었고, 결국 박정희 유신체제의 몰락으로 연결된 것이다. 이 사건이 한국의 정치와 사회에 미친 여파가 그 정도로 컸다.

중앙정보부의 납치 공작

1972년 10월 17일 박정희는 유신을 선포하였다. 유신체제의 선포와 함께 한국에서는 정치가들의 모진 수난이 시작되었다. 평소 박정희 정권에 밉보이며 강성으로 찍힌 야당 국회의원들은 남산(중앙정보부)과 군부대 등에 연행되어 말로 표현할 수 없는 모진 고문과 수모를 당해야 했다. 그러나 유신 선포 당시 일본에 가 있던 김대중은 이 수난을 피했다.

김대중은 1971년 5월 24일 대선이 끝난 얼마 뒤 목포에서 광주로 향하다가 국도에서 대형 트럭과 충돌하는 교통사고를 당했다. 이 사고로 김대중은 골반 관절 부위에 부상을 당했다.[178] 김대중은 사고 후유증을 치료하기 위해 일본을 자주 방문하였고, 박정희가 유신을 선포하던 1972년 10월 17일에도 일본 정계를 순방하기 위해 일본에 체류 중이었다.

유신 선포와 함께 그동안 박 정권에 비판적이었던 국회의원과 정치가들은 남산과 군부대에 잡혀가 발가벗긴 채 인간 이하의 수모를 겪었다. 무자비한 구타와 폭력, 물고문과 통닭구이 고문이 행해졌다. 실미도 사건을 폭로한 이세규 의원은 발가벗겨진 채 물고문을 당하자 자살을 기도했다. 최형우 의원은 국회 질의 과정에서 유신을 폭로한 것이 문제되어 '그 출처가 어딘지를 대라'며 군부대에서 온갖 고문을 당했다. 후에 그는 "인간으로서, 동족으로서 차마 이럴 수 있는가. 일제강점기 왜놈들도 이런 고문은 하지 않았을 것이다. 어쩌면 저들은 인간에 대한 믿음 자체를 말살하려고 했는지도 모른다"라고 증언했다.[179]

이처럼 모진 고문을 당한 의원이 한둘이 아니었다. 군부대나 남산에 끌려가지 않은 야당 의원들은 군인들에 의해 가택연금되

---

178 이 사건 후 김대중은 박정희 정권이 자신을 살해하기 위한 음모였다고 주장하였으나 트럭 운전사는 순수한 사고였다고 밝혔다.
179 김충식 지음, 『정치공작사령부 남산의 부장들 1, 2』, 동아일보사, 1992, 385쪽.

었다. 그러나 평소 사쿠라라고 비난받던 유진산의 집 앞에는 군인들이 배치되지 않았다. 그러자 유진산은 "날 진짜 왕사쿠라로 만들거요? 정치를 그리 몰라? 왜 우리 집에만 보초가 없느냐 말이야"라고 항의해서 뒤늦게 군인들이 파견되었다. 더는 야당이 존속할 수 없는 상황이 되었다. 중정은 야당 의원들에게 '관제 야당' 노릇을 하겠다는 각서를 받아냈다. 거의 대부분 각서에 도장을 찍었다. 그 대신 박 정권의 정치자금이 야당 의원들에게도 건네졌다. 야당도, 국회도, 국회의원도 아무 의미가 없는 세상이 되었다.[180]

유신이 선포되자 김대중은 한국으로 돌아가지 않기로 결심했다. 그는 국내로 돌아가서 할 수 있는 일이 아무것도 없다고 판단했다. 그 대신 해외에서 반유신운동을 벌이기로 마음먹었다. 김대중은 일본과 미국을 오가면서 반유신운동을 전개하였다. 이에 박정희는 김대중에게 사람을 보내 국내로 돌아오라고 회유했지만 김대중은 받아들이지 않았다. 김대중은 해외의 반유신 인사들을 규합하여 한국민주회복통일촉진국민회의(한민통)를 결성, 초대 의장에 취임하였다. 그는 해외에서 반유신운동에 열을 올렸다.

박정희로서는 그런 김대중이 눈엣가시 같았다. 김대중이 해외에서 망명정부를 세울 것이라는 이야기도 나돌았다. 그러나 김대중이 해외에 있었기에 어떻게 할 도리가 없었다. 결국 이 문제를 처리하기 위해 중앙정보부가 나섰다. 그렇게 해서 김대중 납치 사

---

180 임영태 지음, 『국민을 위한 권력은 없다』, 유리창, 2013, 247쪽.

건이 발생한 것이다.

김대중 납치 사건이 일어나자 국내에서는 야당이 진상 규명을 요구하고 나섰고, 학생들과 민주세력도 가세했다. 국제적으로도 심각한 파장이 뒤따랐다. 야당의 대통령 후보를 납치해 수장할 수 있는 곳은 중앙정보부밖에 없다는 것이 국내외의 판단이었다. 이에 이후락 중정부장은 자신과 중정은 전혀 관련이 없으며 김대중이 벌인 자작극이라고 주장했다. 그러나 이는 중정이 치밀하게 계획한 사건이었다. 이후락 부장의 지시에 따라 이철희 차장보와 하태준 해외공작국장, 윤진원 8국공작단장, 김기완 주일 공사[181] 등의 지휘로 이뤄진 중정의 작품이었던 것이다.

사건 발생 직후부터 중정의 납치 공작이라는 사실이 곳곳에서 드러났다. 이에 따라 박정희 정권은 심각한 어려움에 직면하였다. 특히 일본 정계는 벌집을 쑤신 듯 시끄러워졌다. 언론도 가만히 있지 않았다. 세계 최고의 치안을 자랑하는 일본에서 백주대낮에 망명 상태의 이웃 나라 야당 정치지도자가 납치되었다는 사실이 믿기지 않았다. 일본에서는 주권 침해라는 주장과 함께 일본 경찰이 납치 사건을 방조하지 않았는가 하는 의문이 제기되었다.

일본 경시청의 초동수사 과정에서 일본 측은 주일 대사관 김동운 서기관의 지문을 채취하고도 즉각 조치를 취하지 않은 사실

---

181 국정원의 김대중 납치사건 보고서에 따르면, 김기완(일명 김재권)은 "박 대통령의 결재 사인을 확인하기 전에는 공작을 추진할 수 없다"라며 버티다가 그 후에 협조하였다고 한다. 성김(한국명 김성용) 주한 미국대사가 그의 아들이다.

이 밝혀졌다. 사건이 나고 몇 시간이 지난 뒤에도 일본 정부가 해상 봉쇄를 취하지 않아 김대중을 실은 용금호가 유유히 공해상으로 사라지도록 한 것도 드러났다. 게다가 일본은 사건 용의자로 떠오른 행동대원 여섯 명을 포함해 관련자 열여덟 명에 대해서도 수사하지 않고 일본을 떠나도록 방조하거나 종용했다. 일본 스스로 증거를 인멸하고 사건의 핵심을 덮은 것이다. 이에 일본 국회에서 야당의 집중 추궁이 계속되었다. 일본의 양심 있는 지식인들은 '김대중 구출위원회' 등을 구성해 사건 해결을 촉구하고 나섰고, 언론도 벌집을 쑤셔놓은 듯 난리였다.[182]

상황이 심각하게 전개되면서 이 문제를 해결하기 위한 한일 양국의 물밑 접촉이 시작되었다. 한국에서는 김종필 총리와 이병희 무임소 장관이, 일본 측에서는 가나야마(金山政英) 전 주한 대사와 기시(岸信介) 전 수상이 관여하였다. 양국의 밀사가 동원된 가운데 '서로 좋은 게 좋지 않겠나'라는 식으로 접근했다. 양국 경제인들까지 동원돼 이 문제를 해결하려고 안간힘을 썼다.

양국의 밀실 접촉 과정에서 뒷거래가 있었다는 폭로 기사가 적지 않았다. 이 사건을 무마하려고 정치자금 수억 엔이 일본 측에 건네졌으며, 일본 정치인들을 접대하려고 서울에서 기생들을 태운 전세기까지 동원되었다는 등의 내용이었다.[183] 이와 같은 추악한

---

182 임영태 지음, 『대한민국사 1945~2008』, 들녘, 2008, 437쪽.
183 문명자 지음, 『내가 본 박정희와 김대중』, 월간 말, 1999, 188쪽; 임영태 지음, 『국민을 위한 권력은 없다』, 유리창, 2013, 268쪽.

뒷거래를 통해 양국은 "김대중 납치 사건은 과거의 일이고, 한일 간에는 현재가 더 중요하다"라는 합의에 이른다. 사건을 파헤치지 않고 덮어두기로 한 것이다.

1973년 11월 2일 김종필 총리가 박정희 대통령의 친서를 가지고 일본을 방문했다. 그동안의 물밑 접촉 결과를 바탕으로 사건을 정치적으로 마무리 짓기 위한 순서였다. 박정희는 친서에서 '사과'와 '재발 방지'를 약속했다. 그 후 일본은 이 사건을 더 문제 삼지 않겠다고 했다. 이로써 사건은 그 이상의 파장 없이 정치적으로 종결되었다.[184] 이 사건을 계기로 한일 사이에는 경제적 유착을 넘어선 정치적 유착관계가 형성되었다.

대통령 각하 보고 필

이 사건의 전모는 사실상 거의 밝혀졌다. 그러나 한 가지 해결되지 못한 문제는 이 사건에 박정희가 어느 정도 개입했는가 하는 점이다. '국정원진실위'에서 조사한 바에 따르면, 박정희가 사후에 전모를 보고받은 사실은 문서로 확인되었다. 나아가 박정희는 사건 발생 후 관련자들을 처벌하기보다 보호했고, 김종필 총리를 직접 일본에 보내 사건을 수습하게 했다. 국정원진실위는 이런 점들

---

184 이와 관련한 자세한 내용은 임영태 지음. 앞의 책, 257~270쪽을 참고할 수 있다.

을 감안할 때 "박 대통령의 직접 지시 가능성과 최소한 묵시적 승인은 있었다고 봐야 할 것"이라고 결론지었다.[185]

　김대중 납치 사건의 구체적 내용이 처음 확인된 것은 1998년 동아일보가 입수, 보도한 「KT 공작 요원 실태 조사보고」라는 비밀 문건을 통해서다. 이 문건에 따르면 사건이 이후락 중정 부장의 지시에 따라 공작팀을 구성해 진행되었고, 사건 이후에도 관련자들에 대한 특별 관리가 1980년까지 계속되었다. 중정은 사건 후에도 공작 가담자 46명의 동향을 정기적으로 파악해서 개인별 보고서를 만들어 부장에게 보고했고, 그들의 입을 막기 위해 자체 예산으로 생계보조금과 보상금 등을 지급했다. 이 사실은 국정원진실위에서도 다시 확인되었다.

　1979년 3월 10일 김재규 부장이 박정희 대통령에게 보고한 것으로 되어 있는 이 문서 하단에는 '대통령 각하 보고 필'이라고 적혀 있었다. 이로써 최소한 박정희가 사건 발생 뒤 전모를 보고받은 사실은 분명하게 확인되었다. 이후락은 부인하였지만, 이철희 차장보가 이 공작에 반대하자 이후락이 "나는 하고 싶어서 하는 줄 알아?"라며 크게 화를 냈다는 사실, 김기완 공사가 "박 대통령의 결재를 확인하기 전에는 공작을 수행하지 않겠다"라고 버티다가 곧 적극 협조했다는 사실 등은 모두 박정희의 지시 가능성을 보여

185 국정원진실위 지음, 「김대중납치사건진실규명」, 『과거와 대화 미래의 성찰: 주요 의혹사건 상권 (II)』, 국가정보원, 2007, 520~522쪽; 임영태 지음, 앞의 책, 263쪽.

주는 정황 증거이다.[186]

아직까지 박정희 지시 여부를 명확히 밝혀줄 문서나 직접 증언은 나오지 않았다. 그러나 과연 그런 엄청난 일을 대통령 지시 없이 벌인다는 것이 가능할까? 조갑제는 이후락이 윤필용 사건으로 잃은 신임을 회복하려고 이런 일을 벌였다는 주장을 제기하였다. 과연 그럴까? 어떤 사건의 퍼즐을 맞추는 데는 그 주변뿐만 아니라 관련된 전체를 돌아보는 일이 필요할 때가 있다. 박정희 집권 18년을 함께 보는 것이 필요한 이유이다.

중앙정보부는 박정희 시대를 이야기할 때 빼놓을 수 없는 핵심 권력기관이다. 박정희 집권 18년은 가히 중정과 함께한 18년이라고 할 정도이다. 중정은 미국 CIA(중앙정보국)를 모델로 하여 만들어진 조직이다. 한국 중앙정보부의 영어 약칭도 KCIA(Korea Central Intelligence Agency)였다. 그러나 미국 CIA는 해외 정보를 주로 취급하면서 미국의 대외 정책 실현에 기여했지만 중정은 대외 정보뿐만 아니라 북한과 대공 정보, 나아가 국내 정보까지 취급했다.

5·16 거사 이틀 후인 1961년 5월 18일 군사쿠데타의 실력자 김종필은 서정순·이영근·김병학 중령을 불렀다. 이들 세 명은 모두 육사 8기생으로, 정보 계통 출신이었다. 김종필은 이들에게 "미국의 CIA와 일본의 내각정보조사실을 절충한 수사 기관을 만들려고 하는데, 이를 위한 법을 만들라"라고 지시했다. 김종필의 지시

---

186 임영태 지음. 앞의 책. 263쪽.

에 따라 국가재건최고회의 직속으로 중정이 설치되었다. 6월 10일 최고회의를 통과한 중앙정보부법이 공포되었다. 최고회의법 제18조에서 "공산 세력의 간접 침략과 혁명 과업 수행의 장애를 제거하기 위해 최고회의에 정보부를 둔다"라고 규정했다. 중정은 처음부터 단순한 정보 수집 기관이 아니라 '권력을 위해 방아쇠를 당기는 집행기구'로 출발한 것이다.[187]

중앙정보부법에서는 "(중정이) 국가 안전보장과 관계되는 국내외 정보 사항 및 범죄 수사와 군을 포함한 정부 각부의 정보 수사 활동을 조정·감독한다"라고 규정하였다. 이는 모든 정보 수사에 관하여 다른 기관 소속 직원을 지휘·감독할 권한이 중앙정보부장의 손에 쥐어진 것을 의미했다. 중정부장과 차장은 최고회의 의장이 임명하게 했다. 중정은 출발부터 최고회의 의장(민정 이양 후에는 대통령)의 손발 노릇을 할 수 있게 했다.

중정에는 범죄 수사권이 있었으며 수사에서 검사의 지휘를 받지 않아도 되었다. 또한 업무를 수행하는 데서 모든 국가기관으로부터 필요한 협조와 지원을 받을 수 있었다. 이는 엄청난 권력이었다. 권력 위의 권력을 의미했다. 중정부장은 대통령을 제외하고는 누구도 건드릴 수 없는 최고 권력자가 되는 것을 의미했다.[188]

초대 부장 김종필이 중정을 급조한 것은 해외 정보를 수집하

---

187 김충식 지음, 『정치공작사령부 남산의 부장들 1』, 동아일보사, 1992, 44쪽; 임영태 지음, 앞의 책, 92쪽.
188 임영태 지음, 위의 책, 93쪽.

거나 북한의 대남 공작에 대응하기 위한 측면도 있었지만 국내 정
치적 이유가 가장 컸다. 그가 이른바 자신의 반대파를 '반혁명'세력
으로 몰아 제거할 수 있었던 것은 중정의 힘이 결정적이었다. 중정
을 만든 김종필도 나중에는 중정의 감시를 받는 존재가 되어야 했
다. 그 뒤 박정희 정권 내내 중정은 국내 정치에 관여하면서 정권
수호의 첨병 노릇을 하였다.

남산으로 불린 그 이름, 중정

|

박정희 정권 시절 중정은 무소불위의 권력기관이었다. 중정
은 오직 대통령의 얼굴만 쳐다보았고, 그의 손발이 되었다. 중정부
장은 부총리급 대우를 받았지만 실제로는 박정희 정권의 2인자였
다. 총리는 중정부장에 비하면 허수아비에 불과할 정도였다. 중정
은 "남자를 여자로 만드는 일 외에는 모든 것을 할 수 있다"라고 할
정도로 막강한 힘을 자랑했다. 중정은 '남산'으로 별칭되었다. 부장
공관과 국내 수사본부가 남산에 있었기 때문이다. 중정은 박정희
정권 내내 정권 안보의 첨병으로서 한국 사회 구석구석에 촉수를
뻗쳤다.

800여 명의 조직으로 출발한 남산의 중정은 그 뒤 정보원을
수만 명 거느리는 '한국 위의 한국'으로 존재했다. 김정원은 1964
년 당시 중정 직원이 '37만 명'이라고 했지만 정확하지 않다. 정확

한 숫자는 알 수 없지만 중정은 남한 사회의 곳곳에, 심지어 다방과 술집에까지 촉수가 미쳤으니 국민의 삶 모든 영역을 감시했다고 해야 할 것이다. 1970년대 이후 해외에서 반유신운동이 활발해지면서 세계 각국에 있는 대사관과 공사관, 해외 주재기관 등 해외 공관 등에 중정 요원들이 파견되었다는 것을 감안하면 그 규모는 실로 방대했을 것이다.

김형욱은 자신의 회고록에서 중정 수사관들에 대해 "사회의 어두운 그늘에서 번성하는 독버섯"이라고 표현하였다. 그는 "중앙정보부의 으스스한 이미지는 지도층에 의해 입안되고, 그들의 맹활약으로 이룩된 것"이라고 하였다.[189] 김형욱은 '남산 돈까스'로 불리면서 1960년대 내내 중정부장으로서 박정희의 손발이 되어 악명을 떨친 인물이다. 그는 나중에 박정희에게 '팽'당한 뒤 미국으로 망명해 박정희의 유신체제를 할퀴고 물어뜯느라 정신없었지만, 그 전까지는 박정희에게 충성을 다 바쳤다. 가장 오랫동안 중정부장을 지낸 인물의 평가이니 중정이 어떤 기관인지는 더 말하지 않아도 충분히 알 것이다.

무소불위의 권력을 지녔으니 그것이 통제되지 않을 때 어떤 일이 벌어질지는 생각만 해도 소름이 돋는 일이다. 박정희 정권이 형식적으로나마 법치를 수용하던 1960년대에는 중정의 악명은 한정된 부분에서 한정된 형태로 작동했다. 국내 정치인에 대한 사찰

---

189 김경재 지음. 『혁명과 우상 1: 혁명과 반혁명』. 전예원. 1991. 236쪽.

과 감시 활동도 진행되었지만 그래도 정치인에 대해서는 일정한 제한선이 있었다. 물론 이때도 북한과 연계되었다는 혐의로 서독과 프랑스 등지에서 윤이상, 이응로, 정하룡, 조영수 등의 유명인사들과 교수, 유학생, 파독 광부 등을 강제 유인, 납치하여 물의를 일으킨 '동백림 사건', 진보 혁신계 인사들에 대한 무리한 수사로 문제가 된 '1차 인혁당 사건', 민비련 사건 등 심각한 공작 활동이 있었지만, 그래도 1970년대와는 비교할 바가 아니었다.

박정희의 영구집권을 향한 첫걸음인 3선 개헌 이후 중정의 정치 개입은 훨씬 더 강력해진다. 박정희는 자신의 권력 아성에 위협이 되는 존재는 개인이든, 집단이든 가리지 않고 중정에 개입을 명하였다. 그 때문에 야당과 여당을 가리지 않고 박정희의 절대 권력에 도전하는 자는 초죽음이 되었다. 국회의원이든 장관이든 상관없었다. 5·16 기획자이면서 박정희 정권의 2인자였던 김종필도 중정의 감시와 도청에 시달리는 형편이었으니 어떤 상황이었는지 짐작할 것이다.

그러나 1972년 유신 선포 이후에는 그 정도가 상상을 초월했다. 아예 중앙정보부가 모든 정치 문제에 일일이 개입해서 선을 그어줄 정도였다. 그러다보니 심지어 야당의 대통령 후보였던 김대중을 납치하는 일까지 벌이고 말았다. 나아가 박정희에게 숱한 모욕을 주고 거침없이 반박정희 운동을 벌인 재야의 거물 장준하는 끝내 의문의 죽음을 당해야 했다. 장준하의 의문사에는 당연히 중정이 관련되어 있다.

허물어지는 독재자의 철옹성

김대중 납치 사건은 박정희 유신체제에 심각한 타격을 주었다. 일본과의 관계는 정경유착을 통해 가까스로 수습하였으나 미국과의 관계에는 적지 않은 악영향을 미쳤다. 해외에서 중정의 활동이 어려움에 봉착한 것은 말할 필요도 없다. 이 무렵 해외에서 활동하던 중정 요원들의 이탈이 본격적으로 시작되었다. 해외 정보원들의 이탈로 마침내 박동선·김한조 등 미국에서 유신체제를 지원하던 대미 로비스트들의 활동이 폭로되기 시작하였다.

1976년 시작된 프레이저위원회의 활동으로 박정희 정권의 미국 내 이미지가 엄청나게 추락했고, 미국과의 관계도 금이 가게 되었다. 특히 1977년 6월에는 김형욱이 프레이저 의원이 주도한 하원 청문회에서 김대중 납치 사건의 전모를 폭로하는 등 유신정권에 심각한 상처를 주는 일이 발생했다. 김형욱은 박 정권의 치부를 전면적으로 드러낸 회고록을 씀으로써 박정희를 크게 자극했다. 결국 김형욱은 그것이 원인이 되어 불귀의 객이 되고 말았다.

국정원진실위 보고서에 따르면 김형욱은 파리 교외 작은 마을 근처의 숲에서 중정 요원에게 살해되었다고 한다. 요원들은 김형욱을 "도로에서 약 50미터 떨어진 곳에서 머리에 권총을 쏘아 죽인 뒤 땅을 깊이 파지 않은 채 두껍게 쌓여 있는 낙엽으로 덮어버렸다."[190] 그러나 일각에서는 김형욱이 중정에 납치되어 국내에서 사망했다거나 파리 근교 양계장에서 사료 분쇄기에 집어넣어져 살해되었다는 등 여러 주장이 제기되기도 하였다.

　이처럼 김대중 납치 사건은 일파만파로 확대되어 박정희 정권에 엄청난 부담으로 작용하였다. 국내에서는 김대중 납치 사건을 계기로 학생들의 반유신운동이 본격적으로 포문을 열었고, 기자들도 정부의 언론 통제에 항의하며 '언론수호선언문'을 발표하는 등 언론 자유화 운동에 나서게 되었다. 또 장준하를 중심으로 한 재야 민주 인사들이 유신헌법 개정 청원운동에 나서는 등 반유신활동을 본격화하기 시작했다. 그 후 박 정권은 긴급조치를 발표하며 유신 수호의 창검을 빼어들지만 반유신운동의 불길을 잠재울 수는 없었다.

　더욱 충격적인 것은 김대중 납치 사건이 1년 만에 부메랑이 되어 돌아와서 육영수 여사 사망 사건으로 연결되었다는 점이다. 김대중 납치 사건 이후 일본에서는 재일교포들이 심한 차별과 모멸감에 시달려야 했고, 이는 박 정권에 대한 분노와 반발로 비화되었다. 오사카에서 김대중 구출위원회 활동을 하던 문세광은 이러한 반감에 자극받아 박정희 암살을 실행하기에 이른다. 1974년 8월 15일, 광복절 경축식장에서 박정희 대통령을 저격하기 위해 쏜 문세광의 총탄이 옆에 앉아 있던 육영수 여사에게로 날아갔다. 육영수 장례식 후 박정희는 "납치 사건이 없었다면 이런 끔찍한 일은

190　국가정보원 지음, 「김형욱 실종사건 진실규명」, 『과거와 대화 미래의 성찰─주요 의혹사건 편 하권(Ⅲ)』, 2007, 161쪽

일어나지 않았을 텐데"라면서 비통해 했다고 한다.[191]

　육영수의 죽음 이후 박정희는 인간적으로 많은 고통을 겪어야 했다. 아무리 피도 눈물도 없는 독재라 하더라도 자기 부인이 그처럼 비명에 간 마당에 온전한 심정일 수 없었을 것이다. 더욱이 그것이 김대중 납치 사건과 연계되어 있다는 점에서 회한이 클 수밖에 없었다. 박정희는 그 사건 이후 인간적으로 허물어지는 모습을 적잖이 보였다. 안가에서 주색과 여흥에 빠져 헤어나지 못하였고, 통치에서도 '총기를 잃은 모습'을 종종 보였다. 당연히 냉혹한 권력자, 고독한 독재자 박정희의 '냉철한' 판단력에도 빈틈이 생기기 시작했고, 결국 몰락으로 연결되었다.

191　강준만 지음, 『한국 현대사 산책: 1970년대편 2』, 인물과사상사, 2002, 150쪽.

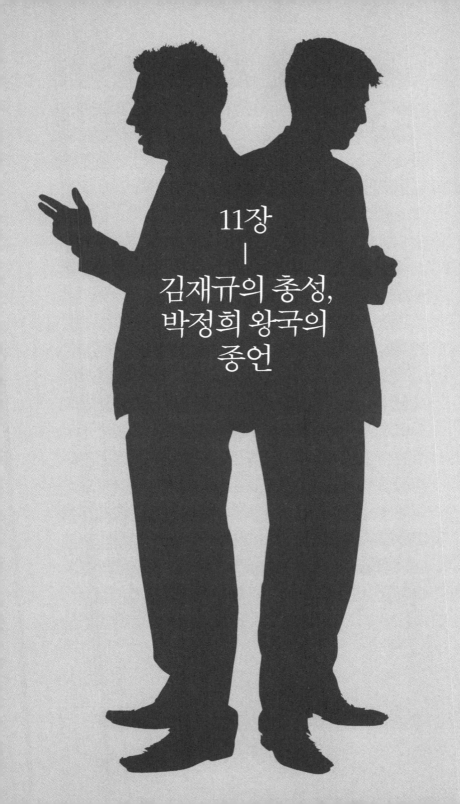

11장
—
김재규의 총성,
박정희 왕국의
종언

궁정동 안가의 작은 파티

1979년 10월 26일 운명의 그날, 궁정동 안가에서는 작은 연회가 열렸다. 그 자리에 박정희 대통령과 김계원 비서실장, 김재규 중정부장, 차지철 경호실장이 참석했다. 신인 여가수 한 명과 모델 아르바이트를 하는 여대생 한 명이 노래와 술시중을 위해 자리를 같이했다. 저녁 7시 42분경, 김재규 중정부장은 화장실을 다녀온 뒤 갑자기 권총을 꺼내 박정희 대통령을 향해 쏘았다. 첫 총탄은 박정희의 오른쪽 가슴을 관통했다. 박정희는 즉사하지 않았다. 김재규는 다시 박정희의 머리 뒤쪽에서 총을 쏘았다. 박정희는 곧 사망했다. 차지철과 청와대 경호원들도 김재규와 그의 부하들에게 사살되었다. 한국 현대사를 바꾸어놓은 10·26사건은 이렇게 벌어졌다.

10·26사건의 거사 계획은 김재규가 세웠다. 김재규의 중정 부하들은 그의 지시에 따라 행동했을 뿐이다. 그는 이 거사 후 계엄령을 선포하기 위해 정승화 육군 참모총장을 근처 식당에 대기시켰다. 나중의 수사 결과 김재규와 정승화는 거사 계획을 공유하지는 않았던 것으로 밝혀졌다. 그러나 정승화는 이것이 빌미가 되어 전두환 일당에게 체포되었다. 그는 보안사에 감금되어 고문을 당하는 치욕을 겪었으며, 내란방조미수죄로 감옥에 갇히는 신세가 되었다. 정승화는 이등병으로 강등되어 강제 전역까지 당했다.

박정희의 오른팔이나 다름없었던 김재규는 왜 박정희에게 총을 쏘았을까? 그는 박정희와 동향인 구미 출신으로, 나이는 한참 어렸지만 육사 2기 동기였다. 김재규는 5·16 직후 한때 반혁명세력으로 몰려 일시 감금되기도 했으나 박정희의 도움으로 풀려난 뒤 승승장구했다. 그는 1964년 6·3사건 당시 육군 6사단장으로 계엄군을 지휘해 박정희의 신임을 얻었으며, 보안사령관(1968~1971)과 3군단장 등을 거쳐 1973년 중장으로 예편했다. 그 뒤 유정회 국회의원과 중정 차장(1973), 건설부 장관(1974)을 거쳐 1976년 12월부터 신직수의 뒤를 이어 중정부장이 되었다.

이런 정도면 박정희의 오른팔이라 할 수 있다. 김재규는 재판 과정에서 박정희를 자신의 '은인'이라고 표현했다. 그럼에도 그가 박정희에게 총을 겨누었으니 그 이유가 무엇일까? 그는 1979년 12월 8일 군사재판 비공개 진술에서 그 이유를 이렇게 밝혔다.

"각하는 나와 개인적으로 가까운 사이고 동향 출신에 동기생이지만, 많은 국민의 희생을 막기 위해 각하 한 사람을 제거할 수밖에 없었다."

그는 계속해서 이렇게 말했다.

"여러분, 우리나라는 자유민주주의 국가여야 합니다. … 그런데 1972년 유신과 더불어 까닭없이 말살되어버렸습니다. … 그렇게 해서 우리나라에는 모순의 시대가 온 것입니다. … 내가 정보부장으로서 파악한 바에 따르면 앞으로 이 유신체제를 두고 정부와 국민 간에 치열한 공방전이 벌어집니다. 이 공방전에서 많은 사람이 희생됩니다.

… 그러나 박정희 대통령 각하는 절대로 그만두시지 않습니다. 마지막까지 방어했습니다. 그러면 많은 희생자는 나도 자유민주주의는 결코 회복되지 않습니다. 본인은 이걸 알기 때문에, 유신체제를 지탱하는 한 지주 역할을 했지만, 더는 국민이 당하는 불행을 보고만 있을 수가 없기 때문에 이 사회의 모순된 문제들을 해결하기 위해 뒤돌아서서 그 원천을 두드린 겁니다."[192]

박정희 정권을 지탱한 가장 큰 힘은 중앙정보부와 군부에서

---

192 김재홍 지음, 『박정희의 유산』, 푸른숲, 1998, 55~56쪽.

나왔다. 중앙정보부는 정권 안보의 총참모부였고, 군부는 정권을 받치는 최후의 보루였다. 중앙정보부의 힘은 1960년대에도 막강했지만 1970년대에는 더욱 막강해졌다. 유신체제 아래서 저항이 거세진 반정부세력을 제압하려면 중앙정보부의 기능이 강화되어야 했다. 정치인들 통제에도 많은 공력을 들여야 했다.

유신체제 아래서 박정희의 권력 운용 방식은 전과 달리 변화가 약간 있었다. 중정을 정권의 안위를 지키는 신경망, 정치공작사령부로 이용하면서도 군부와 경호실 등을 통해 충성 경쟁 구도를 만든 것이다. 절대 권력자 박정희가 주변의 친위세력을 상호 견제하게 하면서 동시에 충성 경쟁을 시킴으로써 자기 권력체제를 더욱 확고히 지키기 위한 수법이었다. 유신체제 이후 박정희의 위상은 1960년대와는 비교할 수 없었다. 박정희에게 도전하는 자가 아무도 없었다. 그는 고독한 절대 권력자였다. 야당에서는 경쟁자라고 자처하는 인물들이 있었지만 여당에서는 경쟁은 고사하고 후계조차 거론할 수 없었다.

김성곤, 백남억, 김진만, 길재호 등 이른바 4인방은 멋모르고 덤비다가 남산 지하실에 끌려가 모진 고문을 겪은 뒤 하루아침에 공화당에서 추방당했다. 수도방위사령관으로서 권력의 총아로 군림하던 윤필용 소장은 이후락에게 '다음 후계자 운운'했다가 권력을 남용한 비리 군인으로 구속되어 군복을 벗고 하루아침에 야인으로 전락했다. 1960년대 내내 2인자였던 김종필은 실권과 멀어져 있었다. 김종필은 이미 3선 개헌 과정에서 박정희에게 완전히 짓눌러 항복한 뒤 병풍 총리로 만족해야 했다. 박정희는 말 그대로 절대 권력자가 되었다. 권력이 절정에 이른 것이다. 더 올라갈 곳이 없었다.

그럼에도 박정희는 두려웠다. 자신이 군인 출신이었기에 권력은 총구에서 나온다는 사실을 잘 알았다. 중정뿐만 아니라 국군보안사령부(보안사)를 동원해 군인들의 동태를 감시했고, 군부 실력자들을 정기적으로 다독이면서 군부를 관리했다. 병력을 쥐고 있는 군부 실세들뿐만 아니라 군복을 벗은 인사들에게도 적정한 자리가 주어졌다. 국영기업들은 퇴직 군인들의 일자리 보장에 그만이었다. 대령 정도로만 예편해도 어지간한 국영기업체 사장이나 감사 자리가 기다리고 있었다. 총체적인 군부 관리였다.

유신체제 아래서 박정희는 중정부장뿐만 아니라 보안사령관, 청와대 경호실장 등에게도 적절한 권한과 총애를 줌으로써 자신에 대한 충성 경쟁을 일상적으로 가동했다. 자신에게 도전할 수 있는 2인자를 용납하지 않는 대신 과두 권력집단을 형성케 함으로써 상호 견제하게 하고, 자신에 대한 어떤 도전도 불가능하게 만들었다.[193] 그런데 문제는 이러한 일들이 계속되면서 충성스러운 경쟁자들 사이에서 명확한 서열과 질서가 허물지게 되었다는 점이다.

박정희는 1974년 문세광의 8·15 저격 사건으로 부인 육영수를 잃은 뒤 냉혹한 권력자로서 보이지 말아야 할 빈틈을 보이기 시

---

[193] 임영태 지음, 『국민을 위한 권력은 없다』, 유리창, 2013, 254~256쪽.

작했다. 그가 보인 빈틈 중 가장 핵심은 차지철을 정확히 통제하지 못한 점이었다. 박정희는 육영수 사망 사건의 책임을 물어 오랫동안 경호를 책임져온 박종규 대신 차지철을 경호실장으로 앉혔다. 차지철은 다른 여러 인물처럼 영원한 '박정희 맨'이었다. 그러나 그는 정치적 판단을 하고 정세의 흐름을 읽는 눈이 부족했다. 더욱이 월권이라 할 수 있는 행위를 적잖게 해서 권력 내부의 위계질서를 흔들어댔다. 박정희 주변에서도 말은 하지 못했지만 눈살을 찌푸리는 사람이 적지 않았다.

차지철은 부처 장관들까지 참석시킨 가운데 청와대에서 국기하강식을 한다든지, 나치의 친위대를 본뜬 복장을 경호 대원들에게 하게 한다든지 하는 식으로 자기 위세를 보여주면서 월권을 일삼았다. 그는 박정희를 경호하고 보필할 뿐만 아니라 야당의 정치공작 활동에도 직접 개입하는 등 중앙정보부의 영역을 침범하기 시작했다. 박정희의 '심기 경호'라는 구실 아래 되지도 않는 강성 발언을 일삼으면서 중정부장의 정보 판단에 대해서도 계속 딴죽을 걸었다.

차지철의 이 같은 월권행위와 정보부 영역 침범은 중정부장 김재규의 화를 돋웠다. 김재규는 이를 그냥 두는 박정희에게까지 불신감을 갖게 되었다. 김재규는 박정희의 '총기'가 흐려졌고 판단력에 문제가 생겼다고 보았다. 반면, 박정희는 박동선·김한조 사건, 미국 의회 청문회의 김형욱 폭로 사건, 신민당 김영삼 총재 당선 등 산적한 문제를 제대로 해결하지 못하는 김재규에게 은연중 불신감을 드러냈고, 차지철은 이런 문제를 거론하며 김재규를 계속 자극하였다. 두 사람의 갈등은 김재규가 박정희를 향해 총구를 겨누게 만드는 중요한 원인이 되었다.[194]

김재규와 차지철의 파워 게임

1970년대 후반 박정희의 유신체제를 보위하는 두 기둥이었던 김재규와 차지철은 계속해서 충돌하였다. 그들의 갈등은 1979년 들어서 더욱 심화되었고, 마침내 파국을 향해 치달았다. 이들의 충돌을 부추기는 사건들이 계속 일어났다. 우선 김영삼이 신민당 총재로 당선되었다. 이때 가택연금 중이던 김대중이 외출해서 김영삼을 지원한 것이 큰 역할을 했다. 그런데 이를 김재규가 눈감아준 것이다. 이철승은 경호실장 차지철의 지원을 받아 수십억 원을 썼으나 김영삼이 바람을 타고 승리했다.[195]

야당 총재가 된 김영삼은 종말을 향해 가던 박정희의 유신체제에 계속해서 도전장을 내밀었다. 1978년 12월 12일 치른 10대 국회의원 총선에서 여당인 공화당보다 1.1퍼센트 앞선 32.8퍼센트의 득표율을 올린 민심의 동향을 읽었기 때문이다. 여당인 공화당은

---

194 임영태 지음, 앞의 책, 380~381쪽.
195 강준만 지음, 「한국 현대사 산책: 1970년대편 3」, 인물과사상사, 2002, 216쪽.

31.7퍼센트를 얻는 데 그쳤다. 민심이 박정희 정권에게서 등을 돌리고 있다는 결정적 증거였다. 김영삼은 이런 흐름을 읽는 동물적 감각이 발달한 정치인이었다.

1979년 6월 11일 김영삼 총재는 외신기자클럽 초청 연설에서 "남북의 긴장 완화를 위해 김일성과 면담할 용의가 있다"라고 발언했다. 그러자 상이군인들과 반공 청년을 자처하는 일군의 무리가 마포 신민당사에 난입하여 당원들을 폭행하고 집기를 부수며 난동을 부리는 사건이 일어났다. 공화당은 김영삼에게 발언을 취소하라고 계속 압력을 행사했으나 그는 끝내 버티었다.

그런 와중에 신민당사에서 농성하던 YH무역 여성 노동자들을 강제 진압하기 위해 경찰력을 강제 투입하는 사건이 발생했다. 이 진압 작전에서 경찰은 김영삼 총재를 강제로 끌어냈을 뿐 아니라 국회의원, 당직자, 취재기자 등에게 무차별적 폭행을 가하고 사진기자의 필름까지 빼앗았다. 또 여성 노동자들을 강제로 끌어내는 과정에서 김경숙이 추락해 사망하였다. 경찰은 그가 투신자살했다고 발표했지만 나중에 진실화해위원회가 조사한 결과 공권력에 의한 추락사로 밝혀졌다.[196]

이 사건으로 박정희 정권과 야당의 관계는 더욱 악화되었다. 정국은 벌집을 쑤신 듯 시끄러워졌다. 박정희는 김영삼을 그냥 두

---

196 진실·화해를위한과거사정리위원회 지음, 「YH노조 김경숙 사망 관련 조작 의혹 사건」, 『2008년 상반기 조사보고서』, 2008, 59~67쪽; 임영태 지음, 앞의 책, 351~352쪽.

어서는 안 되겠다고 판단했다. 신민당 원외 지구당 위원장 세 명이 김영삼 총재를 비롯해 총재단 전원에 대한 직무정치 가처분신청을 냈다. 그 뒤에는 물론 차지철 경호실장이 있었다. 9월 8일 서울 민사지법은 가처분신청을 받아들여 정운갑 전당대회 의장을 총재 직무대행으로 지명했다.

김영삼 총재는 분노했다. 그는 9월 10일 기자회견을 열어, '이는 야당을 말살하려는 부도덕한 행위로, 민주회복을 위해 범국민적 항쟁을 벌이겠다'고 선포했다. 나아가 그는 "우리 국민은 1인 체제에서 18년을 살기에도 지쳤는데, 일당 독재에서 살기를 강요당하는 오늘 중대한 국면에 처해서도 궐기하지 못하면 모두 역사의 죄인이 된다는 것을 잊지 말아야 한다"라고 주장했다.[197] 반유신 투쟁을 전면적으로 선포한 것으로, 김영삼 특유의 저돌성이 유감없이 발휘되기 시작한 것이다.

김영삼 총재는 또한 9월 15일 '뉴욕타임스'와의 기자회견에서 "카터 행정부는 소수 독재자인 박 정권에 대한 지지를 철회해야 한다"라고 주장하며 유신체제에 대한 도전을 계속했다. 박정희 정권은 인권 외교를 거론하며 등장한 미국의 카터 행정부와 사이가 매우 나쁜 상태였다. 김영삼이 그 틈새를 파고들며 아픈 곳을 찌른 것이다.

김영삼의 기자회견에 대해 공화당과 유정회 등 정부 여당은

---

197 김영삼 지음, 『김영삼 회고록 2』, 백산서당, 2000, 147~148쪽.

'사대주의 반국가적 언동'으로 규정하고, 김영삼 총재의 의원직을 박탈하는 징계안을 국회에 제출했다. 10월 1일 여당의 고위 전략 회의에서 결정된 방침을 밀어붙인 것이다. 이날 회의에는 공화당과 유정회 간부 10여 명, 김계원 청와대 비서실장, 차지철 경호실장 등이 참석했다.[198] 이 또한 차지철이 주도한 일이었던 셈이다.

10월 4일 여당은 국회 경호권이 발동된 가운데 김영삼 의원 제명안을 10여 분 만에 변칙적으로 통과시켰다. 이승만 정권 이래 31년 만에 발동된 경호권이 야당 총재의 의원직을 박탈하는 데 사용되었다는 것은 놀라운 일이 아닐 수 없었다. 그야말로 정치가 난장판이 되어가고 있었다.

유정회는 성명서를 통해 "김영삼 의원을 제명한 것은 무책임한 선동으로 폭력 혁명 노선으로 치닫는 반민주적 정치 폐풍을 추방하기 위해서"라고 주장하였다. 그러나 김영삼 총재의 의원직 제명 사건은 박정희 정권의 종말을 재촉하는 결정적 패착이었다. 박 정권도 그것이 몰고 올 후폭풍을 알고 있었기에 수습 방안을 고심했다. 김재규 중정부장은 김영삼 총재를 만나 수습 방안을 제시했다. 그는 '뉴욕타임스' 기자회견에 대해 해명 성명서를 내면 문제를 매듭지을 수 있게 하겠다고 했으나 김영삼은 받아들이지 않았다.

---

198 이영석 지음, 『야당, 한 시대의 종말』, 성정출판사, 1990, 96쪽; 임영태 지음, 앞의 책, 369쪽.

200~300만 명만 죽이면 조용해집니다

이제 길은 하나밖에 없었다. 이대로 죽느냐, 아니면 상대를 거꾸러뜨리고 내가 사느냐. 10월 13일 신민당 의원 66명 전원과 통일당 의원 3명이 국회의원직 사퇴서를 제출했다. 미국도 개탄 성명을 발표했다. 미국은 '개탄한다'는 비외교적 용어까지 동원해 한국 정부를 비난했다. 항의 표시로 글라이스틴 주한 미국대사를 본국으로 소환했다. 카터 대통령은 서울에서 열리는 한미안보연례회의(SCM) 참석차 방한한 브라운 국방장관을 통해 박 대통령에게 유감의 뜻을 담은 친서를 전달했다.[199] 이처럼 미국과의 외교적 마찰까지 자초하는 상황에서도 박정희 정권은 결말이 무엇일지 깨닫지 못했다.

김영삼 제명 사건에 가장 분노한 곳은 그의 정치적 고향인 부산과 경남이었다. 드디어 10월 16일 마산과 부산에서 학생, 시민들이 가두시위에 나섰다. 김영삼 총재 제명을 규탄하는 시위가 곧 유신 철폐 시위로 발전했다. 시위대가 거리를 휩쓸었고, 파출소가 습격당했다. 노동자들까지 시위대에 합세하면서 단순한 시위 차원을 넘어 시민 봉기로 발전하기 시작했다. 경찰만으로는 시위대를 막을 수 없게 되자 10월 18일 0시를 기해 부산에 계엄령이 선포되었다. 10월 20일 정오에는 마산과 창원 일대에도 위수령이 선포되

---

199 정진석 지음, 『총성 없는 전선』, 한국문원, 1999, 100쪽.

었다.

부마항쟁은 군을 투입해 가까스로 진압했지만 이제부터가 문제였다. 반유신 시위는 부산과 마산을 넘어 전국으로 확산될 위험이 있었다. 학생들은 이전부터 유신 반대 운동을 펼쳐왔고, 기회만되면 언제든지 조직적으로 행동할 수 있었다. 야당도 그냥 있지 않을 것이 분명했다. 국민 여론도 나빴다. 전반적으로 모든 상황이박 정권에게서 등을 돌리기 시작했다. 박정희의 유신체제에 위기가 닥쳐온 것이다. 그런데 이를 어떻게 수습할지를 두고 김재규와차지철이 붙었다. 김재규는 부마항쟁 현장을 직접 방문해 눈으로민심을 확인했다. 그는 훗날 재판 과정에서 당시 상황을 이렇게 증언했다.

"제가 내려가기 전까지는 남민전[200]이나 학생이 주축이 된 데모일 거라고 생각했는데, 현지에서 보니까 그게 아닙니다. 160명을연행했는데, 16명이 학생이고 나머지는 일반 시민입니다. 그리고 데

---

200 정식 명칭은 '남조선민족해방전선준비위원회'다. 1960~70년대 혁신운동의 맥을 잇는 인혁당, 통혁당 등 관련자인 이재문, 신향식, 김병권, 안재구 등이 중심이 되어 결성한 지하전위조직으로 민족해방과 민중민주주의 건설, 남북통일을 목표로 하였다. 베트남 민족해방전선을 모델로 하였고, 북한과의 연계 없이 남한 내에서 자생적으로 만들어진 조직이다. 남민전은 산하에 한국민주투쟁국민위원회(민투)를 두어 청년, 학생, 노동자, 농민 등의 민주화 운동 및 민중운동을 이끌고자 하였다. 남민전은 중정이 아닌 경찰에 의해 조직 전모가 밝혀졌고, 1979년 10월 9일 처음 수사 발표가, 10월 16일 2차 수사 발표가 있었다. 조갑제는 남민전 사건을 적발하지 못함으로써 결정적으로 중정의 김재규는 박정희의 신임을 잃었고, 따라서 이 사건이 김재규의 저격 사건에 중요한 동인으로 작용했다는 주장을 제기했다. 조갑제는 김재규가 자신의 무능을 감추기 위해 10·26을 일으켰다는 주장을 하려 한 것이다. 이는 김재규의 행동을 폄하하려는 의도가 다분한 평가가 아닐 수 없다.

모 양상을 보니까 데모하는 사람들도 사람들이지만 그들에게 주먹
밥을 주고 또 사이다나 콜라를 갖다주고 경찰에 밀리면 자기 집에
숨겨주고 하는 것이 데모하는 사람과 시민들이 완전히 의기투합한
사태입니다. 주로 그 사람들의 구호를 보니까 체제에 대한 반대, 조
세에 대한 저항, 정부에 대한 불신, 이런 것이 작용해서 경찰서 11개
를 불 질러버리고, 경찰 차량을 10여 대 파괴하고 불 지르고, 이런 사
태가 벌어졌습니다.[201]

현장을 방문하고 돌아온 김재규는 고민 끝에 박정희에게 온건
책을 펴라고 설득했다. 그러나 박정희는 콧방귀도 뀌지 않았다. 차
지철은 옆에서 강경책을 부추겼다. 그는 "신민당이 됐건, 학생이
됐건 탱크로 밀어버리고, 캄보디아처럼 200만~300만 명만 죽이면
조용해집니다"라고 떠들었다. 그리고 이런 문제 하나 수습하지 못
하냐면서 김재규에게 비난의 화살을 돌렸다. 괴롭히는 시어미보
다 말리는 시누이가 더 밉다고 했던가? 아니, 열 받으면 시어미도,
시누이도 다 미운 법이다. 드디어 김재규가 폭발했다. 그렇게 해서
10·26사건이 일어났다.

---

201 김재홍 지음, 『박정희살해사건 비공개진술 전 녹음 최종정리(상)』, 동아일보사, 1994, 153~154쪽.

김재규의 총성, 박정희 18년의 몰락

박정희 정권 18년은 김재규의 총성으로 막을 내렸다. 그는 총으로 권력을 잡았고, 총으로 권력을 유지했으며, 총으로 생을 마감했다. 그의 최후는 심복의 손에 마무리되었다. 김재규의 10·26거사에 대해서는 아직까지 명확한 평가가 내려지지 않았다. 패륜아에서부터 의사, 혁명가에 이르기까지 다양한 말이 오고 갔지만 아직 합의점이 만들어지지 않았다. 그럼에도 김재규의 행동이 국민의 희생을 막는 데 일정한 역할을 한 것은 분명하다. 만일 박정희가 그렇게 가지 않았다면 유신체제와 국민 사이에 한판 격돌은 불가피했을 것이다. 그 과정에서 많은 사람이 피를 흘렸을 것이다.

그러나 김재규의 행동도 1980년 5월 광주의 비극을 막지는 못했다. 과연 김재규의 '거사'가 없었다면 광주의 비극보다 더한 비극이 왔을지, 아니면 그보다 훨씬 나은 길을 찾았을지 아무도 모른다. 김대중은 김재규의 거사가 오히려 국민의 거족적 항쟁을 가로막았다면서 그의 행위가 민주화 진행에 도움이 되지 못했다고 평가했다. 어떤 평가가 더 타당성이 높을지 좀 더 연구해봐야 할 일이다.

1961년 5·16군사쿠데타로 대한민국의 권력을 장악한 박정희는 1979년 10·26사건으로 김재규의 총탄에 사망할 때까지 18년간 한국을 지배한 철의 통치자였다. 그는 처음 권력을 잡을 때 "시국이 안정되고 혼란이 수습되면 민간 정치인에게 권력을 넘겨주고 자신은 군 본연의 임무로 돌아가겠다"[202]라고 말했다. 그러나 그는 결국 군으로 돌아가지 못했다. 그의 비극은 여기서 시작되었다.

박정희는 군복을 벗고 민정에 참여하기 위해 전역하면서 "우리 역사에서 다시는 나와 같은 불행한 군인이 없기를 바란다"라고 말했다. 그 말을 할 때 박정희의 심경은 복잡했을 것이다. 그 복잡한 심경이 무엇이든 자기 행위가 군인의 본분과는 거리가 있다는 사실을 인정했던 것은 분명하다. 그렇다고 그가 자기 행위를 후회한 것 같지는 않다. 어느 박정희 추종자의 주장에 따르면, 박정희는 '후회' 따위는 하지 않는 '영웅적 기질의 소유자'이다. 그는 자기 욕망을 실현하려고 권력을 향해 거침없이 질주했을 뿐, 과거 따위를 돌아보며 후회하는 인간이 아니었다.

박정희는 감상적 사고를 지극히 싫어했다. 그래서 예인적 기질이 농후한 김종필을 두고 '치기어린 낭만적 사고'라며 노골적으로 비난한 적도 여러 번 있었다. 조갑제의 말에 따르면, 박정희는 '상무 정신이 투철한 인간'이었다. 그러나 "칼로 흥한 자 칼로 망한다"라고 했다. 총으로 잡은 권력, 결국 총으로 무너졌다. 박정희가 사라지자 그가 세운 유신 왕국, 박정희 왕국도 모래성처럼 무너졌다.

그러나 박정희의 18년에 걸친 장기 집권은 새로운 권력의 잔상을 하나 남겼다. 박정희 정권 아래서 그의 비호를 받으며 성장한 전두환은 군부 내의 사조직 '하나회'를 기반으로 10·26 이후 생긴

---

202 이른바 '군사혁명 공약' 6항의 내용이다.

권력의 공백 상태에서 12·12군사반란 사건을 일으켜 군권을 장악했다. 그리고 1980년 민주화의 봄과 5월 광주항쟁을 총칼로 짓밟고 권력을 탈취하는 데 성공하였다. 전두환의 5공 정권은 박정희 유신체제의 아류이면서 그의 또 다른 환생이었다.

아바타의 그림자, 박근혜 정부

박정희는 사망한 지 34년 만에 또 다른 모습으로 한국 사회에 부활하였다. 2012년 12월 19일 18대 대선에서 새누리당 박근혜 후보가 민주당의 문재인 후보를 물리치고 대통령에 당선됨으로써 대한민국은 역사상 최초로 부녀 대통령을 탄생시켰다. 박근혜 후보의 대통령 당선은 박정희의 음덕에 힘입은 바 크다. 많은 사람이 박정희에 대한 향수 때문에 박근혜 지지자가 되었다. 박근혜의 정치적 기반인 영남과 보수적인 유권자들, 새누리당 내의 정치적 지지 기반과 참모들, 그를 지지하는 지배 엘리트층은 모두 박정희와 깊이 연관되어 있다.

한국 현대사를 돌아보면서 우리가 확인할 수 있는 것은, 박정희의 영향은 매우 깊고 넓게 퍼져 있다는 점이다. 그 영향은 그림자일 수도 있고, 빛일 수도 있다. 모든 사물에는 빛과 그림자의 양면이 있다. 박정희에게도 당연히 양면이 있다. 그걸 받아들이는 것은 사람마다 다르지만, 지금의 우리 사회는 박정희의 밝은 면, 빛을 주로 보는 사람들이 지배적인 위치에 있다. 정치, 경제, 사회, 문화, 언론, 종교 등 모든 분야에서 박정희 시대에 혜택을 받은 사람들과 그 후손들이 한국 사회를 주도하고 있고, 그들의 힘과 영향력이 지배적이다.

지금의 한국 사회가 이러한 조건에 놓여 있기 때문에 박근혜 대통령의 탄생이 가능했다고 말한다면 정치인 박근혜의 능력을 과소평가하는 것일까? 그러나 그렇게 볼 수는 없을 것이다. 아무리 선친의 후광이 대단해도 자기 앞가림조차 못하는 사람들도 얼마든지 있다. 정치인 박근혜는 아버지 박정희의 후광을 자신의 정치적 기반으로 만들 능력이 있었던 사람이다.

그렇다면 박근혜 대통령에게 박정희는 오직 빛으로만 작용할까? 그렇지는 않을 것이다. 분명 그림자로 작용하는 부분이 있다. 박정희의 공과를 여기서 모두 따질 수는 없지만 분명한 과오 가운데 하나는 그가 민주주의를 파괴했다는 사실이다. 그는 자신의 권력을 독점적으로 유지하기 위해 '유신체제'를 구축함으로써 '자유민주주의의 근본 질서'를 위협하고 파괴했다. 집권 기간 내내, 특히 유신체제 아래서 국민의 인권은 심각하게 유린당했다. 이러한 박정희 시대의 어둠은 그의 후광을 업고 대통령이 된 박근혜에게 분명 부담으로 작용한다.

박근혜의 부담은 박정희 시대의 정치적 부채를 물려받았다는 점에만 있는 것은 아니다. 은연중 박근혜 대통령이 박정희의 통치 기술과 그 시절의 정치적 유산을 동시에 승계하고 있다는 점도 큰 부담이다. 비서실장 김기춘을 비롯하여 청와대 비서진과 장차관들, 그리고 많은 박근혜 정부의 고위인사들이 박정희의 직간접적인 정치적 계승자라는 사실도 그렇다. 그런 인맥 말고도 또 다른 문제가 있다. 그것은 국정원의 18대 대선개입 사건과 그에 대응하는 남재준 원장, 국정원 조직의 행태에 과거 중앙정보부의 그림자가 어른거린다는 사실이다. 또한 그걸 넘어서 박근혜 대통령의 언사와 통치방식에서도 박정희의 모습이 어른거리는 것을 본다. 이런 것들을 보면서 사람들은 시대가 40년 전으로 후퇴하는 것은 아닌지 따져보기 시작했다.

12장
—
전두환
대한민국
탈취 사건

암호명, '생일집 잔치'

1979년 12월 12일 저녁 7시, 한남동 정승화 육군 참모총장 공관. 보안사 인사처장 허삼수 대령과 육본 범죄수사단장 우경윤 대령이 이끄는 보안사 수사요원 8명이 탄 일제 슈퍼살롱 2대가 도착했다. 10분쯤 뒤 성환옥 대령과 최석립·박종민 중령이 이끄는 합수부 소속 33헌병대 1개 중대 60명이 마이크로버스 두 대와 헌병 백차를 타고 공관 정문으로 들어섰다. 뒤이어 '탕탕탕' 하는 총소리와 '드르륵' 하는 자동소총 소리도 들려왔다. 얼마간 시간이 흐른 뒤, 그들은 정승화 계엄사령관을 총장 공관에서 납치하는 데 성공했다. 그들이 정승화 사령관을 끌고 간 곳은 보안사 서빙고 분실. 일명 '빙고 호텔'로 악명을 떨치던 곳이었다. 대한민국 육군 참모총장 겸 계엄사령관이 괴한들에게 납치되는 경천동지할 일이 벌어진

것이다.[203]

한편, 그날 저녁 6시, 경복궁 구내의 수경사 30경비단에 수도권의 주요 부대 지휘관들이 몰려들었다. 차규헌·유학성·황영시 중장, 노태우·박준병 소장, 백운택·박희도·최세창·장기오 준장 등 군단장, 사단장, 여단장 같은 한국군 무력의 중추를 장악한 장성들이었다. 그들을 안내한 것은 30경비단장 장세동 대령과 바로 옆에 위치한 33경비단장 김진영 대령이었다. 그들은 정승화 총장을 납치한 뒤 만일의 사태에 대비하기 위해 모인 것이다. 그것은 필요할 경우 자신들의 병력을 동원하기 위한 작전회의였다. 말하자면 '반란 사령부'였던 셈이다.

이날의 거사에 붙여진 암호명은 '생일집 잔치.' 보안사에서는 허화평·권정달·정도영 대령 등이 상황실을 설치하고 각급 부대 지휘관들의 전화를 도청했다. 이들은 부대 동향과 병력 이동 상황을 파악하여 수시로 경복궁 30경비단장실로 보고했다. 합수부(합동수사본부) 측은 계엄사 측 장군들의 동향을 손바닥 들여다보듯 환히 꿰뚫고 있었다.[204]

치밀한 계획 아래 진행된 거사에서도 고비는 있었다. 최규하 대통령은 수사상 필요 때문에 계엄사령관의 연행이 필요하다는 전두환의 요구에 국방부 장관을 데려오라면서 버티었다. 그런데 노

203 이계성 지음, 『지는별 뜨는별』, 한국일보, 1993, 31~56쪽.
204 이계성 지음, 위의 책, 246~252쪽.

재현 국방부 장관의 행방이 묘연했다. 합수부 측이 대통령의 재가를 받지 못하는 동안, 계엄사 측의 정병주·장태완 장군은 무력으로 합수부 측 반란군을 진압하려 했다.

하지만 윤성민 육군 참모차장 등 육군본부의 소극적 대응으로 시간을 지체하는 동안, 정병주 특전사령관이 최세창의 3공수여단에 체포되었다. 뒤이어 육군본부와 국방부도 박희도의 1공수여단에 장악되었다. 마지막까지 반란군 진압 의지를 포기하지 않았던 장태완 수도경비사령관도 13일 새벽 3시 40분경 신윤희 중령이 이끄는 수경사 헌병단에 체포되었다. 이로써 상황은 모두 끝났다.

정승화 총장 연행 10여 시간 뒤인 12월 13일 새벽 4시 50분경 최규하 대통령의 사후 재가가 떨어졌다. 신군부가 애타게 찾던 노재현 국방부 장관은 3시 58분경 국방부 지하벙커에서 발견되었다. 군대가 두 쪽이 나고 무력 충돌로 내전이 벌어질지도 모르는 국가 존망의 위급한 상황에서 사태 수습에 가장 큰 책임을 진 국방부 장관은 적절한 조치를 취할 생각은 하지 않고 지하벙커에 숨어 있었다.[205] 12·12군사반란은 이렇게 마무리되었다.

전두환의 성공한 쿠데타

|

12·12사건은 군 내부의 하극상이면서 동시에 군부의 반란 사건이었다. 당시 최고의 물리력을 쥐고 있던 육군대장 정승화 계엄

사령관을 체포하고 군권을 장악하기 위해 군부 일부에서 불법으로 군대를 동원, 살상 행위를 벌인 사건이다. 12·12사건은 김영삼 정부 아래서 군사반란으로 판결났고, 전두환, 노태우, 유학성, 황영시, 이학봉, 최세창, 장세동, 차규헌 등 관련자들이 법의 심판을 받았다. 하지만 제대로 단죄한 것은 아니었다. 김영삼 정부 시절 이들을 처벌하게 된 동기 자체가 지극히 정치적인 이유였고, 따라서 처리 과정과 마무리 또한 정치적 성격이 강하게 진행되었다.

김영삼 정부 등장 후 전두환·노태우의 5·18무력진압과 12·12내란행위를 처벌해야 한다는 주장이 비등했다. 검찰은 수사를 시작했고, 이 사건이 명백한 사전 계획에 따른 군사반란이며, 내란행위라는 사실을 밝혀냈다. 하지만 '성공한 쿠데타는 처벌할 수 없다'는 이상한 논리를 내세워 불기소 처분했다. 정치검찰의 모습이 적나라하게 드러난 장면이다. 그런데 1995년 10월 박계동 의원이 노태우 전 대통령의 비자금을 폭로하면서 상황이 반전되었다. 전두환·노태우를 처벌해야 한다는 국민 여론이 다시 비등했다.

이에 초기의 한바탕 사정 바람으로 큰 인기를 끌었으나 그 무렵 인기가 떨어지던 김영삼 대통령은 5·18특별법을 수용하겠다고 발표한다. 김영삼 대통령은 이를 통해 정치적 반전을 꾀한 것이다. 재차 수사가 진행되었고, 12월 3일 전두환에 대한 사전 구속영장이 발부되었다. 그 뒤 전두환과 노태우는 법정에서 군사반란 및 내

---

205 이계성 지음, 위의 책, 207~214쪽.

란 수괴로 각각 무기와 17년형을 선고받았다. 하지만 김영삼 대통령 임기 말인 1997년 12월, 김대중 당선자의 동의를 얻어 사면, 석방하게 된다.

12·12군사반란은 합동수사본부 측 군인들이 얼마나 정치적이며 권력 지향적이었는지를 여실히 보여준다. 군인의 가장 주요한 임무는 국방이다. 국방의 제1임무는 북한의 남침을 저지하는 것이다. 그런데 이들은 군권을 장악하기 위해 휴전선과 수도권 일대의 보병과 공수부대, 경비부대를 총동원했다. 특히 노태우 소장은 전방 부대인 9사단(26연대)을 동원했고, 박희도 준장은 김포1공수여단, 이상규 준장은 제2기갑여단 등을 동원했다. 이들 부대는 전방 방위의 핵심 전력의 하나였다.[206]

12·12군사반란 과정에서 여러 명의 군인이 사망하거나 다쳤다. 정병주 특전사령관의 비서실장 김오랑 소령, 정승화 총장 공관 초소병 박윤관 일병, 육본 지하벙커를 지키던 정선엽 병장 등이 사망했고, 다수 군인이 다쳤다. 반란을 막기 위해 끝까지 노력했던 정병주 특전사령관은 사건 당시 부하의 총격으로 부상을 입었고, 그를 보호하려던 비서실장 김오랑 소령은 반란군의 총격에 사망했다. 정병주 장군은 1980년대를 울분으로 보내다 1989년 3월 어느 날 실종된 후 목을 맨 변사체로 발견되었다.

정승화 계엄사령관은 허삼수 등에게 체포돼 육군 보안사 서빙

---

206 임영태 지음, 『대한민국사 1945~2008』, 들녘, 2008, 515~520쪽.

고 분실에서 고문을 당한 뒤 군사재판에 회부되었고, 이등병으로 강제 전역되는 수모를 겪었다. 신군부 반란에 끝까지 저항한 장태완 수경사령관도 강제 예편되었다. 12·12군사반란 뒤, 전두환 일당은 자신들의 행위에 비판적인 군 장성들을 대거 예편시켰으며, 자신들에게 우호적인 인사들을 중심으로 군부를 재편해 군권을 완전히 장악하였다. 이 과정에서 미국과도 심각한 갈등을 빚었다. 12·12군사반란은 전두환의 신군부가 정권을 찬탈한 출발점이었다.

정치 맛을 알아버린 군인들

우리 속담에 "중이 고기 맛을 알면 절에 빈대가 안 남는다"라는 말이 있다. 전두환을 보면서 이런 생각이 떠오른다. "군인이 정치 맛을 알면 나라가 남아나지를 않는다." 전두환은 말이 군인이었지 철저히 정치인이었다. 그는 우리가 말하는 부정적 의미의 '정치군인'의 전형이다. 전두환은 초급 장교 시절부터 정치군인 행세를 했다. 5·16군사쿠데타가 났을 때, 그의 계급은 대위였다. 1931년 생인 전두환은 1961년 당시 만 30세였다. 한창 피 끓는 젊은 청년 이었지만, 국가 수호의 군인 정신과 기백은 어디에도 없었다. 이미 그는 닮을 대로 닮은 정치가 행세를 하고 있었다. 5·16 지지 데모를 조직한 것이 바로 그 징표이다.

전두환은 젊은 나이에 정치군인이 되었고, 권력을 탈취하는 순간까지 정치군인이었다. 정치군인이 권력을 눈앞에 두고 가만 있을 수 없었다. 1979년 10·26사건으로 절대 권력자 박정희가 사라지자 권력의 공백 상태가 도래했다. 사람들은 이 상황이 무엇을 의미하는지 잘 몰랐다. 그러나 전두환은 잘 알았다. 그는 서른 살 때부터 20여 년을 박정희 주변에서 권력이 어떻게 작동되는지 보면서 정치군인으로 살았다. 그 때문에 권력의 향방에 민감했고, 주인 없는 권력을 어떻게 채어갈지에 대한 촉감도 빨랐다.

절대 권력자가 사라진 상태에서 권력의 주인은 따로 없었다. 국민은 권력의 주인이지만 박정희 유신체제 아래서 제대로 권리를 행사하지 못했다. 유신체제에 저항하며 많은 사람이 감옥에도 가고 조직도 만들었지만 아직 그들의 힘은 부족했다. 양김으로 대표 되는 야당 세력은 국민을 단결시켜 민주주의를 완성하려고 노력하기보다는 권력이라는 열매를 따 먹을 생각에만 정신이 팔려 있었다.[207]

이런 상황에서는 군부의 동향이 무엇보다도 중요하다. 박정희 정권을 물리적으로 지탱한 최후의 힘은 군부였다. 이제 그 군부는 권력의 군대가 아니라 국민의 군대로 안보를 책임지는 본연의 업무에 충실한 존재로 돌아가야 마땅했다. 그래야 한국 사회의 민주화도 얼마간 곡절을 겪더라도 제자리를 찾게 될 것이었다. 군은 만

---

207 임영태 지음, 앞의 책, 512쪽.

일의 사태에 대비하면서 국가 보위의 의무를 제대로 다하면 그것으로 그만이었다. 군부는 정치권에서 마련한 정치 일정에 따라 헌법이 마련되고, 민주적 절차를 밟아 선거가 치러지고, 새 대통령이 선출되도록 국가 안전을 책임지면 되었다. 군부의 정치적 중립이 보장되어야 민주화 일정도 무난히 진행될 수 있었다.

그러나 전두환과 하나회를 중심으로 한 정치군인은 딴생각을 하고 있었다. 권력 탈취. 그들은 권력의 공백 상태를 이용한다면 작은 물리력으로도 권력 탈취가 가능하다고 판단했다. 그들은 보안사령부에 반란 계획의 총본부를 마련했다. 전두환이 사령관이었고, 허삼수, 허화평, 권정달, 이학봉 등 5공 정권의 실세로 한 시절을 풍미한 인간들이 모두 이곳에 있었다. 12·12군사반란은 이들 대령들이 기획했다. 그리고 실행 과정에 하나회 출신의 여단장, 연대장, 사단장의 물리력이 동원되었다.[208]

박정희가 죽기 전까지 전두환은 평범한 군인이었다. 그는 박정희가 사망할 당시 보안사령관이었다. 그의 계급은 육군 소장. 평범하다는 것은 그가 군지휘관으로서 특별히 뛰어난 자질을 보여주지 못했다는 이야기다. 그러나 그는 동기들 가운데 승진이 가장 빨랐다. 그런 점에서 그는 능력 있는 군인이었다.

전두환의 승진이 가장 빨랐던 것은 몇 가지 이유가 있겠지만 가장 중요한 것은 그가 윗사람, 특히 인사권자인 박정희의 눈에 들

---

208 12·12군사반란의 자세한 내용은 이계성 지음, 앞의 책, 한국일보, 1993을 참고할 수 있다.

었다는 점이다. 그는 야전사령관으로서 능력을 나타내기보다는 정치군인으로서 권부 주위를 맴돌며 출셋길을 잘 개척했다. 그가 군인 본래의 길보다는 정치군인으로서 출셋길을 찾을 수 있었던 것은 박정희의 군부 관리와 밀접한 연관이 있다.

전두환이 군 생활을 보낸 기간은 대부분 박정희가 대통령으로 있던 시절이었다. 박정희 통치 시기 군은 국가 안보를 지키는 물리력이면서 동시에 정권의 최후 보루였다. 박정희는 중앙정보부를 정치 공작 사령부 및 권력 수호의 참모부로, 군대를 권력 사수의 물리적 보루로 삼았다. 박정희에게 군은 중요한 권력 기반이면서 항상 경계 대상이었다. 자신이 군대를 동원해 권력을 탈취했기 때문에 군의 위력을 잘 알고 있었다. 그 때문에 그는 군을 통제·관리하는 일에 적지 않은 신경을 썼다.

박정희는 치밀한 계산 아래 군부를 관리했다. 군부의 동향은 보안사령부에서 항상 감시했다. 박정희 통치 시기에 군부는 영남 인맥이 장악했다. 이승만 정권 시절 군부의 주요 인맥은 서북파(평안도와 황해도 출신)와 동북파(함경도 출신)가 장악했기에 박정희는 소외되어 겉돌아야 했다. 하지만 박정희가 권력을 장악한 뒤 이북 출신 군 인사들은 몰락하고 영남 인맥이 군부 핵심을 장악했다. 박정희는 영남 인맥이 군부를 장악하도록 도와주었으며, 군부의 주요 인사들에 대한 감시와 통제를 게을리하지 않았다. 군부가 등을 돌리면 권력은 언제든 무너질 수 있기 때문이다.

박정희의 군부 감시와 통제를 잘 보여주는 예가 윤필용 사건이다. 윤필용은 육사 8기이지만 5·16쿠데타 당시 이른바 '혁명 주체'에 속하지 않았다. 그러나 박정희와의 개인적 인연 때문에 총애를 받으면서 승승장구 출세 가도를 달렸다.[209]

박정희는 5사단장 시절 만난 윤필용을 총애하여 7사단장, 1군 참모장, 군수기지사령관, 1관구사령관 등 새로운 보직을 맡을 때 대부분 데리고 갔다. 윤필용은 군정 시절 최고회의 의장 비서실장을 지냈고, 육군 방첩대장, 수경사령관 등으로 20년간 박정희의 최측근으로 활약하며 군부 내 최고 실세가 되었다.

그렇게 나는 새도 떨어뜨릴 위세를 과시하며 잘나가던 윤필용 수경사령관(소장)이 몰락하는 사건이 일어났다. 1973년 4월 28일 석간신문에는 윤필용 소장이 횡령 등의 혐의로 징역 15년을 선고받은 사실이 보도되었다. 당시에는 그 진상이 정확히 밝혀지지 않은 채 세간에 온갖 이야기가 난무했다.

윤필용이 하루아침에 세도가에서 수인 신세로 전락한 배경에는 2인자를 허락하지 않는 박정희의 권력 관리가 있었다. 윤필용은 박정희의 총애를 받으면서 당시 권부의 물리적 실세 4인방 가운데 한 명으로 자리 잡았다. 4인방은 중앙정보부장 이후락, 청와대 경호실장 박종규, 보안사령관 김재규, 수경사령관 윤필용이었다. 박정희는 이들 4인 체제를 이용, 상호 견제하도록 관리했다.

이 무렵 이후락이 평양을 다녀오고 7·4남북공동성명을 성사

---

209 한홍구 지음, 「박정희 죽음의 전조 '윤필용 사건'」, 한겨레신문, 2012. 5. 18.

시키면서 절정의 권력을 구가했다. 윤필용은 육사 2기생인 김재규까지 제치면서 힘을 발휘했지만 이후락에게는 아무래도 밀리는 형국이었다. 처음에 윤필용은 이후락을 견제했으나 결국 두 사람은 화해하고 밀월관계가 형성되었다. 그런데 윤필용이 술자리에서 이후락에게 '다음 후계자는 형님이 맡아야 한다'고 한 소리가 박정희 귀에 들어가고 말았다. 윤필용 사건은 이렇게 해서 일어났다.

군부 사조직 하나회의 실체

박정희는 김재규의 뒤를 이어 보안사령관이 된 강창성(육사 8기로 윤필용과 동기)에게 이 사건을 철저히 파헤치라고 지시했다. 강창성은 박정희의 지시대로 엄중하게 조사했다. 조사 결과 박정희에 대한 윤필용의 '불경한' 행위가 샅샅이 밝혀졌다. 윤필용의 도를 넘은 세도 행각도 전면적으로 드러났다. 윤필용은 감옥에 갔고, 다시는 재기하지 못했다.

이 사건으로 업무상 횡령, 수뢰, 특정범죄가중처벌법 위반, 군무 이탈 등 8개 죄목이 적용되어 윤필용을 비롯해 수도경비사령부 참모장 손영길 준장, 육군본부 진급인사실 보좌관 김성배 준장 등 장성 세 명과 육군본부 진급인사실 신재기 대령, 육군본부 범죄수사단장 지성한 대령 등 장교 열 명에게 1~15년의 징역형이 선고되었다. 이때 윤필용은 징역 15년형에 벌금 및 추징금 약 2,600만 원을 선고받았다.

윤필용과 가까운 장교 30여 명이 군복을 벗었다. 중앙정보부에서도 이후락과 가까운 울산 사단 30여 명이 구속되거나 쫓겨났다. 이로써 육사 11기의 선두주자였던 손영길이 몰락하고, 전두환·노태우가 하나회를 장악한다.

이 사건으로 이후락도 박정희의 눈치를 봐야 했다. 조갑제는 이 사건으로 박정희의 눈 밖에 난 이후락이 신임을 회복하기 위해 김대중 납치 사건을 감행하였고, 문세광이 육영수를 저격하는 사건을 일으키게 되었으며, 그에 따라 박정희가 몰락하는 전조가 되었다고 평가하였다.[210]

윤필용 사건을 조사하면서 군 내부의 비밀 사조직 '하나회'의 실체도 드러났다. 하나회는 전두환, 노태우 등 육사 11기생이 중심이 되어 조직한 군 내부의 사조직이었다. 이들은 서로 밀어주면서 군의 요직을 장악해가고 있었다. 노태우 등은 윤필용과 특히 가까웠고, 세간에서는 윤필용이 '하나회의 대부'라고 이야기될 정도였다. 전두환은 하나회 조직의 힘을 바탕으로 결국 박정희가 사망하는 10·26사건 이후 12·12군사반란을 일으켜 권력을 탈취하는 데로 나아가게 된다.[211]

---

210 조갑제 지음, 「진상 윤필용 사건-세 당사자 윤필용·강창성·신범식 증언」, 『월간조선』, 2003. 7. 15.
211 하나회에 대한 자세한 내용은 김재홍 지음, 『군 1: 정치장교와 폭탄주』, 동아일보사, 1994; 임영태 지음, 『대한민국사 1945~2008』, 들녘, 2008, 530~534쪽을 참고할 수 있다.

수사를 맡은 보안사령관 강창성은 하나회를 척결하려고 하였다. 군내에 사조직이 버젓이 존재한다는 것은 경악스러운 일이었다. 게다가 이들 사조직은 비정상적일 정도로 군의 핵심 인사와 연결되어 요직에 접근하고 있었다. 전두환에게 위기가 찾아왔다. 이때 이들을 구해준 것은 박종규와 서종철(국방장관), 진종채(전두환 전임 보안사령관) 등 영남 장성들이었다. 영남 장성들은 강창성 보안사령관이 "영남 출신 군인들의 씨를 말리려 한다"면서 하나회 구명운동에 나섰다. 강창성은 경기도 포천 출신으로 영남 인맥과는 사이가 좋지 않았다. 박정희는 이들의 구명운동을 받아들여 하나회의 처벌을 막았다. 강창성은 군부 내의 영남 인맥 때문에 보안사령관에서 밀려났다. 이때의 악연으로 1980년 전두환이 집권한 뒤 강창성은 비리 혐의로 구속되어 삼청교육까지 받는 수모를 겪었다.

박정희는 하나회의 실체를 알고도 묵인함으로써 결국 자신이 사망한 뒤 신군부가 집권할 기회를 마련해주었다. 하나회는 박정희의 젖줄을 먹고 자랐다. 그런 점에서 "전두환은 박정희의 '정치적 양아들'이다"라는 세간의 평가는 헛말이라고만 할 수 없었다. 박정희가 하나회를 처벌하지 않은 것은 그것이 자신을 위협할 수준이 아닌데다가 영남 출신 장교들이 자신의 중요한 권력 기반이었기 때문이다. 군부는 언제든 무력으로 권력 탈취를 시도할 수 있는 집단으로 항상 권력자의 감시와 통제의 대상이었다. 그래도 박정희에게는 동향 출신인 경상도 군인들이 가장 믿을 수 있는 집단이었다.

박정희에게서 배운 대로

박정희가 전두환을 살려준 것은 5·16쿠데타 직후 육사 생도들의 지지 데모를 이끌어낸 공로를 인정한 때문이기도 했다. 5·16 직후 쿠데타 세력이 여러 가지로 어려움에 처했을 때 전두환·이상훈 대위가 주동이 되어 생도들을 배후에서 조종, 이른바 '군사혁명 지지' 데모를 성공시켰다. 전두환은 이 공로를 인정받아 박정희 최고회의 의장의 민원담당 비서관이 되었다가 1963년에는 중앙정보부 인사과장이 되었다. 전두환은 이때부터 동기들 가운데 선두주자가 됐다.[212]

전두환은 이 같은 박정희와의 정치적 인연을 바탕으로 군부에서 탄탄한 기반을 구축했다. 그는 또한 노태우 등 동기생들과 함께 결성한 '하나회'를 좀 더 조직적이고 체계적으로 확대하면서 동기와 후배들이 군내의 인사, 정보 등 핵심 보직을 차지하도록 이끌었다. 그는 특유의 '보스 기질'도 발휘했다. 전두환은 육사 졸업 당시 성적이 최하위에 속했지만 이 같은 정치군인 행보를 기반으로 동기 중에서 가장 앞서가게 되었다.

윤필용 사건이 났을 때 전두환은 준장으로서 1공수여단장이었다. 전두환은 윤필용의 참모장이던 손영길과 함께 별을 가장 먼저 달았다. 손영길은 윤필용 사건으로 몰락했으나 전두환은 살아

---

212 고나무 지음. 『아직 살아있는 자 전두환』, 북콤마, 2013, 115쪽.

남아 하나회를 장악했고, 정권까지 탈취했다. 윤필용 사건 당시 전두환은 손영길의 구명에 나설 수 있었으나 그를 위해 한마디도 거들지 않았다고 한다. 손영길은 후에 이와 관련 속내를 살짝 보인 적이 있다.[213] 전두환은 군 지휘관으로서보다는 정치군인으로서 뛰어났다고 말하는 편이 옳을 것이다. 전두환은 위기를 넘기고 야전에서 근무하다가 1976년 3월부터 청와대에서 근무했다. 경호실 작전차장보로 차지철 경호실장 밑에서였다.

전두환은 청와대 작전차장보를 거쳐 1977년 2월 소장으로 진급했고, 1978년 1월 보병 1사단장으로 야전에 배치되었다. 이때 제3땅굴을 발견함으로써 다시 한 번 박정희의 신임을 받는다. 그런데 박정희는 자기 운명을 알았을까? 그는 사망하기 몇 달 전인 1979년 3월 전두환을 보안사령관으로 임명했다. 그리고 그해 10월 26일 궁정동 안가에서 김재규의 총탄에 박정희 대통령과 차지철 경호실장이 사망하는 사건이 발생했다.

계엄령이 선포되면서 보안사령관이었던 전두환은 군·검·경 합동수사본부장으로서 박정희 시해 사건의 수사 책임자가 되었다. 박정희의 젖줄을 먹고 자란 전두환이 마침내 박정희의 은혜를 갚을 수 있게 된 것이다. 그러나 전두환은 그 차원을 넘어 박정희 주변에서 배운 권력 탈취 수법을 그대로 써먹었다. 전두환과 하나회 등 정치군인들은 김재규 사건의 수사를 넘어 권력의 공백 상태

---

213 노재현 기자, 「노재현 묻고 윤필용 사건 무죄 판결 받은 손영길 답하다」, 중앙일보, 2011. 2. 16.

에서 군권을 장악하기 위한 12·12사건을 기도해 성공했다.

길고 길었던 king공작 쿠데타

12·12군사반란이 성공한 뒤, 신군부는 치밀하게, 그리고 본격적으로 권력 탈취에 나섰다. 우선 군부를 자신들이 마음대로 부릴 수 있게 재편했다. 10·26사건의 주범으로 몰려 쑥대밭이 된 중앙정보부도 장악했다. 학생들과 야당, 재야세력이 '서울의 봄'을 만끽하던 1980년 4월 14일 전두환은 중앙정보부장 서리에 취임했다. 중앙정보부법상 현직 군인은 부장이 될 수 없었기에 '서리'라는 꼬리표를 달고 등장한 것이다.

전두환의 정보부장 서리 취임은 몇 가지 점에서 매우 중요한 의미가 있었다. 우선 중정의 조직과 정보를 장악함으로써 정국 흐름을 주도할 수 있었다. 전두환은 중정부장과 보안사령관을 겸임함으로써 군과 민간 정보를 완벽하게 장악할 수 있었다. 이것은 "지금으로 치면 '기무사령관+검찰총장+경찰청장+국정원장'을 한 몸에 구현한"[214] 것이나 마찬가지였다.

또 당시 중정부장은 부총리급으로 국무회의에 참석할 수 있었다. 그 전까지 노재현 국방부 장관의 뒤를 따라 합수본부장 자격으

---

214 고나무 지음. 앞의 책, 123쪽.

로 국무회의에 배석하는 전두환에게 신현확 등 각료들이 계속 시비를 걸었다. 전두환은 중정부장 서리가 됨으로써 국무회의에 참석해 행정부를 통제할 수 있게 되었다. 어떤 면에서 그보다 더 중요했던 것은 중앙정보부가 갖고 있던 예산이었다. 당시 중정 예산은 800억 원 정도였는데, 이 가운데 120억 원을 빼내 권력 탈취 활동에 쓴 것이다.[215]

이와 함께 전두환을 지도자로 부각하기 위한 언론 공작이 시작되었다. 이른바 'K-공작'이다. K는 King의 약자로 전두환을 대통령으로 만들기 위한 작업을 의미했다. 이는 보안사가 주도했다. 보안사의 권정달 정보처장, 정도영 보안처장, 허삼수 인사처장, 이학봉 대공처장, 허화평 사령관 비서실장 등 이른바 전두환의 보안사 5인방이 모든 것을 주도했다. 그들은 실무팀을 꾸려 구체적인 실행 작업에 들어갔는데, 실무책임자는 보안사 언론팀장인 이상재 준위였다. 언론 대책반은 서울시청에 사무실을 차려놓고 언론 공작에 몰두했다. 언론사 및 언론인을 포섭하고 시국의 혼란상을 부각하는 한편, 전두환을 띄우는 작업에 들어갔다.[216]

전두환 일당은 이처럼 치밀한 계획 아래 권력 탈취 작업을 착착 진행해갔다. 동시에 신군부는 자신들의 권력 탈취 명분을 쌓기 위해 학생들의 시위를 의도적으로 방치하고, 과격화를 조장하였

---

215 강준만 지음, 『한국 현대사 산책: 1980년대편 1』, 인물과사상사, 2003, 70쪽.
216 임영태 지음, 앞의 책, 521쪽.

다. 학생들은 4월 말부터 산발적으로 거리로 나오기 시작했고, 5월 초에는 모든 학생이 거리에서 시위를 벌이는 상황이 되었다. 5월 중순 자신들의 계획대로 상황이 충분히 무르익었다고 판단한 군부는 드디어 행동 개시에 나섰다.

신군부가 행동을 개시하기 직전 낌새가 이상하다고 느낀 서울의 학생 지도부는 5월 15일 '서울역 회군'을 결정했으나 이미 때는 늦었다. 학생들이 물러났다고 군부가 자신들의 계획을 그만둘 리 없었다. 마침내 5월 17일 계엄을 전국으로 확대하는 조치가 발표되었다. 그 전까지 계엄은 제주도가 제외된 '지역 계엄'이었으나 이 조치로 '전국 계엄'으로 확대되면서 상황이 달라졌다. 확대 계엄에 대해 전국은 조용했지만 광주에서는 시위가 계속되었다. 광주에서 학생 시위가 벌어지자 군인들이 무자비하게 공격했다. 이에 분노한 시민들이 가세하면서 광주시민항쟁이 일어났다.

그러나 여전히 다른 곳은 조용했고, 광주는 고립된 채 싸웠다. 신군부는 광주에서 '피의 잔치'를 벌였다. '화려한 작전'이라는 이름이 붙은 진압 작전은 광주 전역을 피로 물들였다. 광주 시민들은 처절하게 싸웠다. 그리고 마지막까지 저항하던 시민군은 도청에서 죽어갔다. 1980년 5월 27일 신군부는 광주시민항쟁의 마지막 본거지인 전남 도청을 장악했다. 같은 날 정권 장악을 위한 행정기구로 국가보위비상대책위원회가 설치됐다. 7월 4일에는 김대중 내란음모사건이 발표되었다. 김대중이 '광주시민항쟁'을 배후 조종했다고 했다. 김대중은 그 전에 이미 군에 연행되었지만 신군부로서는 상관없는 일이었다.

8월 16일 최규하 대통령이 사임했다. 8월 22일 전두환은 육군 대장으로 전역했다. 8월 27일 전두환은 통일주체국민회의에서 대통령으로 선출되었다. 9월 1일 제11대 대통령 취임식이 거행되었다. 마침내 1979년 12월 12일에 시작된 권력 탈취 기도가 성공한 것이다. 무려 10개월간에 걸친 '세계에서 가장 오래 걸린 쿠데타'였다. 10월 27일 국보위 입법회의가 설치되어 5공 정권의 법적·제도적 정비가 진행되었고 헌법이 개정되었다. 그러나 체육관에서 대통령을 선출하는 것은 바뀌지 않았다. 1981년 2월 25일 전두환은 체육관 선거를 거쳐 대통령에 당선되었고, 3월 3일 제12대 대통령에 취임했다. 이로써 정치군인 전두환은 권력 탈취를 최종적으로 종결지었다.[217]

위관 장교 시절부터 반(反)정치인이었던 전두환은 49세에 정치인들이 그렇게도 차지하고 싶어하는 대통령 자리에 앉았다. 그러나 전두환의 대통령 취임은 정상적인 정치활동의 결과가 아니었다. 그는 무늬뿐인 군인으로 살다가 절대 권력자 박정희가 사라진 권력의 공백 상태에서 '반란과 내란'으로 권력을 탈취했다. 그는 권좌에 앉기 위해 상관에게 총부리를 겨누는 군사반란을 일으켰고, 국가권력을 탈취했다. 또한 그는 정당한 시민의 민주화 시위를 군대를 동원해 무력으로 짓밟으며 살육행위를 저질렀다. 전두환은

---

217 임영태 지음. 앞의 책, 525쪽.

무법자였다. 그는 적에게 돌려야 할 총구를 자기 국민에게 돌렸고, 민주화를 요구하는 시민들을 무참히 학살했다. 그는 군사반란과 내란 및 시민 학살을 자행했다. 그가 지배한 8년 동안 국민의 인권은 무참히 유린되었다. 그는 나중에 군사반란과 내란혐의로 법정에서 유죄를 선고받았다. 그러나 그는 형식적 처벌 끝에 사면받아 풀려났다. 그는 '아직도 살아 있다.' 그는 지금까지 자기 행위를 한 번도 참회하지 않았다. 아마 죽을 때까지 그럴 것이다. 그렇다면 역사는 그를 단죄할 수 있을까?

13장
—
종철아,
할 말이
없대이

책상을 '탁' 치니 '억' 하고 죽었다?

1987년 1월 13일 자정 무렵. 박종철은 남영동 치안본부 대공
분실[218]로 연행되었다. 그는 서울대 언어학과 3학년에 재학 중이
었다. 그는 수사관들에게 '민추위' 사건으로 수배 중이던 학교 선배
박종운의 소재를 대라는 추궁을 집중적으로 받았다. 박종철이 연
행된 배경에는 대략 다음과 같은 이유가 깔려 있었다.

1985년 10월 27일, 정부 당국은 학내외의 각종 시위와 위장 취
업 등 노사분규의 배후에 좌경 용공학생들의 지하단체인 서울대

---

218 5공 시절 민주화 운동가를 불법 연행하여 고문조작 사건을 만들어낸 대표적인 기관은 현재
'경찰청 인권센터'로 바뀌었다. 초기에는 위치를 잘 몰랐으나 후에 남영동 전철역 근처에 있다는 사실이
밝혀지면서 민주화 운동가가 사라진 뒤 소재 파악이 안 되면 이곳 앞에서 시위를 벌이는 일이 종종
있었다.

'민주화추진위원회(민추위)'라는 조직이 있음을 밝혀냈으며, 이 단체의 위원장인 문용식(서울대 국사학과 졸업)과 문용식의 배후 조종자로 김근태(전 민주화운동청년연합 의장) 등 관련자 26명을 국가보안법 등 위반 혐의로 구속하고 17명을 수배했다고 발표했다. 그러나 이는 재야에서 선도적인 투쟁을 해온 민청련과 서울대의 학생운동 세력인 민추위를 하나로 묶어 뿌리를 뽑으려고 조작한 사건이었다.

1985년 2·12총선을 전후하여 학생들은 학생운동 방향을 놓고 노선 싸움을 벌였는데, 그중 '선도적 정치 투쟁'을 주장하는 민주화추진위원회 그룹이 있었다. 이들은 『깃발』이라는 기관지를 통해 자신들의 주장을 폈다. 그 때문에 이들을 '깃발 그룹', 이 사건을 '깃발 사건'이라고 불렀다. 이러한 『깃발』의 주장이 지지를 받으면서 1984년 민정당 중앙당사 점거 농성, 1985년 미국 문화원 점거 농성 사건 등이 일어났다. 이들 깃발 그룹은 선도적 정치 투쟁과 더불어 민중 지원과 연대투쟁(노학 연대투쟁)을 강조하였다. 박종철의 학교 선배 박종운은 이 사건으로 수배 중이었고, 박종철의 하숙집에 들른 것이 경찰에 포착되면서 그가 연행된 것이다.

그러나 박종철은 수사관들의 추궁에도 모른다고 대답하며 버티었다. 그러자 수사관들은 그의 옷을 모두 벗긴 채 물고문을 시작했다. 수사관들은 박종철의 양손과 양발을 결박한 다음, 겨드랑이를 잡고 등을 누른 상태에서 머리를 물속으로 집어넣었다가 빼는 물고문을 반복했다.

수사관들의 고문에도 박종철은 계속해서 박종운의 소재를 모른다고 했다. 수사관들은 박종철의 다리를 들어올린 채 물 속으로 머리를 집어넣었다. 이번에는 잠깐 동안이 아니었다. 완전히 항복할 때까지 집어넣을 작정이었다. 그런데 이 과정에서 박종철의 목이 욕조 턱에 눌려 숨을 쉬지 못하는 상태가 되었다. 결국 박종철은 경부(頸部, 목 부분) 압박으로 사망하고 말았다.[219]

당황한 경찰관들은 곧 인근의 중앙대 용산병원 응급실에서 오연상 교수(내과 전문의)를 불렀다. 그러나 응급처치에도 박종철은 살아나지 않았다. 경찰은 증거를 인멸하기 위해 서울 지검에 시신 화장을 신청했으나 거절당했다. 이 요청을 거부하고 '사체 보존 명령'을 내린 뒤 부검을 지시한 것은 최환 부장검사였다. 그는 경찰과 고위 당국자, 청와대의 끊임없는 압박을 막아내고 당직 검사였던 안상수에게 사건 지휘를 맡겼다.[220]

박종철 사망 사건이 처음 신문에 보도된 것은 1987년 1월 15일이었다. 그날 석간 중앙일보 사회면에 '경찰에서 조사받던 대학생 쇼크사'라는 제목의 2단짜리 기사가 실렸다. 이 기사는 법조 출입 기자 신성호가 15일 오전 체크를 위해 검찰 간부들 방에 들렀다가 한 간부 방에서 새어나온 "경찰 큰일 났어"라는 말 한마디를 듣고 취재에 들어가 낚아 올린 특종이었다.

그날 밤 7시 30분에서 9시 사이, 검사 입회하에 부검이 실시

---

219 강준만 지음, 『한국 현대사 산책: 1980년대편 3』, 인물과사상사, 2003, 149쪽.

220 김도형 기자, 「조국, "안상수가 박종철 고문은폐 막았다? 사실 아냐"」, 한겨레신문, 2012. 1. 13.

되었다. 경찰은 처음에는 "쇼크사로 판명 난 시체를 무엇 하러 부검하려 하느냐"라며 버텼고, 나중에는 부검을 경찰병원에서 하자고 주장했다. 결국 최환 부장검사의 제안으로 부검 장소는 한양대병원으로 결정되었다. 부검은 국립과학수사연구소 부검의 황적준 박사, 한양대 박동호 교수가 맡았다. 그리고 박종철의 삼촌 박월길이 참관했다. 부검 뒤 황적준 박사는 안상수에게 "질식사입니다. 물고문 같습니다"라고 말했다.[221] 박월길은 "이놈들이 종철이를 죽였다"라며 통곡했다.

"아버지는 아무 할 말이 없대이."

1월 16일 오전, 박종철의 주검은 화장되어 임진강에 뿌려졌다. 박종철의 아버지 박정기는 아들의 유골을 뿌리면서 "종철아, 잘 가 그래이. 아버지는 아무 할 말이 없대이"라고 비통하게 절규했다.

중앙일보 보도 이후 언론의 본격적인 취재가 시작되었다. 동아일보는 1월 16일자에서 박종철의 삼촌 박월길의 증언을 인용해 "숨진 박군은 두피하 출혈과 목, 가슴, 하복부, 사타구니 등 수십 군데에 멍 자국이 있었다"라고 보도했다. 다음 날 17일자에는 사체를 처음 검안한 중앙대병원 오연상 박사가 박종철이 고문받았을 가

---

221 박정기 지음, 「부검 통해 드러난 고문사 ⋯ 경찰은 회유 · 협박」 한겨레신문, 2011. 12. 21.

능성을 시사한 발언이 실렸다. "조사실에 도착했을 당시 박군은 바지만 입은 채 웃옷이 벗겨져 있었던 것으로 기억하며, 약간 비좁은 조사실 바닥에는 물기가 있었다." 오연상은 1987년 한국기독교교회협의회(KNCC) 인권상을 받았고 올해의 인물로도 선정되었다.

부검의사 황적준 박사 또한 회유와 협박에 시달렸으나 양심적인 증언을 함으로써 사건의 진실을 밝히는 데 도움을 주었다. 그는 "보고서에 '심장쇼크사'로 기록해달라"는 경찰의 요구를 받고 '정의와 타협 사이에서' 고민했다. 그는 고민 끝에 17일 아내에게 "정의의 편에 서서 감정서를 작성하겠다"라고 말했다. 그는 1년 뒤 당시 부검 과정에서 받았던 경찰의 회유와 협박 내용을 기록한 일기장을 언론에 공개했고, 이로써 강민창 치안본부장이 구속되었다.[222]

최환 부장검사와 양심적인 의사들의 노력으로 진실은 묻히지 않을 수 있었다. 언론의 취재로 사건의 윤곽이 드러나자 경찰은 수사 도중 박종철이 사망한 사실을 시인하지 않을 수 없었다. 1월 17일 치안본부 특수수사대가 수사에 들어갔고, 강민창 치안본부장은 기자회견을 열고 다음과 같이 시인하는 발표를 했다.

"1월 14일 오전 8시 10분경, 관악구 신림동 하숙방에서 연행되어 오전 9시 16분경 조반으로 밥과 콩나물을 주니까 조금 먹다가, 어젯밤 술을 많이 먹어서 밥맛이 없다고 냉수를 달라고 하여 냉수를

---

222 박정기 지음, 앞의 글, 한겨레신문, 2011. 12. 21.

몇 컵 마신 후 10시 51분경 심문을 시작, 박종운 군 소재를 묻던 중 갑자기 '억' 하고 소리를 지르며 쓰러져 중앙대부속병원으로 옮겼으나 12시경에 사망했다."[223]

그러나 경찰 발표는 사람들의 분노를 촉발했다. 특히 치안본부 대공 5차장 박처원은 이 사건과 관련 "책상을 '탁' 치니 '억' 하고 죽었다"라고 해서 두고두고 세상 사람들의 비웃음거리가 되었다. 이런 식의 경찰 발표를 믿을 사람은 아무도 없었다. 사건에 대한 세간의 의혹이 증폭되자 경찰은 사건 발생 5일 만인 1월 19일 물고문 사실을 공식 시인했다. 그리고 조한경 경위와 강진규 경사를 특정범죄가중처벌법(고문치사) 혐의로 구속하였다.

딥스로트, 영등포교도소 보안계장

|

박종철 고문치사 사건은 1987년 6월 항쟁의 도화선이 되었다. 전두환 정권은 5·16쿠데타로 들어선 박정희 정권과도 달랐다. 무엇보다 신군부는 광주학살이라는 엄청난 죄악을 저지른 살인 정권이었다. 일반 국민에게도 전두환 정권은 인기가 없었다. 폭압 통치뿐만 아니라 '패밀리 비즈니스'를 통해 부를 챙기기에 여념이 없었

---

223 동아일보, 1987. 1. 18.

던 전두환 일가친척들의 부정부패도 정권의 인기를 떨어뜨리는 한 요인이었다.

전두환 정권 말기, 대중의 불만은 점점 커져갔다. 민주화에 대한 열망도 높아갔다. 그러한 열망은 직선제 개헌 요구로 표출되었다. 이에 전두환과 노태우 일당은 내각제 개헌이나 '호헌(護憲)'을 통해 장기집권을 기도했다. '호헌'이라고 하니까 그럴듯하게 들릴지 모르지만 사실은 '체육관 선거'를 의미했다. 이는 민주세력으로서는 도저히 용납할 수 없는 일이었다. 신군부의 장기 집권 기도와 민주화 요구가 본격적으로 격돌하는 시점에서 박종철 고문치사 사건이 발생했다. 이 사건은 민주항쟁의 불길을 지피는 데 중요하게 작용했다.

국민은 박종철 고문치사 사건에 큰 분노를 표시했지만, 정작 더 큰 분노는 그 사건에 대한 조직적 은폐가 진행되었다는 사실이 밝혀지면서 표출되었다. 박종철 사건이 발생하자 야당과 종교단체, 학생과 재야세력은 정확한 사인과 진상 규명을 요구하며 농성과 추모 집회를 열었다. 각계각층 인사 9,000여 명으로 구성된 '박종철 군 국민추도회'를 발족해 진상규명과 5공 규탄 투쟁을 전개했다. 2월 7일에는 추도 집회가, 3월 3일 49재 날에는 '고문추방 국민대행진'이 열렸다. 이것은 6월 항쟁의 전주곡이었다.

그 와중에 이 사건과 관련해 결정적인 폭로가 나왔다. 5월 18일 밤 8시 30분, '5·18 광주항쟁 희생자 7주기 추모 미사'가 열린 명동성당. 홍제동 성당의 김승훈 주임신부는 가톨릭 정의구현사제단의 이름으로 "박종철 군 고문치사 사건은 조작되었다"라는 내용의 성명서를 발표하였다. 사제단은 "박종철 고문치사 사건의 진범이 따로 있다"며 진상을 조작, 축소·은폐한 사실을 폭로했다.

사제단의 폭로로 고문에 직접 가담한 황정웅 경위와 반금곤·이정호 경장이 구속되었고, 범인 축소 조작에 가담한 박처원 치안감(5차장)과 대공수사 2단의 유정방 5과장, 박원택 5과 2계장이 추가로 구속되었다. 그런데 박처원은 뒤에 고문기술자로 밝혀진 이근안의 도피에도 관여하였다. 그는 '카지노 대부'로 알려진 전낙원에게서 10억 원을 받아 이근안에게 도피 자금으로 주었다.[224]

박종철 고문치사 사건과 관련 경찰의 조작 사실이 밝혀진 것은 딥스로트(deep throat, 익명의 사건 제보자)가 있었기에 가능했다. 그 사람은 바로 당시 영등포교도소에서 보안계장으로 근무하던 안유였다. 그는 한동안 A씨로 불렸다. 그가 이 사건의 제보자가 된 내막은 이렇다.

1987년 1월 17일 남영동 대공분실에서 조한경 경위와 강진규 경사가 오리털 파카를 뒤집어쓴 채 영등포교소도에 들어왔다. 머칠 후 대공분실 수사관들이 찾아와 특별 면회를 신청했다. "교도관이 참석해서는 안 되고 기록도 하지 말라"라는 요청이 있었다. 그러나 규정상 불가능했다. 그래서 기록은 하지 않는 대신 안유 보안계장이 면회 과정을 지켜보았다.

---

224 한홍구 지음, 「이근안과 박처원, 그리고 노덕술」, 『한겨레21』 제360호, 2001. 5. 22.

그런데 안유 보안계장은 면회 온 수사관들이 "당신 둘이 죄를 덮으면 1억 원씩 주고 가족의 생활을 보장하겠다. 조만간 가석방으로 꺼내주겠다"라며 회유하는 이야기를 들었다. 안씨는 이 사실을 당시 구속된 수사관과 한 건물에 수감됐던 재야인사 이부영에게 알려주었다. 이부영은 민주통일민중운동연합 사무처장으로 1986년 5·3사건을 주동한 혐의로 구속되어 있었다. 이부영은 민주화 운동가들을 도와주던 교도관 출신의 전병용을 통해 재야인사 김정남에게 이 사실을 전달했다. 김정남은 이를 다시 함세웅 신부에게 전했고, 김승훈 신부가 '고난의 제의'를 맡았다.[225]

사제단의 폭로에 경찰은 처음에는 부인했다. 하지만 손바닥으로 하늘을 가릴 수는 없었다. 그렇게 해서 고문 경찰관들이 구속되었고, 전두환의 5공 정권은 치명적인 타격을 입었다. 전두환 정권은 경찰관의 구속만으로 정국을 수습할 수 없게 되자 5월 26일, 노신영 국무총리, 장세동 안기부장, 정호용 내무부 장관, 서동권 검찰총장 등에 대한 문책 인사를 단행했다.

이 사건과 관련해 노신영 총리가 책임을 지고 물러나겠다고 하자 전두환은 "총리, 그래 그만두고 혼자만 편하겠다는 거요?"라고 했다.[226] 전두환은 대통령답지 않은, 조직의 두목 같은 직설화법을 구사했다. 이미 2월 7일 김종호 내무부 장관과 강민창 치안본

225 김정남 지음, 『진실, 광장에 서다』, 창작과비평사, 2005, 568~571쪽.
226 고나무 지음, 앞의 책, 176쪽.

부장이 물러난 바 있었다. 이 사건으로 5공 정권의 이른바 강성 인사들이 대거 물러나게 됐고, 정국 주도권이 야당과 민주세력에 넘어오게 되었다.

박종철 고문치사 사건과 함께 1987년 6월 민주항쟁의 결정적 원인이 된 것은 4·13호헌조치였다. 1986년 말, 야권의 직선제 개헌과 여권의 내각제 개헌이 팽팽히 맞서는 가운데 이민우 구상이 발표되었다. "전두환 정권이 민주화 조치를 단행할 경우, 내각제 개헌을 수용할 수 있다"라는 것이었다. 그러나 이는 야권에서 받아들일 수 없는 내용이었다. 정치 공작의 냄새도 났다. 이에 김영삼·김대중은 이민우의 신민당을 탈당해 신당(통일민주당)을 창당하고 정면승부를 띄웠다.

전두환은 그런 와중에도 4월 13일 특별 성명에서 호헌 선언을 발표했다. "여야가 헌법안에 합의하면, 개헌할 용의가 있었지만 야당의 억지로 그것이 불가능하기 때문에 부득이하게 현행 헌법을 고수할 수밖에 없다." 이로써 정국은 격동 속으로 빨려들었다. 그때 박종철 고문치사 사건이 조작되었다는 사실이 폭로되었다. 이 사건으로 민주세력은 큰 힘을 얻었고, 전두환 정권은 더욱 위기 상황으로 내몰렸다. 정국은 요동쳤다.

5월 20일 야당과 재야세력, 종교단체 민주세력의 대표들이 우이동 '개나리산장'에서 비밀리에 모임을 갖고 범국민적 민주화 투쟁 전선 조직인 '민주헌법쟁취국민운동본부'를 결성하기로 합의하였다. 민주대연합이 성사된 것이다. 그리고 일주일 뒤인 5월 27일

종로구 연지동 기독교회관에서 민통련, 종교단체 등과 신민당, 민추협 등 민주세력을 총망라한 2,196명의 발기인(실제 참석자 150명) 대회가 열렸다. 이 자리에서 민정당 전당대회일인 6월 10일 '박종철 군 고문살인조작 범국민규탄대회'를 열기로 결정하였다. 그리고 6월 항쟁이 일어났다.

약자를 생각하고 정의를 사랑한 청년

6월 민주항쟁의 중요한 밑거름이 된 '박종철 고문치사 사건'의 당사자 박종철이 어떤 사람이었는지 알아보자. 박종철은 1965년 부산에서 태어났고, 1984년 서울대 언어학과에 입학했다. 그는 대학 입학 후 동아리 활동과 농촌 활동 등을 통해 사회 모순에 눈을 떠 학생운동에 적극 가담한다. 그는 1985년 미문화원 점거농성 사건 당시 지원 가두시위에 참가해 5일간 구류를 살았다. 여름방학에는 위장 취업을 해서 공장 활동을 경험하기도 했다. 1986년 4월에는 '청계피복노조 합법성 쟁취 대회' 가두시위에서 경찰에 붙잡혀 구속되었다. 그는 징역 10월에 집행유예 2년을 선고받고 7월 15일 출소했다. 그는 당시 언어학과 학생회장이었다. 이 청년은 옥중에서 부모님께 보낸 1986년 7월 8일자 편지에서 이렇게 썼다.

"아버지, 어머니. 더운 날씨에 고생들 많으시지요. … 이렇게

더운 날씨에 비취파라솔 밑에서 선글라스 끼고 한가하게 피서 즐기는 사람이 있는가 하면, 잘 먹고 잘 놀아서 피둥피둥 찐 살을 빼느라고 사우나탕, 헬스클럽 다니면서 땀 흘리는 사람이 있는가 하면, 삼복더위에 라면으로 끼니 때우며 먼지와 기름 냄새로 가득 찬 무더운 작업장에서 묵묵히 땀 흘리며 일하는 노동자들이 있습니다. 이런 노동자들에 비하면 저는 신선놀음입니다. … 저들이 비록 나의 신체는 구속을 시켰지만 나의 사상과 신념은 결코 구속시키지 못합니다. 저를 포함한 수많은 노동자, 학생들이 구속되어 있는 근본적인 원인이 무엇입니까. 누가 우리를 구속시켰습니까. … 악한 것을 악하다고 말할 용기가 없다면 마음속으로 진실하게 믿는 용기가 있어야 되지 않겠습니까. … 한 명에게라도 더 이러한 부당한 현실을 알리십시요. 내가 왜 구속되었는가를, 저들의 폭력성을, 우리들의 정당성을 사회적으로 고발하십시요. 그럴 용기가 없으면 마음속으로나마 바깥에서 오늘도 열심히 싸우고 있는 우리 친구들과 저처럼 싸우다 갇혀 있는 친구, 선배들에게 힘찬 격려의 박수라도 쳐주십시요. 엄마, 아버지의 막내는 결코 나약한 인간이 아닙니다."[227]

이 편지에서 드러나듯이 박종철은 민주주의와 정의를 사랑하는 청년이었다. 약자를 배려하고 불의에 항거하려는 뜻을 지닌 아름다운 사람이었다. 그는 스물두 살에 짧은 생애를 마감했다. 하지

---

227 김윤형 지음, 『박종철 유월의 전설』, 민주화운동기념사업회, 2006, 130~131쪽.

만 그는 민주주의 제단의 한 점 불꽃이 되어 다시 피어났다. 박종철의 육신의 삶은 청년으로 마감했지만, 그의 이름은 역사와 더불어 영원히 남을 것이다.

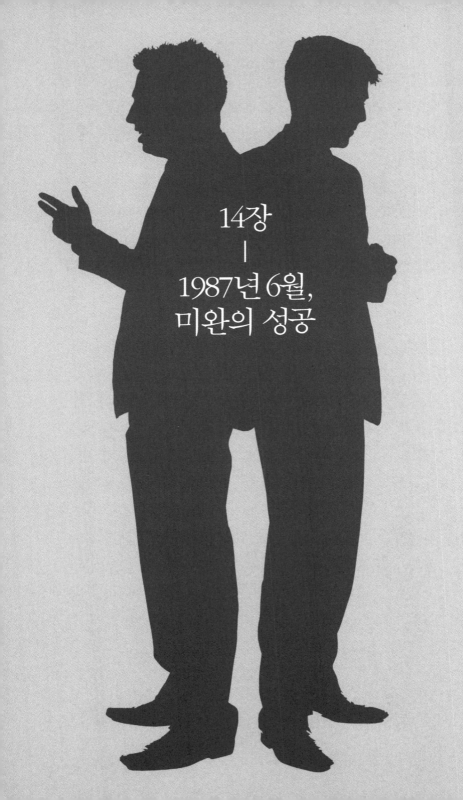

14장
—
1987년 6월,
미완의 성공

긴박했던 1987년 6월의 그날들

1987년 5월 27일 오전 8시, 서울 명동의 향린교회. 1980년대
민주화 운동의 상징 장소 가운데 하나인 이곳에서 국민운동본부
발기인 대회가 열렸다. 이날 민주세력은 경찰을 완전히 따돌렸다.
그곳에 민주헌법쟁취국민운동본부(국본) 전체 발기인 2,196명 가운
데 서울에 거주하던 150명이 참가하였다. 이들은 항상 경찰의 감
시망 아래 놓여 있었다. 그런데도 이날은 한 사람도 미행을 달고
오지 않았다. 그만큼 민주세력은 긴장 상태에서 움직였다. 그들은
전투를 앞둔 병사들처럼 일사불란하게 행동했다. 대회가 끝난 뒤
언론사에 국본 결성 사실을 알릴 때까지 경찰은 나타나지 않았다.
기자들도 그 전에는 한 명도 나타나지 않았다.[228] 이는 민주세력의
완벽한 승리를 알리는 징조처럼 보였다.

국본은 6월 항쟁의 상징적 지도부이면서 동시에 최고 지도부였다. 통상 우리가 말하는 6월 항쟁은 6·10대회에서부터 6·29선언으로 민정당이 개헌을 받아들일 때까지의 민주화 운동 과정을 말한다. 이 기간에 전국의 거리 곳곳에서는 학생, 노동자, 재야 운동세력, 화이트칼라, 일반 시민, 지식인 등 전 국민이 참가하는 대규모 시위가 전개되었다. 국본은 이러한 전 국민적인 시위와 항쟁의 구심점이 되었다.

국본은 6월 항쟁을 조직적으로 통제하고 지휘했다고 말할 수는 없지만 학생, 노동자, 재야, 야당 등 다양한 세력이 하나의 목표를 향해 공동 행동을 전개할 수 있는 구심 역할을 충분히 했다. 6·10대회와 6·18최루탄 추방대회, 6·26평화대행진 등을 결정하고 진행함으로써 대중적 결집과 투쟁을 가능하게 만들었다.

국본은 양김으로 대표되는 야당 세력, 민통련으로 대변되는 재야 민주운동 세력, 기독교와 천주교, 불교 등의 종교 세력, 그리고 노동자, 농민, 빈민, 여성 등의 부문 운동 세력과 지역의 민주·민중운동 세력을 망라한 민주연합조직이었다. 국본은 직선제 개헌과 민주 쟁취라는 당면 목표에 합의한 모든 민주세력이 힘을 모아 만든 조직이었으나 직선제 개헌이 쟁취되면 야당의 목표는 끝나기 때문에 더는 유지되기 어려운 한계를 가진 조직이기도 했다.

국민운동본부가 2,196명에 이르는 대규모 발기인을 내건 것은

---

228 유시춘 외 지음, 『우리 강물이 되어 2』, 경향신문사, 2005, 206쪽.

큰 의미가 있었다. 발기인은 가톨릭 253명, 개신교 270명, 불교 160명, 정치인 213명, 노동자 39명, 농민 171명, 문화교육 분야 155명, 빈민 18명, 민통련 35명, 기타 지역대표로 구성되었다. 고문단으로 함석헌·김대중·김영삼·문익환(민통련의장)·김지길(목사)·윤공희(대주교)·홍남순(변호사) 등 8명을 추대했다. 그 아래에 각 지역과 부문을 대표하는 공동대표를 100여 명 두었고, 박형규(개신교), 김승훈(가톨릭), 지선(불교), 이우정(여성), 고은(문인), 박용길(민가협), 송건호(언론), 한승헌(법조) 등 상임대표를 11명 뽑았다. 실무적으로 본부를 이끌어갈 상임집행위원 32명을 부문별로 2명씩 뽑았다.[229]

국본은 그야말로 각계각층을 망라한 전 국민적 조직의 모습을 띠었다. 가두시위에서 가장 중요한 세력은 학생과 노동자, 농민, 사무직 노동자, 자영업자 등이었다. 국본이라는 운동의 조직 구심이 존재함으로써 이들의 참여를 유도할 수 있었고, 결국에는 6월 항쟁이 성공적으로 진행될 수 있었다.

1987년 6월 10일, 바로 그날

1987년 6월 항쟁을 이끌어낸 힘은 국민의 민주화에 대한 열망이다. 국민은 정통성 없는 학살 정권에 등을 돌린 지 오래되었지만

---

229 유시춘 외 지음, 위의 책, 207쪽.

살벌한 5공 정권 아래서 그 마음을 밖으로 드러내기는 어려웠다. 하지만 박종철 사건의 진실이 알려지면서 전두환 정권은 점차 구석으로 몰렸다.

전두환 정권은 모든 경찰력을 총동원해 2월 7일의 추모식과 3월 3일의 '고문추방 국민대행진'을 저지했다. 서울에서만 4만 명 이상의 경찰과 전투경찰이 동원되었다. 전국에서 최소한의 경비 인력을 뺀 모든 경찰력이 총동원되었다. 2·7대회는 살벌한 분위기에 짓눌려 경찰의 원천봉쇄로 끝났다. 그러나 3·3대회부터는 방학이 끝난 학생들이 조직적으로 참여하면서 사정이 달라지기 시작했다. 그럼에도 5공 정권은 물리적으로 봉쇄가 가능하다고 판단하고 4월 13일 호헌조치를 단행했다.

4·13호헌조치는 야당의 전면적인 반정부 투쟁을 불러왔다. 야당에게는 개헌 없이는 정권 교체도 없었기 때문이다. 야당은 소극적인 자세에서 벗어나 적극적으로 재야 민주세력과 연대를 모색했다. 야당도 혼자만의 힘으로 민주헌법을 쟁취할 수 없다는 걸 잘 알고 있었다. 그럼에도 야당과 재야의 연합은 더디었다. 민주세력과 연대는 필요했지만 제도권 야당으로서는 재야세력과 함께 거리로 뛰쳐나와 전면적인 반정부 투쟁을 벌이기는 쉬운 일이 아니었다. 대권을 노리는 양김에게는 상당한 모험이었다. 종교계와 재야세력 또한 야당과 전면적인 연대에 회의감이 없지 않았다.

그런데 이러한 고민을 한꺼번에 날려버릴 폭풍이 몰아쳤다. 박종철 고문치사 사건의 주범이 따로 있으며, 사건을 조작·은폐

했다는 사실이 폭로된 것이다. 5월 18일 정의구현사제단의 폭로는 정국 흐름을 완전히 뒤바꾸어놓는 중요한 기폭제가 되었다. 주저하던 야당과 종교단체, 재야세력이 범국민적 연대 기구 결성에 흔쾌히 동의했고, 5월 17일 비밀 모임을 통해 조직의 명칭, 결성 대회 일정 등에 합의했다.[230]

국민운동본부가 개최하는 첫 범국민대회[231]는 6월 10일로 정해졌다. 전두환의 후계자로 정해진 노태우를 대통령 후보로 선출하는 민정당 전당대회 날에 맞춘 것이었다. 체육관 선거를 상징하는 민정당 후보 전당대회를 거부한다는 것을 의미했다. 민정당 전당대회에 날짜를 맞춤으로써 경찰력에 분산을 가져오려는 의도도 있었다. 6월 10일 전국 22개 도시에서 '박종철 고문살인 및 호헌철폐규탄 시민대회'가 개최됐다. 집회에는 국본 집계로 24만여 명이 모였다. 그 전까지 경찰의 물리적 봉쇄에 막혀 집회와 시위가 제대로 열리지 못했는데 이날은 사정이 달랐다. 경찰은 곳곳에서 시위대의 가두 진출을 저지하느라 고심했다. 민정당 후보로 지명된 노태우는 기분 좋게 잠실체육관을 나서는 순간, 매서운 최루탄 가스 맛을 보고 눈물을 흘려야 했다.

6·10국민대회는 전날인 6월 9일 학내 시위 과정에서 경찰의 최루탄을 맞고 의식불명에 빠진 연세대 학생 이한열의 소식이 중

---

230 유시춘 외 지음, 위의 책, 205쪽.
231 정식 명칭은 '박종철 고문살인 은폐조작 규탄 및 호헌철폐 범국민대회'라는 긴 이름이었다.

요한 기폭제가 되었다. 시민들은 분노했다. 경찰은 서울에서만 6만 명을 동원해 9시부터 대회 장소인 성공회 성당 주변을 원천봉쇄했다. 주요 인사들에 대해서는 사전에 가택연금을 했다. 그러나 아무리 경찰이 모든 물리력을 동원해도 분노한 시위대를 막을 수 없었다. 서울에서만 30여 곳이 넘는 지역에서 동시다발적인 시위가 벌어졌고, 경찰의 저지선은 무너지고 말았다. 전국 주요 도시 곳곳에서 이 같은 일이 일어났다.

경찰의 행동은 광기를 띠었다. 무차별적인 구타와 연행이 이어졌다. 이날 전국에서 3,800여 명의 시위대가 무차별적으로 연행되었다. 당국은 이날의 시위를 이유로 양순직 민주당 부총재, 박형규 목사 등 국본 간부 13명을 전격 구속하였고, 전국적으로 220여 명을 구속했다. 초강수를 두며 민주세력에 협박을 가해왔지만 그렇게 해서 불씨가 꺼질 상황이 아니었다. 이미 온 산에 불이 번지기 시작했다.

전두환은 군대 투입을 결심했었다

6월 10일의 시위는 그날로 끝난 것이 아니었다. 서울에서는 시위에 참여했던 학생과 시민 등 600여 명이 명동성당으로 몰려들어 농성 투쟁을 시작했다. 이들은 매일 명동성당 앞에서 집회를 열며 민주항쟁의 열기를 이어갔다. 집회에는 학생뿐만 아니라 '넥타이 부대'로 불리는 사무직 노동자들이 대거 참여함으로써 민주화는 소수의 열망이 아니라 전체 국민의 요구라는 것을 보여주었다.

지방에서도 연일 시위가 계속되었다. 시위가 끝나지 않고 확산될 조짐을 보이자 전두환은 5월 14일 안보관계장관과 군·치안 책임자 회의를 소집했다. 이 자리에서 전두환은 "경찰력으로 더 감당할 수 없으면 헌법상 대통령에게 부여된 권한을 발동할 수밖에 없다"라면서 군대 동원을 암시했다. 그에 따라 군은 출동 준비를 하기 시작했다.

전두환이 군부 동원을 지시했다는 소문은 금방 퍼져나갔다. 다시 군부가 나서면 광주보다 더 큰 희생이 벌어질지도 모르는 일이었다. 그러나 민주세력은 위축되지 않았다. 6월 18일 국본 주최로 전국에서 '최루탄 추방대회'가 개최됐다. 이날 시위대는 경찰의 진압을 완전히 무력화했다. 서울, 부산, 대구, 광주, 대전 등 전국 주요 도시의 중심부는 시위대가 장악했다. 곳곳에서 파출소가 습격당하고 전경들이 무장해제되는 사태가 벌어졌다.

이날의 시위는 집권세력에게 큰 위기감을 불러일으켰다. 전국에서 150여 만 명이 시위에 참여했고, 1,487명이 연행되었다.[232] 경찰력으로 시위대를 저지하는 것이 불가능한 상황이 되고 있었다. 이날 저녁 청와대 안가에서는 심야 대책회의가 열렸다. 전두환은 국방부 장관, 각 군 참모총장, 보안사령관에게 20일 새벽 4시를 기

232 강준만 지음, 『한국 현대사 산책: 1980년대편 3』, 인물과사상사, 2003, 164쪽.

해 부산 지역에 위수령을 발동한다는 전제 아래 출동 준비를 점검하라고 지시했다.[233]

전두환은 다음 날 오전 10시 국방부 장관, 각 군 수뇌부, 안기부장을 소집해 회의를 주재했다. 그 자리에서 그는 다음 날 새벽 4시까지 주요 대학과 도시에 전투 태세를 갖춘 군 병력을 배치하라고 명령했다. 한미군사협정에 따라 전방 병력의 이동 계획이 주한미군사령관부에 통보될 예정이었다. 돈 오버도퍼에 따르면, 비상사태가 선포되면 군사법정을 설치해 반체제 인사도 처벌할 것이라고 선언했다.[234]

이와 관련해 여러 이야기가 있지만 전두환이 이 시점에서 군대를 동원해 시위를 진압하겠다는 생각을 한 것은 분명해 보인다. 전두환은 퇴임 후 당시 상황을 언급하면서 "나는 이미 극적인 방안을 결심했기 때문에 군 동원 지시는 별개 문제였다. 군 동원 지시는 치안 차원에서 최악의 경우에 대비해 예방적 효과도 감안해서 지시한 것이다"라고 말했다. 이때 '극적 조치'는 말할 것도 없이 직선제 수용과 김대중의 사면·복권을 의미한다.[235]

군대를 동원하면 유혈 사태가 날 것이 분명했다. 그러나 1987년 6월의 상황은 1980년 5월의 광주와 달랐다. 1980년 5월 광주는 고립되어 싸웠으나 1987년 6월의 민주화 투쟁은 전국에서 각계각

233 임영태 지음, 『대한민국사 1945~2008』, 들녘, 2008, 566쪽.
234 강준만 지음, 앞의 책, 166쪽.
235 김성익 지음, 『전두환 육성증언』, 조선일보사, 1992, 420~421쪽.

층이 힘을 합쳐 싸우고 있었다. 군을 투입하더라도 쉽게 진압할지는 의문이었다. 만일 군이 1980년과 같은 방식으로 과격 대응을 한다면 1980년 광주와는 비교가 안 될 정도로 엄청난 희생이 발생할 수도 있었다. 만일, 10·26이 나기 전 차지철이 말한 "수백만 명을 희생하더라도 탱크로 밀어버리면 된다"라는 생각으로 군이 대응한다면…. 그 결과는 생각만 해도 끔찍하다.

그러나 군대 투입이라는 위험한 상황은 일어나지 않았다. 사태를 변화시키는 극적 반전이 일어났다. 19일 오후 4시 30분, 전두환이 군대 동원 지시를 취소한 것이다. 그날 릴리 주한 미국대사가 청와대를 방문해 전두환을 면담하고 난 다음의 일이었다. 릴리 대사는 "군부 개입에 반대하며, 평화적으로 정권이 이양되면 전두환의 방미를 주선하겠다"라는 레이건 미국 대통령의 친서를 휴대하고 있었다.[236]

릴리 대사는 "군이 출동하지 않기를 희망한다. 군 출동을 검토하기 전에 민심을 수습하기 위해 정치적 제스처를 보여주는 게 좋겠다"라고 제안했다. 미국은 압력과 더불어 궁지에서 벗어날 '묘책'을 던져준 것이다.[237] 그 묘책은 바로 6·29선언이라는 '회유책'으로 나타나게 된다. 이때부터 정치권에서는 새로운 수습 방안을 찾기 위해 분주히 움직였다.

---

236 돈 오버도퍼 지음, 뉴스위크한국판뉴스팀 옮김, 『두 개의 코리아』, 중앙일보, 1998, 267쪽.
237 임영태 지음, 앞의 책, 566쪽.

6월 22일 미국 국무부는 한국 문제에 군부가 개입하는 것은 적절한 해결책이 아니라고 천명했다. 개스틴 시거 미국 동아시아 태평양담당 차관보 또한 6월 23일 급히 한국을 방문, 25일 떠나면서 "전두환 대통령에게 계엄선포 반대의 뜻을 분명히 전달했다"라고 밝혔다. 이로써 한국 정치 상황을 둘러싸고 군부가 개입하는 일은 사실상 물 건너가게 되었다. 이제는 정치적 해결책을 마련해야 했다. 그 방안은 무엇이었을까? 그로부터 며칠 뒤 정국을 완전히 반전시키는 새로운 조치가 나온다.

한열아, 엄마가 갚을란다

1987년 6월 26일은 6월 항쟁의 절정을 이룬 날이다. 국본 주최로 전국 34개 시, 4개 군·읍 270여 곳에서 평화대행진 집회가 열렸다. 이날 대행진에는 모두 180여 만 명의 시민이 참여했다. 경찰은 시위대 저지에 안간힘을 썼으나 속수무책이었다. 특히 도시 지역에서 넥타이 부대로 불리는 사무직 노동자들이 대거 참여하면서 전두환 정권에 대한 중산층의 이탈을 극적으로 보여주었다. 이날 시위로 전국에서 3,467명이 연행되었고, 경찰서 2개소와 파출소 29개소, 민정당 지구당사 4개소 등이 투석과 화염병 투척 등 시위대 공격으로 파괴되거나 방화되었다. 경찰 차량도 수십 대가 파괴되었다. 6·10시위 이후 이날까지 만 17일 동안 전국에서 시위가

2,145회 열렸고, 최루탄도 모두 35만 발이나 발사되었다.[238] 이대로 계속 가면 정국은 '혁명적 상황'으로 발전할 수도 있었다. 그러나 곧 이런 사태를 잠잠하게 만들 정치 연극이 발표된다.

6월 29일 노태우 민정당 대표위원 겸 대통령 후보자는 기자회견을 열고 "대통령 직선제 개헌을 받아들이겠다"라고 선언하였다. 이날의 선언은 전두환에게 건의 형식으로 제안되었다. 그것은 모두 8개항으로 되어 있었다. 그 내용은, 1) 여야 합의하의 대통령 직선제 개헌, 2) 직선제 개헌과 함께 대통령 선거법 개정, 3) 김대중의 사면·복권을 비롯해 시국사범의 대폭 석방, 4) 구속적부심 확대 등 기본권 강화, 5) 언론기본법 폐지 등 언론 자유 확대, 6) 지방자치제와 교육자치제 실시, 7) 정당 활동 보장, 8) 사회정화 조치 및 유언비어 추방, 지역감정 해소 등이었다.

노태우의 6·29선언의 핵심은 직선제 개헌, 김대중과 정치범의 사면·복권, 국민의 기본권 신장 등 민주화 조치였다. 당시 노태우는 광주학살에 대한 공식 사과도 포함시키려 했지만, 군부의 반발을 우려해 마지막에 철회했다. 7월 1일 전두환은 노태우의 6·29선언을 수용하겠다고 발표했다. 이것은 한 편의 '정치 쇼'였다. 6·29선언은 전두환의 각본에 따라 노태우가 주연한 정치 연극이었다. 전두환과 노태우가 사전에 합의한 내용을 노태우가 발표한 것이다. 이를 통해 노태우의 정치적 인기를 극대화하고 대통령 선

238 강준만 지음. 앞의 책, 170쪽.

거에서 승리하겠다는 의도에서 이루어진 것이었다. 이것이 나오는 데는 미국의 조언이 중요하게 작용했다. 미국 기획(또는 아이디어), 전두환 감독, 노태우 주연의 정치 쇼는 성공적이었다. 6·29선언 후 정치 과정은 그들의 의도대로 맞아떨어졌다. 그렇게 해서 노태우는 정권 장악에 성공한다.

6·29선언은 국민의 저항에 밀려 나온 민주화 조치였다. 하지만 그것은 집권세력의 치밀한 정치적 계산 위에서 나온 정치적 쇼이기도 했다. 전두환과 노태우 일파는 제한된 민주화를 통해 그들의 지배를 계속할 수 있다고 보았다. 직선제라는 민주적 절차를 수용함으로써 국민의 저항을 무마하고, 민주세력 내부의 분열을 유도하여 권력을 유지한다는 것이었다. 그들은 김영삼과 김대중의 뿌리 깊은 경쟁, 정부·여당의 막강한 조직과 자금, 지역감정의 유발 등으로 대통령 직선에서도 승리할 수 있다고 본 것이다.

6·29선언은 노태우의 말처럼 '국민에 대한 항복 선언'이면서 동시에 지배세력의 집권 연장을 위한 '위장 항복'이었다. 6·29선언으로 집권세력은 일단 물리적인 정권 전복의 위험에서는 벗어날 수 있었다. 이 선언과 함께 야당은 바로 제도권으로 들어왔다. 민주화를 위한 투쟁은 이제 거리가 아니라 제도권에서 선거를 통한 집권 경쟁으로 바뀌었다. 그동안 민주화를 위해 투쟁해온 학생, 재야 등 민주세력과 노동자, 농민 등 민중세력은 그 같은 집권 경쟁의 중심에서 밀려날 수밖에 없었다.

6·29선언이 발표되자 민주화 투쟁의 열기는 급속히 가라앉았

다. 야권이 떨어져나가면서 국본도 동력을 상실했다. 학생, 재야 민주세력은 민주화 투쟁을 더욱 심화해가기를 바랐지만 현실적으로 어려웠다. 민주화 투쟁의 마지막 열기는 6월 9일 최루탄을 맞고 쓰러져 사경을 헤매던 이한열이 27일 만에 사망하면서 최종적으로 분출되었다.

7월 9일, 이한열의 장례식이 거행된 연세대학교에 10만여 명이 몰려들었다. 이한열의 어머니 배은심은 연단에 올라 "이제 다 풀고 가라. 엄마가 갚을란다. 한열아 … 한열아 가자, 우리 광주로"라며 통곡했다. 추도 행렬은 신촌로터리 노제를 지내면서 30만 명으로 불어났고, 서울시청 앞에서는 100만 명으로 늘어났다.[239]

이것은 6월 항쟁의 마지막 대미였다. 민주화 투쟁은 더 이상 진전되지 않았다. 야권은 여권과 더불어 개헌 작업에 들어갔고, 정국은 급속히 선거 국면으로 전환되었다. 김영삼과 김대중의 대권을 향한 질주가 시작되었고, 국본과 야권의 연대는 급속히 끊어졌다. 양김의 경쟁과 함께 민주 진영 또한 분열되었다.

직선제 개헌은 6월 항쟁에서 쟁취하고자 했던 민주주의의 작은 부분에 불과했다. 15년 만에 직선제가 부활된 것은 민주주의에서 커다란 진전이었지만 그것은 민주주의의 첫걸음에 불과했다. 민주세력은 직선제 개헌의 승리를 바탕으로 민주주의와 인권을 확고히 구축하기 위한 투쟁을 계속하려 했다. 하지만 이제 국본과 같

---

239 강준만 지음. 위의 책. 178쪽.

은 조직은 그 역할을 더는 수행할 수 없었다. 야당은 대권 행보에 집중하더라도 민중은 자신들의 권익을 확보하기 위해 또다시 새로운 투쟁을 시작해야 했다.[240]

이제부터는 노동자, 농민, 빈민, 학생, 언론, 재야 등 각 부분의 운동과 지역을 바탕으로 민주주의를 실질적으로 쟁취하고 심화하기 위한 활동이 필요했다. 그 같은 민중의 활동은 7월부터 새롭게 시작되었고, 그 첫걸음을 내디딘 것은 노동자들이었다. 노동자 대투쟁으로 불리는 한국 현대사의 새로운 대중운동이 7월부터 9월까지 전개되었다. 노동조합 결성의 자유, 노동 3권을 비롯한 근로기준법의 실질적 보장, 노동자의 인권 신장과 사회적 지위 향상 등 당연히 가져야 할, 그러나 개발 독재, 군부 독재정권 아래서 누리지 못한 노동자의 권리를 찾기 위한 투쟁에 노동자들이 나선 것이다.

노동자들의 투쟁과 더불어 각계각층에서, 그리고 전국 각지에서 민주적 권리를 찾기 위한 투쟁이 계속되었다. 각 부문과 지역의 민주화를 위한 심화 투쟁은 6월 항쟁의 승리, 즉 6·29선언으로 비로소 시작할 수 있었다. 그런 점에서 볼 때, 6·29는 단순한 직선제 쟁취 이상의 의미가 있었다. 6·29는 6월 항쟁에서 한국의 민주세력과 민중이 쟁취하고자 했던 진정한 민주주의, 진보를 위한 새로운 공간을 열어주었다. 비록 정치권은 기만적인 민주화와 타협하여 전진을 멈추고 말았지만 민중의 전진은 계속되어야 했다.

---

240 임영태 지음, 앞의 책, 569쪽.

15장
—
노무현,
운명이다

칼끝, 노무현을 겨냥하다

2007년 12월 17일, 한나라당 이명박 후보는 민주당의 정동영 후보를 압도적인 표차로 누르고 제17대 대통령에 당선되었다.[241] 선거 결과에 고무된 이명박 정부는 거침없이 자신의 계획을 밀어붙이려 했다. 이명박의 가장 주요한 선거 공약은 '한반도 대운하 사업 구상'이었다. 그는 청계천을 뜯어 고친 것처럼 한반도 전체를 토목과 건축으로 뜯어 고치겠다는 야심찬 생각을 갖고 있었다. 한국 최대 건설회사 사장 출신다운 발상이었다.

그러나 일은 이명박 정부의 뜻대로 되지 않았다. 시작부터 인

---

241 선거 결과는 한나라당 이명박 11,492,389표(48.7퍼센트), 민주당 정동영 6,174,681표(26.1퍼센트), 무소속 이회창 3,559,963표(15.1퍼센트), 창조한국당 문국현 1,375,498표(5.8퍼센트), 민주노동당 권영길 712,121표(3.0퍼센트) 등이었다.

사 문제에서 '고소영-강부자-S라인'[242] 등으로 숱한 웃음거리를 만들어내더니 미국산 쇠고기 수입 문제에서 딱 걸리고 말았다. 미국산 쇠고기 수입 문제로 시작된 시민들의 저항이 '대운하 반대'를 위한 거대한 '촛불 항쟁'으로 옮겨 붙었다. 2008년 5월 2일 첫 집회 이후 100일 이상 시위가 계속되었고, 참가자 수는 기하급수적으로 늘어났다. 광우병 논란으로 촉발된 시위의 쟁점은 시간이 지날수록 교육 문제, 대운하와 공기업 민영화 반대, 정권 퇴진 등 점차 정치 이슈로 확대되어갔다. 시위가 최고조에 이른 6월 10일에는 주최 측 추산 70만 명(전국 합산 100만 명), 경찰 추산 8만 명이 참가하는 촛불 대행진이 개최되었다.[243]

국민의 의사를 무시하고 오만방자한 정치를 펴는 이명박 정부에 국민이 '촛불의 심판'을 내린 것이다. 고조된 시위대가 청와대로 향하자 경찰은 주요 도로와 길목에 컨테이너 장벽을 쌓고 바리케이드를 쳐서 청와대 인근을 봉쇄했다. 이명박 정부는 '명박산성'[244]까지 쌓아가면서 국민의 반대 운동을 가로막으려 했으나 거대한 물결을 거스를 수는 없었다. 국민의 대대적인 반대로 정치적 위기에 내몰린 이명박 정부는 방향을 수정해야 했다.

2008년 6월 19일 이명박 대통령은 기자회견을 열고 "늦은 밤

---

242 고소영은 고대·소망교회·영남의 줄임말이고, 강부자는 강남의 부동산 자산가란 뜻이며, S라인은 서울시장 재직 시 인맥을 의미한다. 인사 편중을 꼬집는 신조어로 크게 유행했다.
243 한국일보 법조팀 지음, 『민간인 사찰과 그의 주인』, 북콤마, 2013, 44쪽.
244 경찰이 시민들의 시위를 저지하기 위해 컨테이너로 장벽을 친 것을 빗대어 이른 말이다.

청와대 뒷산에 올라 시위대 쪽에서 들려오는 '아침이슬' 노래를 들으며 뼈저리게 반성했다"라며 국민 앞에 머리를 숙였다. 그는 또한 "국민들이 반대한다면 대운하 사업을 추진하지 않겠다"라고 말했다.[245]

이명박 정부는 '국민에 대한 사과 발표'로 가까스로 위기를 넘겼지만 언제 또다시 대규모 촛불 항쟁이 일어날지 몰랐다. 다음에는 그보다 훨씬 더 심각한 상황이 벌어질 수도 있었다. 기세는 수그러들었지만 시민들의 촛불 시위는 계속되었다. 시민들은 '4대강 사업 계획'을 변형된 대운하 사업으로 보고 비판의 고삐를 늦추지 않았다. 이명박 정부로서는 새로운 조치가 필요했다. 이명박 정부는 정치적 반대세력을 확실하게 제압하지 않고는 자신들이 생각하는 일들을 하나도 진행할 수 없다고 판단했다. 그다음부터 본격적인 정치적 반격이 시작되었다.

이명박 정부는 촛불 시위를 보면서 배후가 있다고 생각했다. 권력자는 확실한 적을 만들어야 편하다. 박정희가 그랬고, 전두환이 그랬듯이 확실한 정치 보복의 표적이 있어야 권력 내부도 단속할 수 있고, 국민에게도 공포감을 안겨줄 수 있다. 그건 구시대적 방식이지만 이명박 정부는 그 수준밖에 안 됐다. 이명박 정부는 노무현을 표적으로 삼았다. 촛불 시위 과정에서는 '이명박 퇴진' 구호

---

245 한겨레신문, 2008. 6. 20. 이명박 대통령은 대운하 사업을 하지 않겠다고 했으나 대운하 사업은 그 뒤에도 이름만 바꿔 '4대강 정비사업'이란 변형된 형태로 계속 추진되었다.

도 나왔다. 이 무렵 이명박 대통령이 청와대 뒷산에 올라가 촛불을 바라보면서 두려움에 떨었다는 이야기가 항간에 돌았다. 그건 그냥 헛소문이 아니었다. 이명박 대통령에게 촛불 시위는 공포였다. 그의 공포가 증오감을 증폭했다. 그러한 공포의 진원지를 찾아내 없애야 했다. 그것은 바로 친노 세력이었다.

"(노무현) 대통령도 우리도 촛불 시위의 후속 대응이 정치 보복이고, 보복의 칼끝이 우리에게로 향하리라고는 상상조차 못했다. 노 대통령과 참여정부에 대한 이명박 정권의 증오심과 적대감이 그때부터 시작됐다는 것도 한참 뒤 알게 됐다. 촛불 시위의 배후로 우리를 의심했다는 얘기 역시 한참 후에 알게 됐다. 정말 놀라운 상상력이고 피해의식이었다.

정치 보복의 시작은 참여정부 사람들에 대한 치졸한 뒷조사였다. 이해찬 전 총리, 한명숙 전 총리에 대한 뒷조사가 이뤄지고 있다는 얘기가 들려왔다. 이병완 전 비서실장과 김병준 전 교육부총리는 아예 주변 인물들을 대놓고 잡아들이며 약점을 캐고 있다는 얘기도 속속 들려왔다. 그분들뿐이 아니었다. 386출신 몇몇 비서관까지 꼬투리를 잡으려고 혈안이 돼 있다는 말도 전해졌다. 본인들에게서 흠이 잡히지 않으면 주변 사람들을 마구잡이로 잡아들이거나 쥐어짜내기 시작했다."[246]

---

246 문재인 지음, 『문재인의 운명』, 가교출판, 2011, 392~393쪽.

당시 이명박 정부로서는 그럴만한 이유가 있었다. 이명박 정부는 형편없는 행태로 초반부터 점수를 까먹기 시작하더니 마침내 미국산 쇠고기 광우병 문제와 한반도 대운하에서 결정타를 먹었다. 이명박은 대통령 취임 100일 만에 지지도가 10퍼센트대로 추락했다. 반면, 고향 김해로 낙향해서 손녀를 자전거 뒤에 태우고 마을을 자유롭게 다니며 살던 노무현 전 대통령의 인기는 점점 올라가기 시작했다. 대중은 매우 대조적인 두 사람의 행보를 비교하면서 지켜본 것이다.

이명박 정부는 친노 세력을 걸림돌로 인식하고 정치 보복을 시작했다. 이명박 정부의 칼끝은 처음 주변 사람들에서 시작되어 슬슬 노무현 대통령에게로 겨눠지기 시작했다. 먼저 대통령의 기록물을 두고 망신주기가 시작되었다. 다음에는 쌀 직불금 문제로 망신을 주었다. 노무현 측에서는 이때 비로소 이명박 정부가 노무현 측을 상대로 정치적 대립 국면을 형성하고 있다는 것을 알게 되었다.[247]

이명박 정권과 VIP 충성 문건

2010년 6월 29일, MBC PD수첩은 〈이 정부는 왜 나를 사찰했

---

[247] 문재인 지음, 위의 책, 393~396쪽.

나?〉라는 제목의 취재 방송을 내보냈다. 방송은 2008년 마이클 무어가 제작한 미국의 다큐멘터리 영화 〈식코(SiCKO)〉를 패러디한 '쥐코' 동영상을 올렸다는 이유로 국무총리실 '공직윤리지원관실'의 조사를 받고 회사까지 빼앗겨야 했던 김종익 KB한마음 대표의 이야기를 다루었다. 이 보도 이후 공직윤리지원관실이 한국노총 간부를 미행하고, 정치권과 공직자, 사회단체, 나아가 민간인 등을 전방위로 사찰한 사실도 드러났다.

공직윤리지원관실에서는 사찰 결과를 청와대 고용노사비서 관인 이영호에게 보고했다. 이영호는 통신사에서 대포폰을 입수, 국무총리실에 지급하여 사찰 결과를 보고받았다. 이영호는 '충성 서약'도 받았다. 이른바 'VIP 충성 문건'의 내용은 "VIP(이명박 대통령)에게 일심(一心)으로 충성하는 친위 조직이 비선에서 총괄 지휘한다. 특명 사항은 청와대 비선을 거쳐 VIP 또는 대통령실장에게 보고한다"라는 것으로 되어 있었다.[248]

사건이 터지자 당연히 사찰의 몸통 논란이 일어났다. 모든 정황이 청와대를 몸통으로 지목했다. 문제가 발생하자 '입막음용으로 장석명 전 청와대 민정비서관이 장진수 총리실 주무관에게 관봉[249] 5,000만 원을 제공한 사실도 드러났지만 검찰은 그 관봉이 어디서 나왔는지 밝히지 못했다. 임태희 전 대통령실장이 감옥에

---

248 한국일보 법조팀 지음, 『민간인 사찰과 그의 주인』, 북콤마, 2013, 66쪽, 216쪽; 전홍기혜 기자, 「박영선, "우린 '관봉 5,000만 원' 출처 알고 있다"」, 프레시안, 2012. 6. 14.

들어간 사람들에게 격려금을 나눠준 사실도 청와대가 이 사건으로부터 자유로울 수 없다는 것을 보여주었다.[250]

이영호는 기자회견을 열고, '내가 몸통"이라며 윗선을 차단하고 나섰다.[251] 이에 "사찰 내용을 삭제하라는 지시를 받았다"라고 진술한 장진수 총리실 주무관은 이를 두고 "'소가 웃을 일'이라고 생각한다"라고 말했다.[252] 검찰 수사 과정에서 경북 영일·포항 출신 중앙부처 5급 이상 공무원들의 모임인 영포회가 민간인 사찰에 개입한 사실도 밝혀졌다. 이상득 의원의 보좌관 출신으로 이명박 정부 내내 실세 차관, 왕차관 등으로 불리던 박영준 총리실 국무차장이 문제의 인물이었다.[253]

그러나 민간인 불법 사찰 사건은 박영준을 비롯하여, 이영호 청와대 고용노사비서관, 국무총리실 이인규 공직윤리지원관, 진경락 기획총괄과장, 최종석 청와대 행정관 등이 처벌받는 것으로 마

---

249 '관봉(官封)'이란 한국조폐공사에서 돈을 발행한 뒤 비닐로 포장한 상태 그대로인 것을 말한다. 다음 국어사전에는 "나라에서 돈을 주조한 뒤 도장을 찍어 봉한 것"으로 설명되어 있다. 장진수를 입막음하려고 건네진 '관봉 5,000만 원'이 이 사건의 전모를 밝히는 데 중요한 단서가 되었다. 관봉은 현금이지만 유통 경로가 제한되어 있어서 그걸 역추적하면 배후세력의 실체를 밝힐 수 있었지만, 검찰은 끝내 실체를 밝히지 못했다.

250 전홍기혜 기자, 앞의 글, 프레시안, 2012. 6. 14.

251 노현웅·안창현 기자, 「이영호 울먹이면서 "내가 몸통", 취재진들, "쇼 그만하라"」, 한겨레신문, 2012. 3. 20.

252 전홍기혜 기자, 앞의 글, 프레시안, 2012. 6. 14.

253 박영준 전 지식경제부(현 산업통상자원부) 차관은 민간인 불법 사찰을 지시하고 파이시티 인허가 알선과 관련해 금품을 받은 혐의로 기소되어 실형을 선고받았다. 대법원 2부(주심 이상훈 대법관)는 2013년 9월 12일 직권남용권리행사 및 특정범죄가중처벌법상 알선수재 혐의 등으로 기소된 박 전 차관에 대한 상고심에서 징역 2년과 추징금 1억 9,478만 원을 선고한 원심을 확정했다("'불법 사찰 알선수재' 박영준 前차관 징역 2년 확정」, 연합뉴스, 2013. 9. 12).

무리되었다.[254] 결국 이 사건의 몸통은 밝혀지지 않았고, 당연히 처벌받지도 않았다. 장진수의 녹취록과 진경락의 구치소 접견 기록 등에는 권재진 청와대 민정수석과 임태희 대통령실장 등 청와대 고위층이 관여했을 가능성을 암시하는 대화 내용이 들어 있었지만 검찰은 그 이상 배후를 밝히는 데는 실패했다.[255]

2012년 3월 30일에는 KBS 노조가 2008년부터 2010년까지 3년간 국무총리실 공직윤리지원관실의 공무원, 민간인 사찰 내용이 담긴 문건 2,619건을 인터넷에 공개했다.[256] 여기서 이명박 정부가 들어선 뒤 2008년부터 2010년 사이에 만들어진 파일이 담긴 USB에는 민간인 불법 사찰 관련 자료뿐만 아니라 남경필 의원, 박찬숙 전 의원, 김유정 의원 등 여야 의원에 대한 사찰 자료도 들어 있었다.[257] 친박계에 대한 사찰 사실도 드러났다.

한편, 민주당은 "여당 의원들도 사찰하는 마당에 야당 의원들에 대한 사찰은 어떻겠느냐"라면서 "친노무현 성향의 의원들과 비서, 비서의 친인척까지 모조리 계좌추적 등의 수사를 받았다"라고 증언했다.[258] 정권 초기 생각지도 못한 시민사회의 반격으로 타격

---

254 신종철 기자, 「대법원, 민간인 불법 사찰 주범들에 실형과 집행유예 확정」, 로이슈, 2013. 9. 12.

255 한국일보 법조팀 지음, 앞의 책, 225쪽.

256 이에 민간인 사찰 문제가 다시 사회적 이슈로 부각하자 청와대는 전국언론노조 KBS가 폭로한 국무총리실의 사찰 문건 80퍼센트 이상이 노무현 정부 시절 작성된 것이라고 주장했다. 그러나 이런 주장은 사실을 호도하는 것이었다. 이명박 정부에서 "노무현 정부의 사찰 자료 80퍼센트"라고 주장한 문건들은 파일 수가 가장 많지만, 경찰이 자기 조직 내에서 자기 조직원들을 상대로 평가하고, 동향을 파악한 자료로 불법적인 사찰 활동과는 관계가 없는 내용이었다.

257 조성현 기자, 「盧정부 때 사찰 자료' 4번·5번 USB 폴더 보니」, SBS 뉴스, 2012. 4. 1.

258 류정민 기자, 「박근혜도 사찰 … 서류 감춘 곳 안다」, 미디어오늘, 2010. 12. 7.

을 입은 이명박 정부는 가까스로 위기를 넘기자 정권의 안위를 다지기 위한 철통같은 보안책을 강구했고, 친이명박을 제외하고는 모두 감시 대상이 되었다.

한국일보 사회부 법조팀에서 펴낸『민간인 사찰과 그의 주인』이란 책에는 이명박 정부의 전방위적인 사찰의 전모가 잘 드러나 있다. 촛불 시위 이후 이명박 정부는 청와대 차원에서 기획조정비서관이던 박영준의 주도 아래 문제점과 대책을 논의했으며, 그 이후 사정기관들이 촛불 시위의 배후 세력을 캐내는 데 경쟁적으로 나섰다. 국세청과 검찰청이 움직였고, 결국 노무현 대통령의 죽음을 낳는 것으로 귀결되었다.

2008년 7월 21일에는 국무총리실 산하에 공직윤리지원관실을 신설했는데 이는 이 같은 일련의 흐름과 연관이 깊었다. 공직윤리지원관실은 공무원의 비위 감찰이라는 본래 목적에서 벗어나 공무원과 시민사회단체, 민간인을 가리지 않고 전방위적인 사찰을 감행했다. 노무현 정권과 관련 있는 정치권 인사들과 공직자, 민간인 등에 집중 사찰을 감행했으며, 노무현 정권 시절 임명된 공직자를 찍어내는 일도 수행했다. 이 기관을 지휘한 비선라인이 바로 이영호와 박영준이었다.[259]

이명박 정부는 공직윤리지원관실을 동원해 불법적인 민간인 사찰을 감행했다. 이는 "일반 범죄와 달리 국가기관에 의해 장기간

---

259 한국일보 법조팀 지음, 앞의 책, 64~65쪽.

에 걸쳐 조직적으로 자행된 국기 문란 사건"이었다. 문재인의 말처럼 "대선 기간에 벌어진 국가기관들의 조직적인 선거개입도 거슬러 올라가면, 그 시작은 민간인 불법 사찰과 맞닿아 있"었고, "정권 보위를 위해 국가권력을 사사롭게 사용할 수 있다는 발상이 민주주의를 처참하게 무너뜨리"고 말았다.[260]

국세청의 기획 세무조사

2008년 11월 초, 한상률 국세청장은 이명박 대통령을 독대했다. 민정수석도 보고 체계에서 배제되었다. 당시 정정길 대통령 비서실장만 배석했다. 한상률의 손에는 노무현 전 대통령의 정치적 후원자 중 한 명인 박연차의 태광실업에 대한 기획 세무조사 결과가 들려 있었다. 이날 한상률을 만난 이명박 대통령은 '국세청이 대단하다'고 칭찬했다고 한다.[261]

비극은 여기서 시작되었다. 참여정부에서 임명된 한상률 국세청장은 이명박 정부가 들어선 뒤 자신의 권한을 남용하여 이명박 정부의 입맛에 맞는 방향으로 기획 사정 세무조사를 시작했다. 세무조사의 타깃은 최종적으로는 노무현 전 대통령을 겨냥했다. 한

---

260 한국일보 법조팀 지음, 앞의 책, 5쪽.
261 한상진 지음, 『국세청 파일』, 보아스, 2013, 31쪽.

상률은 그 조사 결과를 갖고 이명박을 독대했다.[262]

　부산에 본사가 있는 태광실업을 세무조사한 곳은 서울지방국세청 조사4국이었다. 재계서열 300위권의 기업을 조사하는데 지방국세청이 아니라 서울국세청이 동원된 것은 상식적으로 납득되지 않는 일이었다. 명백히 정치적 의도가 있는 세무조사였다. 그것은 한상률 청장의 지시였다. 세무조사는 조사4국장 조홍희가 지휘했다. 청와대 이명박 대통령에게 보고할 때 민정수석 등의 보고라인을 건너뛴 것처럼 한상률은 서울지방국세청장, 국세청 조사국장을 조사 과정에서 철저히 배제하고, 조사4국장을 통해 이 세무조사를 직접 챙겼다.

　한상진이 쓴 『국세청 파일』이란 책에는 이러한 과정이 자세히 나온다. 이 책을 읽어보면, "한상률이 이명박 정권에 온갖 코드를 맞추고 유임에 성공한 후 노무현 전 대통령을 목표로 한 불순한 목적의 사정 계획을 세웠고,[263] 실제로 이를 치밀하게 이행했다. 그것은 결국 너무나 참혹한 결과로 이어졌다"라는 사실을 확인할 수 있다.[264] 그러니까 이명박 대통령과 한상률 국세청장이 노무현 전 대통령을 비극으로 몰아간 일차 주역이었다는 이야기다. 물론, 국세청의 세무조사를 바탕으로 이명박의 정치검사들이 나서는 그다

---

262 안진걸 지음, 「노무현 '비극'을 불러온 장본인은 바로 … 한상진의 '국세청 파일'」, 프레시안, 2013. 2. 15.

263 지금으로서는 사정 계획이 청와대 지시에 따라 한 청장의 유임을 전제로 만들어진 것인지, 아니면 그 반대인지는 알 수 없다. 이 일은 이명박과 한상률만 알 뿐이다.

264 안진걸 지음, 앞의 글.

음 단계가 있었다.

그러한 공로 때문이었을까? 조사4국장 조홍희는 2008년 10~11월 공직윤리지원관실의 대대적인 감찰을 받았으나 12월 말경 공직윤리지원관실로부터 구두경고를 받는 것에 그쳤다. 참여연대는 그 문제로 이인규 공직윤리지원관과 조홍희 국장을 고발하기까지 했다.[265] 그런데 놀랍게도 조홍희 국장은 곧이어 단행된 국세청 인사에서 국세청 법인납세국장이라는 요직으로 승진하게 된다.[266]

청와대가 자신들의 입맛에 맞는 한상률과 조홍희를 비호한 것은 당연한 일이었다. 그들은 이명박 대통령을 비롯한 정권의 실세들과 '비밀과 음모'를 많이 공유하고 있었다. 한상률이 이명박 당선자의 뒷조사를 한 파일, 즉 'MB파일'을 가지고 있었음을 알 수 있는 정황은 곳곳에서 드러난다.[267] 한상률은 이명박 대통령의 어두운 이면을 추적한 'MB파일'을 가지고 있었고, 그것을 무기로 이명박 정권에 코드를 맞춰 접근했다. 그는 국세청이라는 공적 기관을 동원하여 이명박 정권의 사적인 표적 사정에 모든 것을 '올인'했다.[268] 따라서 한상률에게 비리가 있었어도 이명박 정권이 제대로 처벌했을 리가 없다. 한상률은 온갖 의혹과 추문에도 MB 정권 내

---

265 한상진 지음, 앞의 책, 320~324쪽.
266 한상진 지음, 위의 책, 162~163쪽.
267 한상진 지음, 위의 책, 78~83쪽.
268 안진걸 지음, 앞의 글.

내 무사했다. 검찰은 많은 사실을 밝혀내고도 봐주기로 일관했고, 그 때문에 끊임없이 형평성 논란이 제기되었다.[269]

한상률과 관련된 의혹을 제기한 안원구 전 국세청 세원관리국 장은 한겨레신문과의 인터뷰에서 한 전 청장을 수사한 검찰을 향해 "은폐 전문가들 같았다"고 강하게 비판했다. 그는 검찰 수사발표 당시 "수사의 기본적 원칙조차 지켜지지 않았다"라며 공개적으로 비판했다. 그는 검찰과 한 전 청장의 '짜 맞추기 의혹'도 제기했다.[270] 한상률은 태광실업 세무조사의 공으로 유임이 확실시되었다. 그러나 그림 로비 의혹과 부적절한 골프 회동 사건 등으로 결국 낙마했다.[271]

산 권력의 개가 된 정치검찰

국세청 다음에는 정치검찰이 나섰다. 2008년 11월 25일, 대검 청사. 서울지방국세청은 박연차 회장에 대한 고발장을 검찰에 제출했다. 242억 원 탈세 혐의가 그 이유였다. 그해 7월부터 11월까지 실시한 특별 세무조사 자료도 함께 제출했다. 국세청의 세무조

---

269 한상진 지음, 앞의 책, 84쪽.
270 박현철 기자, 「안원구, "한상률 수사한 검찰, 은폐 전문가들 같았다"」, 한겨레신문, 2012. 9. 4.
271 한상률은 그림 로비 사건으로 검찰에 기소되어 재판을 받았으나, 1심(2011년 9월 15일)과 항소심 (2012년 8월 31일)에서 무죄선고를 받았다.

사 자료 조사를 넘겨받은 검찰은 태광실업 박연차 회장에 대한 수사를 시작했다. 여기서부터 노무현의 비극이 시작되었다.

사건의 발단이 된 박연차는 부산에 사업의 뿌리를 둔 사람으로, 원래 한나라당 부산 지역 재정위원장을 지냈을 정도로 권력과 유착관계가 깊었다. 그는 노무현이 대통령에 당선되면서 참여정부 핵심 인사 일부에도 정치자금을 뿌리며 접근했다. 그는 2008년 대선에서 이명박의 승리가 자명해지자 그쪽에도 보험을 들어 정치자금을 뿌렸다. 이명박의 형인 이상득과 친한 천신일 나모여행사 회장을 통해서였다.

그러나 2008년 7월, 박연차는 이른바 친노 세력의 돈줄이라고 지목받아 결국 세무조사의 표적이 된다. 그는 세무조사를 무마하기 위해서 이명박 정부 관계자들에게 자금을 살포했다가 그게 포착되어 검찰 수사망에 걸려들었다. 검찰이 처음 박연차를 구속했을 때는 이명박 정부 인사들에 대한 뇌물 혐의 때문이라고 알려졌다. 하지만 얼마 지나지 않아 검찰의 표적이 다른 곳을 향하고 있다는 사실이 드러나기 시작했다.[272]

2008년 12월 29일, 대검찰청 중앙수사부는 박연차가 청와대에서 노무현 대통령에게 15억 원을 빌려준 내용의 차용증을 확보했

---

[272] 박연차 게이트는, 검찰이 박연차 태광실업 회장과 홍기옥 세종캐피탈 사장 사이의 세종증권 매각 사건을 조사하던 중 박연차가 수많은 정치인에게 뇌물을 제공해온 것이 밝혀지면서 시작되었다. 이 사건으로 전현 정권의 주요 인사들이 대거 조사를 받거나 구속되었다. 하지만 결국 이 수사가 겨냥한 것은 최종적으로 노무현이었다는 것이 나중에 확인되었다. 이 사건으로 노무현의 형 노건평과 노무현의 정치적 후원자 강금원 창신섬유 회장 등이 구속되었고 많은 친노 인사가 조사, 처벌받았다.

다고 언론에 확인해주었다.[273] 이를 시작으로 검찰은 조카사위를 통해 500만 달러가 들어왔다거나 청와대 총무비서관을 통해 100만 달러를 주었다는 등의 이야기를 흘렸다. 그리고 언론은 검찰의 이야기를 그냥 받아 적었다. 검찰은 노무현 대통령의 '포괄적 뇌물죄' 혐의를 입증할 만한 증거를 확보했다면서 수사 진행 상황을 차례로 언론에 유출했다.[274]

2009년 4월, 검찰은 노무현 대통령의 조카사위인 연철호 씨가 박연차 회장에게서 받았다는 500만 달러의 실소유주가 '노 전 대통령이 아닌지 확인할 예정'이라고 밝혔다. 비슷한 시기 박연차에게서 "아들과 조카사위를 도와달라는 노무현 전 대통령의 부탁에 따라 500만 달러를 줬다"라는 진술을 확보했다고 언론에 알렸다. "노무현 전 대통령에게 2007년 6월 말 100만 달러를 보내고 청와대에서 노 전 대통령을 직접 만나 답례 인사를 받았다"라는 박연차의 진술도 언론에 흘려보냈다. 이것들은 노 대통령의 해명을 듣지도 않은 상태에서 피의자의 일방적 진술을 언론에 흘린 것으로 위법한 행위였다.[275]

검찰은 그 뒤에도 확인되지 않은 피의사실을 마치 사실인 양 언론에 흘렸다. 그러나 박연차의 진술 외에는 아무런 물적 증거가

---

273 이는 노무현 대통령이 봉하 집을 지으면서 빌린 돈이었다. 차용증까지 있어서 법적으로 전혀 문제되지 않는 것이었다.
274 노무현재단 지음, 『내 마음속 대통령』, 한걸음더, 2009, 99쪽.
275 노무현재단 지음, 위의 책, 100쪽.

없었다. 그럼에도 검찰은 박연차의 일방적 진술을 바탕으로 무리한 수사를 하면서 계속 그 내용을 언론에 흘려보냈다. 정치검찰의 적나라한 본모습이 그대로 드러난 것이다. 산 권력의 개가 되어 죽은 권력을 물어뜯는 하이에나 같은 존재. 검찰의 꽃이라고 자랑하는 대검찰청 중앙수사부는 그러한 정치검찰의 대명사였다.

　　그러나 곧 검찰이 언론에 흘린 내용의 실체가 밝혀졌다. 권양숙 여사가, 박연차 회장이 정상문 총무비서관을 통해 전달한 100만 달러와 3억 원을 받은 것이다. 2009년 4월 7일 노무현 대통령은 '이 사실을 퇴임 후 최근에야 알게 되었다'면서 대국민 사과 성명을 발표했다. 4월 7일 정상문 비서관에게 구속영장이 청구되었으나 기각되었다. 그러나 정상문 전 총무비서관은 대통령 특수활동비를 횡령한 혐의로 4월 19일 검찰에 다시 체포되었다. 그는 노 대통령이 퇴임한 후 자신이 집사 역할을 해야 한다고 생각하고 대통령의 특수활동비[276]를 몰래 떼서 쌓아두었던 것이다. 노무현은 연금 범위 안에서 살면 된다고 생각했으나 그의 생각은 달랐다. 노무현은 언론에 보도된 다음에야 그 사실도 알았다.[277]

　　4월 9일에는 노무현 대통령이 매우 아끼는 정치적 후원자 강금원 창신섬유 회장이 구속되었다. 강 회장은 구속 당시 뇌종양을 앓았으나 검찰은 그의 병보석 신청을 허가하지 않았다. 결국 그는

---

276 대통령 특수활동비는 말 그대로 대통령의 특수활동에 사용하는 자금으로 영수증 없이 사용할 수 있는 돈이다. 그 관리 책임을 총무비서관이 맡고 있었다.
277 노무현 지음, 『운명이다』, 돌베개, 2010, 326쪽.

치료 시기를 놓치는 바람에 종양이 악화되어 2012년 8월 12일 사망했다. 강금원은 전라도 부안이 고향이었으나 드물게 경상도에서 기업 활동에 성공했다. 하지만 노무현과 관계를 맺고부터 그에게는 영광보다 시련이 더 많았다. 그는 아무런 대가 없이 친노 인사들을 후원했으며, 그가 지원한 돈만 100억 원이 넘는 것으로 알려졌다. 그는 노무현을 지원한 일 때문에 세 번이나 구속되었으나 의리를 끝까지 버리지 않았다.

노무현 대통령은 강금원 회장이 구속된 직후인 2009년 4월 17일 홈페이지에 올린 '강금원이라는 사람'이란 글에서 "강 회장은 '모진 놈' 옆에 있다가 벼락을 맞은 것이다. 미안한 마음 이루 말할 수 없다"라며 자신을 '면목 없는 사람'이라고 칭했다. 그러면서 "강 회장의 도움이 아니었다면 나는 대통령이 아니라 파산자가 되었을 것"이라며 "강 회장은 아직도 그 후유증에 시달리고 있지만 나를 원망하지 않는다. 그리고 그는 단 한 건의 이권도 청탁한 일이 없다"라고 회고했다.[278]

4월 11일 권양숙 여사가 부산지검에 가서 조사를 받았다. 4월 12일에는 노무현 전 대통령의 아들 노건호가 외환관리법 위반으로 조사를 받았다. 이제 문제의 쟁점은 분명해졌다. 권양숙이 박연차에게서 돈을 건네받았다는 사실을 노무현이 언제 알았는지가 핵심

---

278 권영철 기자, 「"강금원은 왜 '바보 중에 바보'라고 불리나?" 20년 이상 지속된 노 전 대통령과의 관계로 '형극의 길' 걸어」, 노컷뉴스, 2012. 8. 6.

이었다. 만일 그가 대통령 재직 중 그 사실을 알았다면 위법 여부가 논란이 될 수 있었다.[279] 하지만 그의 주장대로 퇴임 후 최근에야 알았다면 법적인 책임은 없었다.

검찰 조사는 불가피했다. 그러나 이미 언론과 보수세력은 노무현을 유죄로 취급했다. 그의 모든 것을 조롱했다. 검찰의 태도 또한 너무나 오만했다. 검찰은 언론과 한 패가 되어 계속해서 노무현을 구석으로 몰아갔다. 4월 22일 노무현 대통령은 검찰로부터 서면질의서를 받았고, 4월 25일 검찰에 답변서를 보냈다.

2009년 4월 30일 아침 8시, 노무현 대통령은 버스를 타고 봉하마을을 떠나 대검찰청으로 갔다. 5시간 20분 동안 취재 차량과 방송 헬기가 따랐다. 조사에는 문재인, 전해철 두 변호사가 입회했다. 검찰의 혐의 내용은 "건호가 관련되었다는 500만 달러, 아내가 받아 쓴 3억 원과 100만 달러, 그리고 정상문 비서관이 횡령했다는 12억 5,000만 원. 문제는 이 세 가지였다." 노무현은 "500만 달러는 순수한 투자 거래이며 퇴임 후에 알고 건호가 손을 떼도록 했다는 사실을 밝혔다. 3억 원과 특수활동비 12억 5,000만 원은 내가 알지 못한 일이었다"라고 진술했다.[280]

"검찰에 도착했다. 이인규 중수부장이 대통령을 맞이하고 차를

---

[279] 100만 달러를 받은 것은 퇴임 3일 전으로 알려진다. 때문에 설령 그 사실을 알았다 해도 '포괄적 뇌물죄' 적용이 쉽지 않은 상황이었다. 충분히 법적으로 다툼의 여지가 있었던 것이다.
[280] 노무현 지음, 앞의 책, 329쪽.

한잔 내놓았다. 그는 대단히 건방졌다. 말투는 공손했지만 태도엔 오만함과 거만함이 가득 묻어 있었다. 중수1과장[281]이 조사를 시작했다. 대통령은 차분하게 최선을 다해 꼬박꼬박 답변을 했다. 대통령의 절제력이 놀라웠다. 검찰의 조사를 지켜보면서 검찰이 아무런 증거가 없다는 걸 거듭 확인할 수 있었다. 박연차 회장의 진술 말고는 증거가 없었다. 대통령과 박 회장 말이 서로 다른데, 박 회장 말이 진실이라고 뒷받침할 증거를 전혀 갖고 있지 않았다. 심지어 통화기록조차 없었다. 통화기록이 없다는 것은 통화한 사실이 없다는 것이었다."[282]

한편, 조사실에서 조사가 진행 중이던 밤 10시, 홍만표 대검 수사기획관은 기자 브리핑을 갖고 "노무현 전 대통령과 박연차 회장의 진술이 엇갈리는 부분이 있어 대질신문할 계획"이라고 밝혔다. 노대통령 측의 동의도 없이 일방적으로 발표한 것이다. 대질신문은 이뤄지지 않았다.[283]

조사가 끝나고 대검찰청을 나온 시각은 5월 1일 새벽 2시경이었다. 노무현은 밤새 차를 달려서 봉하마을 집으로 돌아갔다. 노대통령은 검찰 소환조사에서 약속한, 권양숙 여사가 사용한 100만 달러의 사용 내역을 작성해 검찰에 제출했다. 소환조사를 하면 그

281 당시 우병우 검사였다.
282 문재인 지음, 앞의 책, 403쪽.
283 노무현재단 지음, 앞의 책, 109쪽.

다음에는 마무리하는 단계가 있어야 한다. 하지만 검찰은 그렇게 하지 않았다. 검찰은 3주 이상 아무런 조처를 취하지 않았다. 소환조사는 끝이 아니라 새로운 시작이었다.

언론의 모욕 주기 경쟁

소환조사 후 검찰은 무엇을 했을까? 애초 검찰의 기세로 보아서는 당장 기소해야 마땅했다. 그러나 검찰은 아무런 조치를 취하지 않았다. 왜 그랬을까?

> "검찰의 대통령 소환조사는 마지막 수순이었다. 그러면 곧바로 신병처리를 하든가, 불구속기소라도 하든가, 아니면 무혐의 처리하는 게 정상이다. 그런데 그렇게 하지 못했다. 검찰 조사가 끝난 이후에도 아무 처리를 못한 채 질질 끌었다. 이유는 간단했다.
>
> 검찰도 공소유지가 될지에 대한 판단을 해봤을 것이다. 그 상태에서 영장을 청구하는 것은 물론 어렵다. 영장이 기각되면 검찰이 그동안 해왔던 모든 수사가 무너져버리는 셈이 된다. 불구속기소를 하더라도 공소유지가 쉽지 않다고 판단한 것이다. 어쩔 수 없이, 아무 처리도 못하고 끌기만 한 것이다. 언론을 통한 모욕 주기와 압박 외엔 방법이 없었던 것이다."[284]

노무현의 신병처리는 검찰 차원의 문제를 넘어서는 일이었다. 이명박 대통령의 의사와 관계되어 있었다. 그러나 이 시점에서 답이 나오지 않았다. 이 무렵 정치권에서는 "현 정권의 비리의혹인 천신일 사건을 먼저 처리한 뒤 박연차 게이트의 최종 단계로 전 정권의 비리의혹인 노무현 사건을 처리하는 것은, 그 반대 순서보다 현 정권에 더 유리해 보인다"라는 말이 공공연하게 흘러나왔다.

이와 함께 누군가 수사 순서를 급히 조정한 정황이 드러났다. 당연히 청와대였다. 5월 4일 이란과 협약을 체결하기 위해 5월 2일 출국할 예정이었던 김경한 법무부 장관이 이를 취소하는 일이 일어났다. 왜 그랬을까? 다음 기사가 그 이유를 설명해주고 있다.

> "노무현 전 대통령은 4월 30일 대검찰청에 소환되어 조사를 받고 5월 1일 새벽 김해 봉하마을 자택으로 귀가했다. 다음 날인 5월 2일 토요일 김경한 법무부 장관은 비공개리에 청와대를 방문하여 노 전 대통령 소환조사 내용을 이명박 대통령에게 보고했다. 이 대통령은 김 장관에게 향후 검찰 수사와 관련, 검찰에 특별한 지시를 내렸다. 그런데 김 장관은 불과 이틀 뒤인 5월 4일 월요일부터 일주일간 해외 출장을 떠나게 되어 있었다. … 외교통상부는 이란 대사관 측과 연락이 닿아 일정 취소를 통보했다. 이런 내용은 법무부와 검찰

---

284 문재인 지음, 앞의 책, 405~406쪽.

일각에 전달됐다."[285]

검찰은 갑자기 수사 순서를 바꾸어 천신일 처리에 속도를 냈다. 그동안 노무현에 대한 법 바깥에서의 수사가 전개되었다. 언론이라는 잔인한 하이에나가 기다리고 있었다. 연일 '검찰 소식통'이 새로운 비수를 꺼내들었고, 언론은 이를 확대 재생산했다. 아무도 진실에 관심을 가지지 않았다. 오직 노무현을 헐뜯고 욕보이는 데 나설 뿐이었다. 언론 보도와 관련, 문재인은 "무엇보다 가장 아팠던 것은 진보라는 언론이었다"면서 "기사는 보수언론과 별 차이가 없었지만 칼럼이나 사설은 어찌 그리 사람의 살점을 후벼 파는 것 같은지, 무서울 정도였다"라고 말했다.[286]

노무현이 가장 참기 힘들고 고통스러웠던 것은 자신의 실패를 진보의 실패로 보는 것이었다. 이명박 대통령의 청와대와 검찰, 조중동으로 대표되는 보수언론은 노무현의 실패를 진보의 실패라고 조롱했다. 노무현의 인생만이 아니라 부림사건 변론을 맡은 이래 그가 했던 모든 것을 모욕하고 저주했다. 노무현은 이 무렵 심하게 자책하며 나날을 보냈다. 그는 모든 책임을 자신에게 돌렸다. 건강도 하루가 다르게 악화되었다. 담배를 입에서 떼지 못할 정도로 피웠다. 심신이 쇠약해져 식사도 제대로 하지 못하고 잠을 거의 자지

---

285 허만섭 지음, 「노무현의 수사 미스터리 추적, MB, 법무장관에게 노무현 수사 관련 모종의 지시했나」, 『신동아』 통권 599호, 2009. 8; 노무현재단 지음, 앞의 책, 124쪽 재인용.
286 문재인 지음, 앞의 책, 400쪽.

못했다. 책도 읽지 못하고 글도 쓰지 못했다. 그는 검찰의 소환조사 후 연금 상태에서 육체적·정신적으로 소진되어갔다. 5월 15일에는 노 대통령의 주치의가 있는 경남 양산 부산대병원에 전화로 입원 여부를 타진하기도 했다.[287]

5월 22일 노무현은 자신의 홈페이지에 "생각이 정리되면 직업정치는 하지 마라, 하더라도 대통령은 하지 마라는 이야기, 인생에서 실패한 이야기, 이런 이야기를 좀 해보려고 한다"라는 글을 올렸다. 그리고 사저를 찾은 측근들에게도 "정치를 하지 마라"라는 말을 했다. 참여정부의 비서관이었던 김경수는 이 말 속에는 "이명박 정부에 의해 송두리째 부정당하는 참여정부와 '노무현 정치'에 대한 분노와 회한이 담겨 있다"라고 이야기했다.[288]

정말 '운명'이었을까?

2009년 5월 23일 '운명'의 그날 아침 새벽 5시 21분, 노무현 대통령은 사저의 거실에 있는 개인 컴퓨터 앞에 앉아서 글을 작성하기 시작했다. "너무나 많은 사람에게 신세를 졌다"로 시작해서 "운명이다. 화장해라. 그리고 집 가까운 곳에 아주 작은 비석 하나만

---

287 김삼웅 지음, 『노무현 평전』, 책보세, 2012, 428쪽.
288 김삼웅 지음, 위의 책, 428쪽.

남겨라. 오래된 생각이다"로 끝나는 그의 마지막 글이다. 5시 26분, 1차로 글을 저장하고 수정했다. 5시 35분경, 인터폰을 들어 경호관을 호출했다.

노 대통령은 다시 한 번 문서를 읽어보고 수정을 마쳤다. 문서의 최종 저장 시간은 5시 44분. 경호관을 호출하고 정확히 9분 뒤였다. 그러곤 회색 콤비 양복을 걸치고 현관으로 나가 등산화를 꺼내 신었다. 경호관과 함께 등산로를 따라 올라간 노무현은 6시 10분경 부엉이바위 정상에 도착했다. 6시 14분경. 노무현은 경호관에게 246미터 떨어진 정토원에 '선진규 법사님이 계신지 알아보고 오라'며 보냈다.[289]

경호관이 정토원에 다녀오는 사이 노무현은 부엉이바위에서 뛰어내렸다. 노무현은 그것을 '운명'이라고 했다. 과연 '운명'이었을까? 우리는 이미 그것이 '운명'을 넘어선 '노무현 죽이기 공작'의 결과였다는 것을 알고 있다. 그 책임은 일차적으로 이명박 대통령에게 있다. 이명박은 대통령으로서 노무현의 수사와 관련된 모든 내용을 정확히 보고받았으며, 경우에 따라서는 필요한 지시를 내리기도 했다. 다음으로는 그 일을 구체적으로 실행한 이명박 정부의 권력기관에 책임이 있다. 그 첫 단서는 국세청이 제공했다. 그것을 바탕으로 다음 단계의 작업을 구체적으로 실행한 것은 검찰, 그중에서도 대검 중앙수사부였다.[290]

---

289 노무현재단 지음. 앞의 책, 156~157쪽.

노무현 대통령이 부치려고 쓴 편지에서 정확히 지적한 것처럼 그러한 음모와 공작을 중단시킬 수 있는 것은 "오직 (이명박) 대통령만이 할 수 있는 일"이었다.[291] 그러나 이명박 대통령은 그렇게 하지 않았다. 법적으로 처리하면 되는 단계에서도 그렇게 하지 않고, 수사 순서를 뒤바꾸는 또 다른 술수를 부렸다. 그리고 최종적으로 언론 플레이를 통해 그를 사지로 내몰았다. 여기에 하이에나 언론과 논객들이 가세했다.

이명박 정부와 언론의 '노무현 욕보이기'는 차마 눈뜨고 견디기 어려운 수준이었다. 김대중 대통령은 "노 대통령이 겪은 치욕과 좌절, 슬픔을 생각하면 나라도 그런 결단을 했을 것"이라고 말했다. 진중권은 그것을 페르시아 왕 캄비세스가 이집트 왕 사메트니우스를 사로잡아서 욕보인 것에 비유했다.[292]

세속적인 기준으로 본다면 노무현의 인생은 분명 성공적이었지만, 그의 삶은 마지막이 상징하듯 좌절의 연속이기도 했다. 노무현은 판사, 변호사, 국회의원, 장관, 대통령 등 일반인으로서는 한 가지도 성취하기 힘든 많은 것을 이루었다. 하지만 그는 세속적인 성공과 권력을 얻었음에도 주류가 되지 못한 영원한 아웃사이더였

---

290 노무현 대통령 죽음의 원인이 된 박연차 게이트 사건을 맡은 대검 중앙수사부의 지휘라인은 이명박 대통령―정동기 민정수석비서관―임채진 검찰총장―이인규 중앙수사부장/홍만표 대검수사기획관―우병규 대검 중수1과장으로 이어졌다.
291 노무현재단 지음, 「2009년 4월, 부치지 않은 편지―이명박 대통령께 청원드립니다」, 앞의 책, 310 ~314쪽.
292 진중권 지음, 「사지로 내몬 '빨대 검찰'과 언론」, 경향신문, 2009. 5. 26.

다. 강준만 교수의 표현에 따르면 "노무현은 한국인이 가진 아웃사이더 기질을 온몸에 농축한 인물"[293]이었다.

　노무현은 사회 문제에 대한 인식을 갖기 시작했을 때부터 늘 약자의 편에 서고자 노력했다. 그는 편법이나 반칙을 인정하지 않았고, 불편하더라도 정도를 걸으려고 했다. 그는 진보의 편이 되려 했고 역사의 발전을 믿었다. 그는 한국 사회를 더 민주적인 사회로 만들기 위해 노력했다. 그 때문에 그는 항상 힘 있는 '진짜 권력'으로부터 공격을 받았으며, 특히 보수언론의 핵심 표적이 되었다. 보수언론은 '노무현 죽이기'를 과업으로 삼았을 정도로 광기에 가까운 모습을 연출했다. 그리고 마침내 그들의 의도대로 그를 죽이는 데 성공했다.

　노무현은 대통령을 지냈음에도 이명박 정부와 한국 사회의 주류들에게 끊임없이 조롱당했다. 문제의 공직윤리지원관실에서 2009년 5월 31일 작성한 것으로 보이는 「노무현 전 대통령 자살 관련 정국 분석」 보고서에서는 노무현 대통령을 '어릿광대'라고 묘사하는가 하면, 그의 죽음을 "성질 급한 경상도 기질을 이기지 못해 자살"했다는 식으로 폄하했을 지경이다.[294]

　노무현은 한국 사회의 보수들과 주류들이 싫어할 요소를 많이 갖고 있었다. 그는 가난한 시골 출신이었고, 학력도 상고 졸업이

---

293 강준만 지음, 『아웃사이더 콤플렉스』, 개마고원, 2008, 6쪽.
294 한국일보 법조팀 지음, 앞의 책, 99~100쪽.

전부였다. 그는 솔직했고, 위선과 꼼수, 반칙을 싫어했다. 그의 화법은 직설적이고 서민적이었다. 그의 용모 또한 평범했다. 대한민국의 주류는 그를 증오하고 혐오하기까지 했다. 역설적이게도 그런 점 때문에 많은 지지자가 그를 따랐다. 그러나 그를 따르는 사람들보다는 싫어하는 사람들의 힘이 훨씬 더 막강했다. 그래서 그가 죽었을 때 많은 사람은 "지켜주지 못해 미안합니다"(지못미)라고 말했다.

노무현은 권력의 정상에 있으면서도 항상 외로웠다. 한편에서는 보수야당과 보수언론의 공격을 받았고, 다른 한편에서는 이라크 파병, 한미 FTA 등을 두고 진보진영으로부터도 끝없이 공격을 당했다. 대통령으로서 그의 업적에 대한 평가는 사람마다 다를 수 있지만 그의 진정성만큼은 높이 평가해야 할 것이다. 하지만 그는 대통령이 된 다음보다 그 전에 훨씬 더 많은 것을 이루었는지도 모른다. 그는 "대통령이 되었을 때보다도 사법시험에 합격했을 때가 더 기뻤다"라고 회고한 바 있다. 그는 생의 마지막을 아름답게 마무리하기를 꿈꾸었으나 그마저도 이루지 못하였다. 최근에는 그의 이야기를 모티브로 한 영화 〈변호인〉이 개봉하여, 관객 1,000만 명이 넘는 한국 영화 사상 대기록을 달성했다. 어쩌면 그의 비극적 죽음에 대한 대중의 애도와 진혼이 아닌가 하는 생각이 든다.

노무현이 개인적 성공과 안일만 추구했다면 그의 생이 비극으로 끝나지는 않았을 것이다. 그는 항상 가치를 추구했고 정도를 걸으려 노력했다. 그는 치욕스럽게 살기를 원하지 않았다. 그는 결단의 인간이었다. 그 결단이 마지막에는 스스로 자신의 생을 끝내는 것으로 귀착되었다. 이것이 이상주의자 노무현의 비극이라면 비극이다. 그러나 그 비극의 진정한 원인은 노무현이 아니라 이명박 정부와 이 사회의 주류에게 있다.

노무현은 이명박 정부와 검찰, 언론에 의해 절체절명의 상태로 내몰렸고, 마침내 부엉이바위에 서고 말았다. 노무현의 죽음은 '운명'이 아니라 정치 보복의 결과였다. 그것은 김구의 암살, 조봉암의 법살, 김대중 납치 사건, 장준하 죽음의 연장선 위에 서 있는 사건이다. 우리는 어떻게 하면 한국 현대사의 이 같은 비극을 끝낼 수 있을까?

참고자료

··· 강준만 지음, 『**아웃사이더 콤플렉스**』, 개마고원, 2008.

··· 강준만 지음, 『**한국 현대사 산책: 1960년대편 1**』, 인물과사상사, 2004.

··· 강준만 지음, 『**한국 현대사 산책: 1970년대편 1**』, 인물과사상사, 2002.

··· 강준만 지음, 『**한국 현대사 산책: 1970년대편 2**』, 인물과사상사, 2002.

··· 강준만 지음, 『**한국 현대사 산책: 1970년대편 3**』, 인물과사상사, 2002.

··· 강준만 지음, 『**한국 현대사 산책: 1980년대편 1**』, 인물과사상사, 2003.

··· 강준만 지음, 『**한국 현대사 산책: 1980년대편 3**』, 인물과사상사, 2003.

··· 고나무 지음, 『**아직 살아있는 자 전두환**』, 북콤마, 2013.

··· 국정원진실위 지음, 「김대중납치사건진실규명」, 『**과거와 대화 미래의 성찰: 주요 의혹
　 사건 상권(II)**』, 국가정보원, 2007.

··· 국회법사위백범암살진상조사소위원회 지음, 『**백범김구선생암살진상 조사보고서**』,

1995. 12. 15.

··· 김경재 지음, 『**혁명과 우상 1: 혁명과 반혁명**』, 전예원, 1991.

··· 김구 지음, 도진순 해설, 『**백범일지**』, 돌베개, 2005.

··· 김기협 지음, 『**뉴라이트 비판**』, 돌베개, 2008.

··· 김동춘 지음, 『**전쟁과 사회: 우리에게 6·25전쟁은 무엇이었나?**』, 돌베개, 2006.

··· 김삼웅 지음, 『**노무현 평전**』, 책보세, 2012.

··· 김삼웅 지음, 『**백범 김구 평전**』, 시대의창, 2004.

··· 김석영 지음, 「도강파·잔류파의 유래와 전설」, 『인물계』, 1959. 4.

··· 김성익 지음, 『**전두환 육성증언**』, 조선일보사, 1992.

··· 김영삼 지음, 『**김영삼 회고록 2**』, 백산서당, 2000.

··· 김재홍 지음, 『**군 1: 정치장교와 폭탄주**』, 동아일보사, 1994.

··· 김재홍 지음, 『**박정희살해사건 비공개진술 전녹음 최종정리(상)**』, 동아일보사, 1994.

··· 김재홍 지음, 『**박정희의 유산**』, 푸른숲, 1998.

··· 김정남 지음, 『**진실, 광장에 서다**』, 창작과비평사, 2005.

··· 김정원 지음, 『**분단 한국사**』, 동녘, 1985.

··· 김정인 지음, 「『**반대세의 비밀, 그 일그러진 초상**』의 뉴라이트적 사관과 '종북' 프레임」,
전문가 좌담회, 『**국정원의 비밀, 그들의 이론의 실체─국정원 '반대세의 비밀' 분석
결과 자료집**』, 2013. 10. 8.

··· 김충식 지음, 『**정치공작사령부 남산의 부장들**』 1, 2, 동아일보사, 1992.

··· 노무현 지음, 노무현재단 엮음, 유시민 정리, 『**운명이다**』, 돌베개, 2010.

··· 노무현재단 지음, 『**내 마음속 대통령**』, 한걸음더, 2009.

··· 도진순 지음, 『**한국민족주의와 남북관계**』, 서울대출판부, 1997.

··· 돈 오버도퍼 지음, 뉴스위크한국판뉴스팀 옮김, 『두 개의 코리아』, 중앙일보, 1998.

··· 리영희 지음, 「"북방한계선"은 합법적 군사분계선인가?-1999년 6월 15일의 서해상 남북 해군 충돌 배경의 종합적 연구」, 『통일시론』 통권 제3호, 1999 여름.

··· 리영희 지음, 『동굴 속의 독백』, 나남출판, 1999.

··· 마키아벨리 지음, 임명방 옮김, 『군주론』, 삼성출판사, 1982.

··· 맹자 지음, 한상갑 옮김, 『맹자』, 삼성출판사, 1982.

··· 문명자 지음, 『내가 본 박정희와 김대중』, 월간 말, 1999.

··· 문재인 지음, 『문재인의 운명』, 가교출판, 2011.

··· 민주당 국정조사특위 지음, 『민주당 국정원국정조사 대국민보고서』, 2013. 8.

··· 박명림 지음, 『한국전쟁의 발발과 기원 2』, 나남출판, 1996.

··· 박정희 지음, 『국가와 혁명과 나』, 지구촌, 1997.

··· 서경식 지음, 「학대받은 민중의 지혜 오기순」, 『인물로 본 문화』, 한국방송대학교출판부, 2009.

··· 서승 지음, 김경자 옮김, 『서승의 옥중 19년』, 역사비평사, 1999.

··· 서승 지음, 「겨레를 찾아 나라를 찾아」, 한승원, 『분단시대의 피고들: 한승헌 변호사 변론 사건 실록』, 범우사, 1994.

··· 서준식 지음, 『서준식 옥중서한』, 야간비행, 2002.

··· 서준식 지음, 『서준식의 생각』, 야간비행, 2003.

··· 서중석 지음, 『한국현대민족운동연구 2』, 역사비평사, 1996.

··· 안경환 지음, 『황용주 그와 박정희의 시대』, 까치, 2013.

··· 오익환 지음, 「반민특위의 활동과 와해」, 『해방전후사의 인식 1』, 한길사, 1997.

··· 유시춘 외 지음, 『우리 강물이 되어 2』, 경향신문사, 2005.

··· 윤여준 지음, 『대통령의 자격』, 메디치미디어, 2011.

··· 이계성 지음, 『지는별 뜨는별』, 한국일보, 1993.

··· 이상우 지음, 『박정권 18년: 그 권력의 내막』, 동아일보사, 1986.

··· 역사교육연대회의 외 지음, 『뉴라이트 위험한 교과서 바로 읽기』, 서해문집, 2009.

··· 이영석 지음, 『야당, 한 시대의 종말』, 성정출판사, 1990.

··· 이준식 지음, 「뉴라이트 한국사 교과서의 독립운동사 왜곡과 이승만 미화」, 민주당역

　　 사교과대책위원회·역사정의실천연대, 『교학사 역사교과서 긴급 비교분석 간담회 자

　　 료집』, 2013. 9. 10.

··· 임영태 지음, 『국민을 위한 권력은 없다』, 유리창, 2013.

··· 임영태 지음, 『대한민국사 1945〜2008』, 들녘, 2008.

··· 임영태 지음, 『북한 50년사 1, 2』, 들녘, 1999.

··· 임영태 지음, 『산골 대통령 한국을 지배하다』, 유리창, 2013.

··· 정운현 엮음, 『잃어버린 기억의 보고서』, 삼인, 1999.

··· 정진석 지음, 『총성 없는 전선』, 한국문원, 1999.

··· 조갑제 지음, 『내 무덤에 침을 뱉어라 1〜8』, 조선일보사, 1998〜2001.

··· 조갑제 지음, 「진상 윤필용 사건-세 당사자 윤필용·강창성·신범식 증언」, 『월간조선』,

　　 2003. 7.

··· 주종환 지음, 『뉴라이트의 실체 그리고 한나라당』, 일빛, 2008.

··· 진실·화해를위한과거사정리위원회 지음, 「YH노조 김경숙 사망 관련 조작 의혹 사건」,

　　 『2008년 상반기 조사보고서』, 2008.

··· 진실·화해를위한과거사정리위원회 지음, 「국민보도연맹 사건」, 『2009년 하반기 조사

　　 보고서』, 2010.

··· 진실·화해를위한과거사정리위원회 지음, 「전향공작관련 인권침해 사건」, 『2009년 하반기 조사보고서』, 2010.

··· 최상천 지음, 『알몸 박정희』, 사람나라, 2004.

··· 최호열 지음, 「'한국판 마타하리' 김수임 사건 美 비밀문서 집중분석」, 『신동아』 통권 589호, 2008. 10.

··· 한국일보 법조팀 지음, 『민간인 사찰과 그의 주인』, 북콤마, 2013.

··· 한국정치연구회정치사분과 지음, 『한국현대사 이야기주머니 1』, 녹두, 1993.

··· 한나 아렌트 지음, 김선욱 옮김, 『예루살렘의 아이히만』, 한길사, 2006.

··· 한상진 지음, 『국세청 파일』, 보아스, 2013.

··· 한상희 지음, 「반대세: 그들은 누구인가?」, 전문가 좌담회, 『국정원의 비밀, 그들의 이론의 실체는―국정원 '반대세의 비밀' 분석 결과 자료집』, 2013. 10. 8.

··· 한윤형 지음, 『뉴라이트 사용후기』, 개마고원, 2009.

··· 한홍구 지음, 『대한민국사 3』, 한겨레출판, 2005.

··· 허만섭 지음, 「노무현의 수사 미스터리 추적, MB, 법무장관에게 노무현 수사 관련 모종의 지시 했나」, 『신동아』 통권 599호, 2009. 8.

··· 허종 지음, 『반민특위의 조직과 활동』, 선인, 2003.

··· 현대사상연구회 지음, 『반대세의 비밀, 그 일그러진 초상』, 인영사, 2009.

한겨레신문 | 경향신문 | 조선일보 | 한국일보 | 동아일보 | 중앙일보 | 세계일보

연합뉴스 | 시사IN | 한겨레 21 | 신동아

오마이뉴스 | 프레시안 | 아이엠피터 | 통일뉴스 | YTN | SBS

위키백과 | 다음(Daum) | 네이버(Naver) | 구글(Google)